Wissen kompakt für Autoren

Erfolgreich Schreiben

Claus Vainstain

ERFOLGREICH SCHREIBEN

Von der Kunst und Technik literarischen Schreibens

FRANKFURTER TASCHENBUCHVERLAG

IM GROSSEN HIRSCHGRABEN ZU FRANKFURT A/M

FRANKFURT AM MAIN
Großer Hirschgraben 15
D-60311 Frankfurt a/M
Tel. 069-40-894-0 ✻ Fax 069-40-894-194
email: info@frankfurter-taschenbuchverlag.de

www.frankfurter-taschenbuchverlag.de

Die Originalausgabe erschien 2001 unter dem Titel
„Das Nähkästchen erfolgreichen Schreibens"
im Verlag der Brentano-Gesellschaft Frankfurt/M. mbH

Bibliografische Information Der Deutschen Bibliothek
Die Deutsche Bibliothek verzeichnet diese Publikation in der Deutschen Nationalbibliografie; detaillierte bibliografische Daten sind im Internet über http://dnb.ddb.de abrufbar.

ISBN 978-3-937909-73-8

Bildnachweis Einband oberes Bild: © www.digitalstock.de
Bildnachweis Einband unteres Bild: © www.digitalstock.de

Gedruckt auf säurefreiem, alterungsbeständigen Papier,
hergestellt aus chlorfrei gebleichten Zellstoff (TcF-Norm)

Printed in Germany

Inhaltsverzeichnis

Vorwort, in welchem direkt um den heißen Brei herum auf das Ziel zugegangen wird

Nehmen Sie doch bitte Platz! Machen Sie es sich so gemütlich, als seien Sie hier zu Hause, suchen Sie sich den komfortabelsten Stuhl, legen Sie die bequemste Kleidung an und seien Sie mein angenehmster und willkommenster Gast. Ja, natürlich, Sie haben recht, Sie sind hier zu Hause. Aber da ich vorhabe – Ihr Einverständnis vorausgesetzt – Ihnen in der nächsten Zeit nicht nur einiges über die Arbeit des Schriftstellers zu erzählen, sondern Sie gleichsam auf eine Reise durch die Welt der Literatur mitzunehmen oder Ihnen für diese Reise zumindest eine Landkarte anzufertigen, darf ich mich wohl mit Fug und Recht ein wenig als Ihr Gastgeber fühlen, so, wie ich gleichzeitig in der etwas engen Form dieses Buches der Gast in Ihrem Heim sein darf.

Sie merken schon, ich suche nach Worten. Wie die Katze laufe ich um den heißen Brei herum, probiere einmal dieses Wort aus und dann wieder jenes. Natürlich weiß ich, was ich Ihnen sagen möchte, und das könnte ich Ihnen geradeheraus mitteilen. Aber schon überfallen mich Skrupel: Werde ich Sie überzeugen können? Kann ich mich verständlich machen? Treffe ich den richtigen Ton?

Etwas neugierig schaue ich mich in Ihrem Heim um, nehme den Gastgeber, der zugleich Gast ist, in Augenschein. Sie werden mir das verzeihen; Neugier ist die wichtigste Eigenschaft des Schriftstellers, und dass er wissen und hören möchte, spielt vielleicht eine größere Rolle, als dass er erzählen will.

Also, Sie schreiben – oder zumindest wollen Sie schreiben, das kann ich daraus schließen, dass Sie dieses Buch in den Händen halten und sich damit in meine Obhut begeben. Ich werde Ihnen einige Tipps aus der Werkstatt der Schriftsteller geben; nicht immer in der Weise, dass ich sie Ihnen vor die Nase setze wie einen lieblos aufgehäuften Teller in einer schlechten Gastwirtschaft, obwohl auch das sich nicht immer vermeiden lassen wird. Viel lieber möchte ich Sie aber in die Anbaugebiete der jeweiligen Speisen mitnehmen, wo

Sie den Bauern bei der Ernte zusehen oder helfen können, die Aufbereitung der Speisen mit eigenen Augen wahrnehmen dürfen und lernen, sich ihre Zutaten selbst zusammenzustellen. Mit anderen Worten: Sie sollen auf dieser Reise keine trockenen Kochrezepte zur Produktion von Büchern erhalten, sondern am Beispiel der besten Schriftsteller und ihrer Werke lernen, ihre Techniken studieren und die Absichten und Pläne dieser Autoren nachvollziehen.

Es ist für einen Schriftsteller nicht damit getan, eine Geschichte zu haben, so wenig wie ein paar Steine schon ein Haus bilden. Sie brauchen einen Bauplan (Sie erinnern sich an die oben genannte Landkarte?), etliche Werkzeuge und nicht zuletzt Kraft und Ausdauer. Das genau ist es, was ich Ihnen mit diesem Buch gerne an die Hand geben möchte – das Wissen, wie man einen Bauplan zeichnet, welche Werkzeuge man wie einsetzen kann und nicht zuletzt auch, wie Sie Ihre Geschichte finden. Oder sollte ich besser sagen, wie Sie eine Geschichte zu sich locken? Denn viele Schriftsteller schwören darauf, dass sie keine Geschichte „haben", sondern dass die Geschichten zu ihnen kommen, manchmal überfallartig. Und ich möchte Ihnen, um im Bild zu bleiben, helfen, den „Täter" zu stellen, bevor er wieder fort ist und Ihre schönsten Einfälle mit sich genommen hat.

I. Kapitel,
in welchem es um die Frage geht, warum und zu welchem Ende man schreibt, und um eine kleine Reise in die Literatur

Die Antwort auf die Frage, was einen Schriftsteller ausmache, kann man in zwei Richtungen verfehlen. Einmal durch die Einstellung, jeder Mensch, der einige Jahre eine Schule besucht habe, könne schreiben, denn es komme nur darauf an, was und nicht wie es erzählt werde. Das ist eine sehr soziale Einstellung, weil sie die Bildungsunterschiede zwischen den Menschen ausklammern möchte und in der Tat ist unser Interesse an dem, was ein Mensch zu erzählen weiß, völlig unabhängig von seiner Bildung. Allerdings übersieht man mit dieser Auffassung, dass die sprachliche Ausformung einer Geschichte oder eines Gedichts eben doch eine bedeutende Rolle dabei spielt, wie der Text auf den Leser wirkt. Das kann jeder von Ihnen leicht überprüfen, der schon einmal erlebt hat, wie die Pointe eines Witzes durch einen schlechten Erzähler zerstört wurde.

Die andere Möglichkeit, die Antwort auf diese Frage zu verfehlen, haben wir aus der Literaturepoche des „Sturm und Drang" geerbt: Dass man, um zu schreiben, Autor zu werden, ein „Genie" sein müsse, ein Mensch, der eine umfangreiche Begabung auf den unterschiedlichsten Gebieten mit enormer Offenheit und Empfänglichkeit paart. Ein solcher Mensch, so glaubte man zu wissen, werde von Zeit zu Zeit, besonders nachts, von stürmischen Eingebungen überfallen, denen er sofort und ohne Umschweife nachkommen müsse, und er bringe in solch durchfieberten Nächten Meisterwerke aufs Papier, die sofort in den Druck gegeben werden könnten. Übrigens: Frauen traute man solch genialische Einfälle nicht zu viel leicht auch aus der richtigen Einsicht heraus, dass eine Frau in der Regel von der täglichen Arbeit nachts zu müde war, um sich von Eingebungen überwältigen zu lassen. Kein Wunder, dass schon in Griechenland den Frauen nur die Rolle der Musen blieb, der Überbringer und Boten dieser Einfälle, eine reichlich undankbare Rolle.

An dieser Vorstellung, die bis heute in den Köpfen vieler Menschen spukt, ist wahrscheinlich so manches große Talent gescheitert, das niemals eine Zeile veröffentlicht hat, weil es auf die „Muse“ gewartet hat, statt sich einfach hinzusetzen und zu schreiben.

Sollte sich eine dieser beiden Auffassungen in Ihrem Kopf befinden, so lautet die erste Station unserer Reise: Vergessen Sie diese sofort! Die Umsetzung einer Idee auf das Papier erfordert viel Arbeit an einem Text, und keine Muse wird kommen und Ihnen dabei helfen. Helfen wird Ihnen nur ein ständiges Üben mit den Werkzeugen und ein Bewusstsein davon, was und warum Sie es tun.

Warum wollen Sie eigentlich schreiben? Sollten Sie nicht noch einmal darüber nachdenken? Es gibt so viele interessante Dinge, die man tun kann: Man kann sich mit Freunden unterhalten, ins Kino oder Theater gehen, sich ein interessantes Hobby suchen – warum eigentlich seine Zeit mit einer so aufwändigen, oftmals frustrierenden und enttäuschenden Arbeit verbringen, die so wenig Anerkennung verspricht?

Mir scheint, jetzt ist der richtige Zeitpunkt dafür, unser Gespräch kurz zu unterbrechen. Erlauben Sie mir stattdessen, Ihnen eine kleine Aufgabe zu stellen.

Greifen Sie zu Ihrem Stift und schreiben Sie doch bitte für sich auf, warum Sie schreiben wollen. Wie? Sie haben gerade keinen Stift zur Hand? Sie erinnern sich doch, dass wir sagten, Einfälle kommen überfallartig? Nun, ein Stift ist das Werkzeug, mit dem Sie den Täter „dingfest“ machen können, deshalb sollten Sie immer einen zur Hand haben. Also: Warum wollen Sie schreiben, und bitte – keine einfache Antwort, machen Sie es sich nicht zu leicht.

Nehmen Sie sich Zeit, vielleicht haben Sie Lust, sich einen Kaffee oder einen Tee zu kochen, ein wenig aus dem Fenster zu sehen oder eine schöne CD einzulegen. Ich jedenfalls werde das jetzt tun, und nachher sprechen wir uns wieder – ich bin gespannt auf die Antwort, die Sie finden.

Na, wissen Sie, warum Sie schreiben wollen? Wir werden später auf diese Frage noch eine Antwort finden, die Sie womöglich überraschen wird. Vergleichen Sie diese Antwort dann mit Ihrer eigenen, und ich glaube, dass Sie einen Zusammenhang zwischen beiden Antworten entdecken werden.

Aber lassen Sie uns zuerst einen Umweg gehen – ich liebe Umwege, man kann vieles auf ihnen entdecken – einen Umweg, der etwas mit der altertümlichen Formulierung in unserer Kapitelüberschrift zu tun hat: „... zu welchem Ende schreibt man", das heißt: Wohin soll es eigentlich gehen, was möchte ich erreichen, was soll am Ende stehen?

Sie erinnern sich an unseren anfänglichen Vergleich mit einer Landkarte? Nun, hier geht es um das Kreuz, das sich irgendwo auf dieser Landkarte befindet, die somit zu einer Schatzkarte wird. Dort, an diesem Punkt, findet sich der geheimnisvolle Ort unserer Träume, die Erfüllung aller unserer Sehnsüchte, das Eldorado unserer Phantasie.

Viele Autoren von Ratgebern für Schriftsteller wissen schon, was wir dort finden werden, sie geben die klassische Antwort aller jener Wanderer, die Eldorado suchten: Wir werden dort auf Gold stoßen, auf Geld und Gut in Hülle und Fülle.

Wenn Sie die Legende kennen, wissen Sie, dass es niemandem gelungen ist, Eldorado zu entdecken – doch viele verirrten sich auf der Suche im tiefen Dschungel. Mit anderen Worten: Wenn Sie reich werden wollen, spielen Sie Lotto oder handeln an der Börse. Die Möglichkeit, hier zu gewinnen, ist kaum geringer als die Chance, mit Literatur reich zu werden. Natürlich könnte ich Sie darauf trainieren, nur das zu schreiben, was andere lesen wollen, könnte versuchen, Schemata zu entwickeln; aber ist es das, was Sie umtreibt?

Verstehen Sie bitte recht: Ich habe nichts dagegen, dass Sie mit dem Schreiben Geld verdienen, ich wünsche es Ihnen sogar. Mehr noch: Ich bin der festen Überzeugung, dass Ihre Chancen mit diesem Buch steigen. Aber nicht, weil ich Sie darauf trainiere oder weil dies Ihre Motivation ist, Ihr Grund zu schreiben, sondern weil Sie lernen werden, das, was in Ihnen darauf wartet, erzählt zu werden, so zu schreiben, dass es die Menschen lesen wollen. Worin liegt der Unterschied?

Wenn Sie schreiben, um Geld zu verdienen, werden Sie unweigerlich mit Fragen konfrontiert: Was wollen die Menschen lesen? Wer ist mein Publikum? Welche Erwartungen werden an mich gestellt? In dem Moment, in dem Sie sich diese Fragen stellen, sind Sie bereits in eine bitterböse Fallgrube auf dem Weg nach Eldorado gestürzt. Denn Sie werden sie immer nur mit dem Blick auf das, was bereits vorhanden ist, beantworten können. Kurzgeschichten von Lenz sind ein Erfolg? Romane von Grass werden gelesen? Robert Schneider steht oben auf der Bestsellerliste? Also schreibe ich wie Lenz, Grass oder Schneider. Unter dieser Fragestellung ufert der Büchermarkt täglich aus, und die Mehrheit der Produktion (so muss man das nennen, denn es hat etwas Industrielles) verbreitet nichts als Langeweile. Bücher lassen sich produzieren, Literatur nicht. Denn wenn Sie danach fragen, was andere hören möchten, vergewaltigen Sie das, was Sie sagen wollen. Vertrauen Sie auf den Wert der Geschichten, die Sie zu erzählen haben. Wenn Sie etwas zu bieten haben, werden sich Menschen finden, die es hören wollen. Zu der Frage, welche Gedanken man sich über sein Publikum machen sollte, hat Sten Nadolny etwas Bemerkenswertes gesagt:

Der Leser, für den Vera schreibt, ist trotzdem nicht ihr Mann, sondern jener schon erwähnte vielfache Dritte, den sie sich während des Schreibens genauso zurechtzimmern muss, wie sie es mit der Erzählerin und der Geschichte tut. Sie meint damit keine Zielgruppen oder besonders Gebildete oder besonders Betroffene, sondern sie denkt sich allein den Leser, den diese Geschichte verdient, der zu ihr gehört. Er muss hohen Ansprüchen genügen! Beeindruckbar sein wie ein Kind, weise wie ein Uralter, voller Kraft, Phantasie, Mut, Wissen, Erinnerung an Verzweiflung und Glück, und er muss einen untrüglichen Sinn für literarisches Genie haben! Leser, die weniger zu bieten haben, werden in Veras Phantasien nicht zugelassen, es sei denn in Alpträumen.

Sten Nadolny wird uns noch öfter begegnen. Er hat mit seinem Roman „Die Entdeckung der Langsamkeit“ nicht nur einen der interessantesten deutschen Romane der letzten Jahre geschrieben, sondern außerdem unter dem Titel: „Das Erzählen und die guten Absichten“ eine Vortragsreihe veröffentlicht, in der er sich mit dem

Erzählen beschäftigt hat. Am Beispiel der fiktiven „Vera" beschreibt er dabei den Prozess der Entstehung eines Romans, und das werden wir uns von Zeit zu Zeit ansehen.

Haben Sie die Umkehrung der Reihenfolge bemerkt? Nadolny fragt nicht, welche Geschichte seine Leser wollen, sondern er fragt, welchen Leser seine Geschichte verdient. Und der Anspruch an diesen Leser kann nicht hoch genug sein.

Falls es Ihnen nicht gelingt, sich diesen Leser vorzustellen, gibt es vielleicht ein anderes Hilfsmittel, das besonders den Frauen zur Verfügung steht, aber mit ein wenig Phantasie vielleicht auch von männlichen Autoren nachvollziehbar ist: Stellen Sie sich vor, die Geschichte, die Sie erzählen wollen, reift in Ihnen heran wie ein Kind. Natürlich braucht dieses Kind Sie: Aber ob es groß oder klein wird, sportlich und wild oder eher nachdenklich und zurückgezogen, ob es laut oder leise ist oder was auch immer – das zu entscheiden liegt nicht in ihrer Hand. Sie können nicht darauf achten, was den Nachbarn gefällt und welche Haarfarbe Ihre Familie bevorzugen würde. Sie können nur in sich horchen, was das Kind möchte, was es braucht – und gespannt darauf warten, wie es sich wohl entwickeln wird. In diesem Sinne auch der Erfolgsautor Stephen King:

Manchmal spreche ich vor Menschen, die an der Schriftstellerei oder an Literatur interessiert sind, und bevor das „Bitte stellen Sie jetzt dem Autor ihre Frage" vorbei ist, steht immer jemand auf und stellt die Frage: „Warum haben Sie sich entschieden, über solche grauenvollen Dinge zu schreiben?"

Normalerweise antworte ich darauf mit der Gegenfrage: „Warum nehmen Sie an, ich hätte mir das frei aussuchen können?"

Ähnlich verhält es sich mit dem Wunsch, das Publikum zu „unterhalten". Kurzweil, Zerstreuung ist eine wichtige Sache und eine ehrenvolle Aufgabe. Aber schon die Frage danach, was das Publikum begeistert, ist zweischneidig: Der eine begeistert sich für Goethe, der andere für einem guten Kriminalroman, der dritte für Klatsch und Tratsch.

Wenn Sie sich fragen, wovon die Mehrzahl der Menschen unterhalten wird, sind Sie schon wieder bei der Frage, was sich gut verkauft – und liegen in der gleichen Fallgrube, in die wir oben schon einmal gestürzt sind. Auch hier gilt, und ich glaube, das nicht mehr weiter ausführen zu müssen: Lassen Sie Ihr Kind zur Welt kommen, vielleicht fühlen sich viele dadurch angesprochen, vielleicht nur einige wenige. Ändern können Sie daran nichts: Sie können sich noch so sehr danach sehnen, ein guter Fußballer zu sein – wenn Ihr Talent stattdessen in der Leichtathletik liegt, werden Sie sich mit einem geringeren Publikumsinteresse abfinden müssen. Mit der Qualität Ihrer Leistung hat das nichts zu tun.

Werfen wir einen kurzen Blick zurück, bevor sich der Dschungel über unserem kleinen Trampelpfad wieder geschlossen hat. Zwei Wege haben wir bisher ausprobiert. Die Frage, ob Geld ein ausreichendes Ziel zum Schreiben sein kann, führte uns vor eine unüberwindliche Fallgrube. Die andere Frage, ob es unser Ziel sein kann, Menschen zu unterhalten, entpuppte sich als ein Nebenweg des ersten. Weitergeführt haben uns beide nicht und wir sind schon hier in Gefahr, uns zu verirren.

Was macht man in solch einem Fall? Man fragt jemanden, der den Weg schon einmal gegangen ist. Daher wollen wir uns nun mit einem kleinen Rundgang durch die Literaturgeschichte beschäftigen. Vielleicht kommen wir so der Antwort auf unsere Frage näher.

Ich verspreche Ihnen: Wir finden diese Antwort noch in diesem Kapitel. Und das ist ja nur die erste Station auf unserer Reise zum Eldorado des literarischen Schreibens.

Lassen Sie uns eine kleine Flugreise durch die Geschichte der Literatur machen. Reisen kann man auf die unterschiedlichste Art und Weise. Am intensivsten sicherlich zu Fuß, da hat man viel Ruhe und Zeit, sich jede einzelne Blume und jeden einzelnen Busch auf dem Weg zu betrachten. Allerdings kommt man nicht sehr weit. Auch mit dem Auto kann man reisen, nur wird man nicht sehr viel sehen, da man auf das Lenken achten muss. Der Zug ist die bequemste Möglichkeit, weil man sich die Füße vertreten kann und es keine

Turbulenzen gibt: Diese Art des Reisens entspricht Ihrer privaten Lektüre, bei der Sie aussteigen können, um sich einzelne Orte genauer zu betrachten. Zugfahrten sind beliebte Motive in der Literatur:

Die Wahrheit ist, dass ich gern im Zug sitze und aus dem Fenster sehe, meine Phantasie in Gang kommen lasse und allerlei Pläne mache. Das einzige, was mich bisher daran gestört hat, war die Zumutung, irgendwo aussteigen zu müssen, weil die Fahrt zu Ende war. Aus diesem Grunde kaufte ich mir die Netzkarte. So etwas könnte ich sicherlich einer Freundin nicht ohne weiteres begreiflich machen. Wie gut, dass ich keine habe – schon das Erklären müssen behindert eine Reise. Die Freiheit soll es sein und keine Fessel, kein Joch – niemals!

Der Held des Romans „Netzkarte“, Autor ist der uns schon bekannte Sten Nadolny, reist mit seiner Netzkarte durch Deutschland. Ohne Ziel, ohne Verpflichtung, nur der Eingebung und der Verlockung durch den Klang der Ortsnamen folgend. Es ist gleichzeitig eine Reise durch die Phantasie. Mitreisende, Orte, Namen sind nicht nur, was sie bedeuten, sondern auch, was Ole Reuter, die Hauptfigur, aus ihnen macht. So liest auch ein guter Leser, nicht systematisch, nicht akademisch, sondern angetrieben von „Zauberklängen“, die ihn aus diesem oder jenem Grund ansprechen.

Diese Art der Reise ist für uns, so angenehm sie ist, zu ungezielt. Wir werden weite Bereiche der Literatur einfach unbeachtet überfliegen, um nur an einigen Eckpunkten Halt zu machen. Was soll mit diesem Bild gemeint sein? Sie dürfen auf den nächsten Seiten keine richtige Literaturgeschichte erwarten, dafür gibt es dicke Bücher. Sie sollten sich nicht ärgern, wenn Ihnen manche Aussagen verkürzt vorkommen oder nicht ausreichen. Behalten Sie im Auge, welches Ziel diese Reise hat: Wir suchen nach wie vor eine Antwort auf die Frage, welcher innere Antrieb uns dazu bringt, Bücher zu schreiben und zu veröffentlichen. Und wir werden auf unserer Reise durch die Literatur nur dort kurz anhalten, wo ich eine Antwort auf unsere Frage vermute.

Unser Weg soll uns am Anfang nach Griechenland führen, wo die erste Literatur entstand, die für unsere Zivilisation grundlegende Bedeutung erlangt hat.

Das antike Griechenland kannte vor allem zwei Formen literarischen Ausdrucks: Das Epos, eine lange Erzählung in Versform, die ihren Stoff aus der Sagenwelt nimmt, sowie das Drama, unterteilt in seine beiden Hauptbereiche Tragödie und Komödie. Den Titel des berühmtesten griechischen Epos' kennen Sie sicherlich, es handelt sich um die „Odyssee" des Dichters Homer, die Geschichte des Helden Odysseus, der lange Zeit vergeblich versucht, nach dem Krieg um die Stadt Troja wieder nach Hause zurückzukehren.

Von den unzähligen griechischen Dramen, die uns heute noch bekannt sind, gehört nur ein kleiner Teil zu dem literarischen Gut, mit dem wir regelmäßig umgehen. Vor allem anderen die beiden Stücke des Dichters Sophokles, „König Ödipus" und „Antigone", gehören zum Lehrstoff unserer Schulen und sind daher einem größeren Publikum bekannt. Die „Antigone" wollen wir uns etwas näher ansehen.

Zwei Dinge vorweg: Theaterstücke sind keine Lesestücke. Sie wurden geschrieben, um auf einer Bühne gespielt zu werden und bleiben oft merkwürdig steif, wenn man sie liest. Daher sollten Sie Theaterstücke oder Ausschnitte aus Stücken immer laut lesen – auch wenn Sie Ihre Familie vielleicht irritiert anschauen wird. Sie werden die Erfahrung machen, dass Sie den Sinn des Textes sehr viel besser erfassen können, wenn Sie ihn hören.

Wenn Ihnen einer der vorgestellten literarischen Texte zu kompliziert wird, verlassen Sie sich einfach auf meine Erläuterungen dazu; es ist nicht so wichtig, jedes Detail am Text nachvollziehen zu können. Außerdem werden die meisten anderen Kapitel einfacher und weniger theoretisch sein. Hier aber wollen wir uns ruhig ein bisschen mit dem auseinandersetzen, was vor uns war. Um wieder das Bild unserer Landkarte zu bemühen: Wir wollen ein wenig erforschen, welche Wege schon gegangen wurden, wohin sie führten und welche Nebenwege vielleicht vielversprechend sind und noch nicht untersucht wurden.

Nun aber nach Griechenland.

Das griechische Drama hat religiöse Wurzeln. Es ist aus seinem ursprünglichen Rahmen, dem Dienst an den Göttern, herausgewachsen. Die Experten sind sich nicht einig, in welcher Form der Gottesdienste es entstand, aber auf jeden Fall bestand es wohl ursprünglich aus einem Chor aus Gemeindemitgliedern, die in einem Lied und möglicherweise Tanz von den Taten des Gottes oder auch in den Götterstand erhobener Helden berichtet haben. Ihnen scheint später eine Art Erzähler an die Seite gestellt worden zu sein, der den Gesang „kommentierte“, sozusagen die erste „Rolle“ des Theaters. Noch später traten ein bis zwei weitere Sprecher hinzu, so dass ein Dialog möglich wurde. Auch wenn das Drama im Weiteren aus dem religiösen Bereich herausgenommen und zu einer weltlich-politischen Einrichtung wurde, sind die religiösen Überlieferungen und die religiöse Absicht in den Stücken nach wie vor spürbar. Dies gilt auch für die Wahrnehmung der Tragödie beim Publikum, denn anders als heute galt der Theaterbesuch nicht als Freizeiteinrichtung, sondern gehörte zu den religiösen Pflichten, denen sich der Vollbürger zu unterziehen hatte.

Sophokles arbeitet zu einer Zeit an der „Antigone“, zu der die Demokratie Athens gefährdet erscheint: Spannungen nach außen und machtpolitische Beschlüsse nach innen bedrohen die überlieferte Ordnung und das demokratische Gefüge des Stadtstaates.

Auch die Ausgangssituation der „Antigone“ ist ein Krieg: Polyneikes, einer der Söhne des ehemaligen Königs Ödipus, führte Krieg gegen die Stadt Theben. Nachdem er auf dem Schlachtfeld den Tod gefunden hat und Theben siegreich blieb, befiehlt Kreon, Polyneikes' Leichnam nicht zu beerdigen, sondern ihn zur Abschreckung und zur Strafe für seinen Frevel den Hunden und Vögeln zum Fraß zu überlassen. Antigone, die Schwester des Toten, ist nicht bereit, diesem Gebot zu folgen. Sie besteht darauf, den religiösen Pflichten Genüge zu tun und den toten Bruder entgegen dem Gesetz Kreons zu begraben. Sie wird bei dieser Tat gefangen und vor Kreon gebracht. Dieser verurteilt sie zum Tode. Haimon, der Sohn Kreons und Bräutigam Antigones, bittet um ihr Leben. Kreons Antwort:

Sie war die einzige in der ganzen Stadt,
Die offen den Gehorsam mir versagte.
Eh' ich mich Lügen strafe vor dem Volk,
Richt ich sie hin. Mag sie dann klageleiern
Zum Sippenschützer Zeus. Zücht ich den Trotz
Schon bei Verwandten, wie viel mehr im Volk!
Nur wer im eignen Hause sich bewährt,
Wird auch im Staat sich als gerecht erweisen.
Um solchen Mann ist mir nicht bang, der kann
Gebieten, wie er zu gehorchen weiß,
Der wird im Lanzensturm, treu dem Befehl,
Standhalten als ein rechter Kampfgenoss.
Wer aber sich vermisst, Gesetz zu brechen,
Und der Regierung vorzuschreiben denkt,
Unmöglich holt sich der bei mir ein Lob!
Wen sich das Volk erkor, dem gilt's zu folgen
Im kleinsten – ob gerecht, ob ungerecht.
Zuchtlosigkeit, das ist das Allerschlimmste!
Sie stürzt die Staaten, sie verheert die Häuser,
Sie reißt die Speergenossen auseinander
Zu feiger Flucht. Die aber standhaft sind,
Was sie zumeist erhält, das ist die Zucht.
Drum gilt's, das Ordnung-Schaffende zu schützen
Und ja nicht einem Weibe sich zu beugen!
Wenn's sein muss, besser, mich verdrängt ein Mann,
Dann heißt es nicht, ich lasse Weiber herrschen.

Kreon vermisst Gehorsam bei Antigone und ihn quält sichtlich die Angst, dass seine neu gewonnene Macht durch den Aufstand des Mädchens gefährdet werden könnte. „*Wen sich das Volk erkor, dem gilt's zu folgen im kleinsten – ob gerecht, ob ungerecht. Zuchtlosigkeit ist das Allerschlimmste.*" Kreon verlangt absoluten Gehorsam von seinem Volk, ungeachtet des Motivs und der Person. Nach Gerechtigkeit hat das Volk nicht zu fragen, also auch nicht danach, ob die verlangte Tat moralisch gerechtfertigt ist oder nicht. Die Verantwortung liegt beim Befehlshaber, sonst wird der Staat an Uneinigkeit und mangelnder Autorität zerbrechen. Während der Chor, die Bürger Thebens, Kreon zustimmen, ist es gerade sein Sohn Hämon, der ihm zu widersprechen wagt.

Vater, die Götter pflanzen die Vernunft
Dem Menschen ein als höchstes aller Güter.
Ich könnte nicht behaupten, was du sagtest,
Das sei nicht richtig, möcht' es auch nicht können,
Nur kommt wohl auch ein andrer auf das Rechte.
Mir fällt es zu, für dich zu wachen, was man
So sagt und tut und auszusetzen hat.
Dir ins Gesicht wagt der gemeine Mann
Nicht auszusprechen, was du nicht gern hörst.
Mir aber kommt es insgeheim zu Ohren,
Wie sich die Stadt um dieses Mädchen härmt:
Sie, die unschuldigste von allen Frauen,
Soll elend sterben für die schönste Tat!
Den eignen Bruder, der im Kampfe fiel,
Hat sie nicht ohne Grab verkommen lassen,
Der wilden Hunde und der Vögel Fraß,
Ist sie nicht goldner Ehrengabe wert?
So geht's im Dunkeln leis von Mund zu Mund.
Vater! Nichts wünsche ich mir sehnlicher,
Als dass du glücklich bist. Denn welches Kleinod
Freut Kinder mehr als ihres Vaters Ruhm
Und was den Vater mehr als Kindes Glück?
Drum lass nicht nur die eine Denkart gelten,
Die du für richtig hältst, und keine andre!
Denn wer nur selber einsichtsvoll sich dünkt,
Begabt mit Geist und Rede wie kein zweiter,
Enthüllt bei Licht besehen sich als leer.
Auch für den Klugen ist doch keine Schande,
Statt sich zu übernehmen, viel zu lernen.
Du siehst am winterlich geschwollnen Strom
Den Baum, der nachgibt, seine Zweige retten,
Was widersteht, reißt's mit den Wurzeln fort.

Und wenn der Steuermann das Segeltau
Nur immer strafft und gar nicht lockern mag,
Der kentert bald und fährt kieloben weiter.
Drum beuge dich und wandle deinen Sinn!
Hab ich, der Jüngre, auch ein Wort, ich meine,
Weitaus der höchste Rang gebührt dem Mann,
Dem von Natur der Weisheit Fülle ward.
Doch in der Regel fällt es anders aus,
Dann ist von Klugen lernen auch ein Lob.

Vernunft, so Hämons Argument, ist wichtiger als Zucht und blinder Gehorsam. Gefolgschaft aus Angst ist Gefolgschaft, auf die man sich nicht verlassen kann. Hinter dem Rücken Kreons tuschle das Volk über die grausame Entscheidung des Despoten und bemitleide Antigone. Ein Steuermann, warnt er, der den Bogen überspannt, der die Segel seines Bootes nicht auch einmal locker lässt, wird im Sturm kentern. Hämon, in Todesangst um Antigone, wagt sogar etwas Ungeheuerliches auszusprechen: Den höchsten Rang im Staate solle derjenige innehaben, dem die Natur die höchste Weisheit geschenkt habe; da dies aber nun nicht immer der Fall sei (und das ist eine Ohrfeige für Kreon!), stehe es dem Herrscher gut an, auf den Rat der Vernünftigen zu lauschen.

So der Sohn zum Vater, der Untertan zum Herrscher. Eine solche Rede würden wir auch heute noch als Affront verstehen, erst recht, wenn sie wie hier in aller Öffentlichkeit geführt wird. Für Sophokles war es ein Risiko, denn es war natürlich allen Theaterbesuchern klar, dass diese Ohrfeige Perikles galt, dem einflussreichsten Politiker Athens zu seiner Zeit. Worin besteht aber die ungeheuerliche Tat des Kreon, die eine so vehemente Verteidigungsrede zustande kommen lässt? Antigones Antwort auf Kreons Frage, warum sie sein Gebot gebrochen habe, lautet:

Der das verkündete, war ja nicht Zeus,
Auch Dike in der Totengötter Rat
Gab solch Gesetz den Menschen nie. So groß
Schien dein Befehl mir nicht, der sterbliche,

Dass er die ungeschriebnen Gottgebote,
Die wandellosen, konnte übertreffen.
Sie stammen nicht von heute oder gestern,
Sie leben immer, keiner weiß, seit wann.
An ihnen wollt' ich nicht, weil Menschenstolz
Mich schreckte, schuldig werden vor den Göttern.
Und sterben muss ich doch, das wusste ich
Auch ohne deinen Machtspruch. Sterbe ich
Vor meiner Zeit, nenn ich es noch Gewinn.
Wes Leben voller Unheil ist, wie meines,
Trägt der nicht, wenn er stirbt, Gewinn davon?
Drum schmerzt mich nicht, dass sich mein Schicksal nun
Erfüllt. Ja, hätt' ich meiner Mutter Sohn,
Den Toten, unbestattet liegen lassen,
Das schmerzte mich, doch dies tut mir nicht weh.
[Mag ich dir nun auch eine Törin scheinen –
Vielleicht zeiht mich der Torheit nur ein Tor.]

Kreons Anordnung, so haben wir Antigones Antwort zu lesen, das Sondergesetz, Polyneikes nicht zu begraben, stammt nicht von den Göttern. Ja, darüber hinaus: Es ist eines, das sogar ausdrücklich im Widerspruch zum göttlichen Gesetz steht. Die religiösen Gesetze sind unwandelbar und den Menschen in grauer Vorzeit gegeben; sie haben einen größeren Machtanspruch als die selbstverliebte, für den Moment geborene Weisung Kreons. Macht sie sich an dieser schuldig, bedeutet dies ihren Tod. Verstößt sie jedoch gegen das Gesetz der Götter, dann droht ihr Schlimmeres als der Tod, da der Zugriff der Götter viel weiter als der Kreons reicht. Es kommt ihr nicht in den Sinn, sich auf Befehlsnotstand zu berufen – für ihre Tat muss sie einstehen, und wenn das weltliche Gesetz ungerecht ist, muss sie sich dagegen zur Wehr setzen.

Wir haben also in diesem Drama Antigone und Hämon auf der einen Seite als Vertreter eines immerwährenden Gesetzes und Kreon auf der anderen Seite, den Despoten, der absoluten Gehorsam für seine Willkürherrschaft verlangt.

Sophokles' Stellungnahme ist klar: Beide, sowohl Hämon, der Sohn Kreons, als auch Antigone, seine Schwiegertochter in spe, verlieren im weiteren Verlauf des Stückes ihr Leben. Doch erst nachdem sich auch noch Kreons Frau aus Kummer über den Verlust ihres Sohnes getötet hat, kommt Kreon zu der Einsicht, dass sein Handeln falsch gewesen ist. Er bleibt als ein gebrochener Mann zurück, der nicht nur selbst schuldig geworden ist, sondern zudem die gesamte Herrscherfamilie und damit letztlich auch das Volk in großes Unglück gestürzt hat.

Vergessen wir nicht: Sophokles erzählt nicht nur eine alte Sage nach, sondern er bezieht diese ganz konkret auf die aktuellen Verhältnisse seiner Heimatstadt Athen. Er zeigt eine Bedrohung, die auch über Athen schwebt, wenn man nicht die Lehre aus der alten Sage zieht.

Wir sollten Griechenland nun verlassen, unsere Zeit ist begrenzt. Während wir auf Hermes' Schultern (das ist der geflügelte Bote der Götter, ein Schutzgöttlein für die Lügner und Betrüger und wohl auch für die Schriftsteller) dahinfliegen, vergehen unter uns das griechische wie das römische Reich. Germanen gibt es schon, aber von Literatur kann man bei ihnen nicht sprechen. Das Christentum ist gerade dabei, sie zu missionieren, und was in den nächsten paar hundert Jahren bei ihnen entsteht, ist hauptsächlich religiöse Literatur. Wir finden die Heimat der Literatur im Mittelalter – soweit sind wir schon gekommen – vor allem in der Religion. So entwickelt sich zum Beispiel das deutsche Drama sehr ähnlich dem griechischen aus dem Gottesdienst heraus. Bei uns sind es die sogenannten Fassnachtsspiele, in denen der Leidensweg Jesu nachgestellt wird oder lokale Ereignisse um Märtyrer und Heilige. Es dauert noch eine Weile, bis sich das deutsche Theater aus diesem Bereich löst.

In England geht es mit dem Theater schon etwas schneller, hier steht gerade der unerreichte Genius auf der Bühne, der das deutsche Theater beeinflussen sollte wie kein anderer: William Shakespeare. Shakespeare? Halt! Stop! Wir sind schon zu weit.

Auch wenn Hermes uns wegen des Umweges mit einem bösen Blick bedenkt – wir müssen noch einmal zurück, um etwa hundert Jahre. Aber immerhin sind wir in England richtig.

Dass die Gattung des Sciencefiction-Romans in England entstanden ist (nun ja, zumindest wenn man es mit den wenigen Vorbildern nicht allzu genau nimmt) wird niemanden überraschen. Aber dass dies schon im Jahre 1516 geschah, etwa fünfzig Jahre vor Shakespeare, ist vielleicht doch erstaunlich, noch dazu, wenn man erfährt, dass der Autor der spätere Lordkanzler ist, der aus politischen Gründen vorzeitig seinen Kopf verlieren wird.

Thomas Morus heißt der Mann und sein Buch trägt den Titel „Utopia". Utopia: Dieser Begriff wurde später Gattungsname, nach diesem Buch nennen sich die „utopischen" Romane und dieser Titel ist viel genauer und erhellender als „Sciencefiction", die unsere Zukunft auf die „science" (Wissenschaft) beschränken möchte.

Was heißt Utopia? Topos ist das griechische Wort für „Ort", das „u" steht für eine verneinende Vorsilbe, also hieße Utopia übersetzt „Kein Ort – Nirgendwo". Und jetzt raten Sie einmal, wie der deutsche Philosoph Ernst Bloch Utopia charakterisiert hat:

Utopia ist das Eldorado der Glaubensfreiheit …

Da ist es wieder, unser Eldorado – vielleicht kommen wir unserem Ziel mit diesem Buch etwas näher.

Natürlich ist Utopia nicht kein Ort. Es wäre schwierig, ein Buch über keinen Ort zu schreiben, wenn auch sicherlich reizvoll – vielleicht versuchen Sie es einmal?

Utopia aber ist ein Ort, genauer gesagt eine Insel. Eine Insel allerdings, die auf keiner Landkarte verzeichnet ist – weil sie nicht existiert. Sie existiert nur in der Vorstellung von Thomas Morus, der für diese Insel eine Gesellschaftsordnung entwirft, wie er sie gerne hätte, eine Gesellschaftsordnung, in der es – seinem Verständnis nach – keine Unterdruckung und keine Ungerechtigkeit gibt, keine Armut, weil der Reichtum gleich verteilt wird und darum auch keine Klassenunterschiede.

Weil also alle ein nützliches Handwerk treiben und dieses selbst mit weniger Arbeit auskommt, können sie bei dem Überfluss an allen Erzeugnissen ohne weiteres etwa zur Ausbesserung der Straßen, wenn diese abgenützt sind, eine gewaltige Menge Arbeiter auf die Beine bringen; gibt es nicht einmal etwas Derartiges zu tun, so setzen sie oft auch offiziell die Arbeitszeit herab; denn die Behörden schinden die Bürger nicht mit überflüssiger Arbeit, da dieser Staat vor allem das eine Ziel verfolgt, jeden Bürger, soweit es die Bedürfnisse der Allgemeinheit erlauben, möglichst ausgiebig vom körperlichen Frondienst zu entlasten zugunsten der freien Entfaltung und Pflege des Geistes: darauf nämlich beruht, wie sie glauben, das Glück des Daseins.

Sie merken schon: Utopia ist tatsächlich kein Ort, nämlich kein Ort, den wir kennen. Dabei spürt man, dass Morus ein durchaus realistischer Geist war, kein Träumer, wie es den Anschein haben mag. Sein Realismus treibt ihn manchmal zu Vorschlägen, die uns sehr modern erscheinen, wie zum Beispiel folgender:

Hie und da freilich, wenn die Charaktere der Gatten nicht recht zueinander passen und beide einen anderen Menschen gefunden haben, mit dem sie ein erfreulicheres Leben zu führen hoffen, dürfen sie sich in beidseitigem Einverständnis trennen und eine neue Ehe eingehen, immerhin nicht ohne Einwilligung des Senates; dieser aber erlaubt eine Scheidung erst, wenn die Senatoren und ihre Frauen den Fall genau untersucht haben, und auch dann nicht leicht, weil sie wissen, dass es der Festigung der ehelichen Liebesbande nicht zuträglich ist, wenn aus nächster Nähe eine neue Ehe winkt.

Und so geht es weiter. Die Verteilung des Bodens, die Beziehungen zwischen Stadt und Land, die Regelung der individuellen Verhältnisse, aber auch des Verhältnisses der Menschen zu ihrem Staat bis hin zur Gesetzgebung und der Durchsetzung von Gesetzen wird dem erstaunten Leser berichtet, und die Insel Utopia bietet schließlich ein komplettes Gegenbild zu der Gesellschaft, in der Thomas Morus selbst lebt und politisch aktiv ist. Wir können an diesem Buch sehr gut erkennen, was das Wesen zumindest der sogenannten Sciencefiction-Literatur ist: Einfluss zu nehmen auf die Entwicklung der gegenwärtigen Gesellschaft, sei es, dass wünschenswerte Tendenzen aufgezeigt werden wie in Utopia oder vor falschen Entwicklungen gewarnt wird.

Nehmen wir zum Beispiel Orwells „1984". Darin finden wir die Warnung vor der Diktatur, die durch eine komplette Überwachung der Gesellschaft gestützt wird, oder Huxleys „Schöne neue Welt", die darauf aufgebaut ist, dass eine vervollkommnete Gentechnologie Menschen danach erzeugt, für welche Aufgabe sie benötigt werden. Beide Bücher zeichnen sich dadurch aus, dass sie Entwicklungen vorausgesehen haben, die damals noch kaum erkennbar waren und über deren Prophetie wir heute nur staunen können. Ihre Qualität steht weit über denjenigen Romanen des Genres, die sich in Phantasien über neue technische Wunderwerke erschöpfen. Wobei diese Aussage nicht zutrifft, wenn die technischen Wundermittel nur Vehikel sind, um das „Gegenbild" auf einen anderen Planeten zu projizieren. Denn heute nehmen ferne Planeten und außerirdische Zivilisationen häufig die Stellung ein, die bei Morus die Insel Utopia hat: Einen räumlichen Ort abzugeben, an dem man sozusagen ein „Experiment" durchführen kann, wie eine andere Gesellschaft denn eigentlich aussehen könnte.

Das hat nichts mit Sophokles zu tun? Morus und die alten Griechen passen nicht zusammen und es gibt nichts Gemeinsames? Warten wir's ab.

Erheben wir uns nun wieder über die Insel – genauer gesagt, über zwei, Utopia und England – und nähern uns neuerlich dem Festland. Wir überfliegen – geografisch nicht ganz exakt, historisch aber wohl – die italienische Renaissanceliteratur und auch das französische Theater, für deren Betrachtung unser Literaturflug leider zu schnell ist.

Deutschland ist zur Zeit ein ungemütlicher Ort, es tobt der Dreißigjährige Krieg, Protestanten und Katholiken bekriegen sich erbittert. Die deutsche Literatur, die sich – sicherlich auch auf Grund dieser Streitigkeiten – von der Religion gelöst hat, ist momentan nicht sonderlich optimistisch gestimmt, kein Wunder. Es überwiegen die Gedanken an Trauer und Tod und die feste Überzeugung, dass es auf Erden doch ein rechtes Jammertal sei und wir gut daran täten, uns auf ein besseres Leben nach dem Tode vorzubereiten. Einzelne Autoren versuchen dies durch besondere Lebenslust auszugleichen und legen uns nahe, uns doch ungeachtet der geltenden

Moral unseres Lebens zu erfreuen, solange wir die Gelegenheit dazu haben.

Hätten wir es nicht gar so eilig, würde ich gerne ein wenig verweilen, um mir den Roman „Simplicius Simplicissimus" von Grimmelshausen mit Ihnen anzuschauen. Zum einen, weil es einer der ersten Romane im deutschen Sprachraum ist, zum anderen, weil er erstaunlich modern geriet und zum dritten weil Simplicius eine interessante Person ist. Als junger Mensch, noch ziemlich dumm, gerät er in die Kriegswirren und muss sich mit reichlich List durch die Jahre schlagen, wobei ihm Ungeheuerliches passiert. Man nennt so etwas einen Schelmenroman, und es ist spannend und oft auch amüsant zu lesen. Ich kann Sie hier nur darauf hinweisen, wenn Sie mögen, lesen Sie es einfach selbst nach.

Nach dem Krieg braucht Deutschland eine Weile, bis es sich von diesem gewaltigen Schock erholt, und auch die Literatur ist noch nicht so schnell auf der Höhe der Zeit. Dazu kommt, dass das Land in unzählige Fürstentümer aufgesplittert und es in der engen Provinz noch schwieriger ist, den Anschluss an Europa zu finden. Zu Beginn des 18. Jahrhunderts versucht man, sich an den umliegenden Kulturnationen zu orientieren und herauszufinden, was denn dem „deutschen Nationalcharakter" angemessen sei. Die erste Orientierung richtet sich nach Frankreich, das in dieser Zeit mit seinem Glanz alle europäischen Nationen überstrahlt, bis bekanntlich das Volk, das diesen Glanz bezahlt, sich seiner Oberhäupter entledigt – was durchaus wörtlich zu nehmen ist.

Vorher bricht jedoch in Deutschland ein heftiger Streit darüber aus, ob nun Frankreich oder doch eher England das Vorbild für die deutsche Literatur abgeben soll. Schon damals gab es einen deutschen „Literaturpapst", der nicht Reich-Ranicki hieß, sondern Gottsched und das Verdienst hatte, das Niveau des deutschen Theaters über die damals üblichen Slapstick-Veranstaltungen auf Jahrmärkten zu heben. Sein Blick richtete sich nach Frankreich. Stimmen dagegen gab es schon frühzeitig, doch keine wurde so machtvoll und einflussreich wie die von Gotthold Ephraim Lessing, dem ersten deutschen Theaterautor von Weltrang. Lessing ließ sich von Shakespeare beeinflussen und unaufhörlich sang er dem deutschen

Volk dessen Loblied. Mit dem Namen Lessings ist ein zweiter Name eng verwoben: Moses Mendelssohn. Mendelssohn war der erste Jude, dem der Sprung aus dem Ghetto an die Spitze der deutschen Kultur – als Philosoph und Schriftsteller – im engen Geistesaustausch mit Lessing gelang. Diese Freundschaft und das Bewusstsein von dem etwa hundert Jahre zurückliegenden Dreißigjährigen Krieg mögen Lessing beeinflusst haben, ein Theaterstück zu schreiben, das heute noch sehr häufig auf unseren Bühnen gespielt wird: „Nathan, der Weise".

Nathan ist ein vermögender Jude, der gegen Ende des zwölften Jahrhunderts am Hof des Sultans Saladin in Jerusalem lebt. Er gerät in den Zwist zwischen diesem und dem christlichen Kreuzritterorden. In einer Schlüsselszene des Stücks wird er vor Saladin zitiert. Dieser verlangt von Nathan, dem Weisheit nachgesagt wird, eine Klärung der Frage, welche der drei Religionen – Christentum, Islam, Judentum – denn nun eigentlich die richtige, wahre Religion sei. Eine unangenehme Situation: Nennt er das Judentum, muss er damit rechnen, von Saladin bestraft zu werden. Noch viel härter droht ihm dies, wenn er das Christentum bevorzugen würde. Und wenn er den Islam zur wahren Religion erklärt, würde Saladin ihn unweigerlich auffordern zu konvertieren.

In dieser Situation hält Nathan die wohl berühmteste Verteidigungsrede der Toleranz, die sogenannte „Ringparabel":

NATHAN
Vor grauen Jahren lebt' ein Mann in Osten,
Der einen Ring von unschätzbarem Wert'
Aus lieber Hand besaß. Der Stein war ein
Opal, der hundert schöne Farben spielte,
Und hatte die geheime Kraft, vor Gott
Und Menschen angenehm zu machen, wer
In dieser Zuversicht ihn trug. Was Wunder,
Dass ihn der Mann in Osten darum nie
Vom Finger ließ; und die Verfügung traf,
Auf ewig ihn bei seinem Hause zu
Erhalten? Nämlich so. Er ließ den Ring

Von seinen Söhnen dem geliebtesten;
Und setzte fest, dass dieser wiederum
Den Ring von seinen Söhnen dem vermache,
Der ihm der liebste sei; und stets der liebste,
Ohn' Ansehn der Geburt, in Kraft allein
Des Rings, das Haupt, der Fürst des Hauses werde.
Versteh mich, Sultan.
SALADIN Ich versteh dich. Weiter!
NATHAN So kam nun dieser Ring, von Sohn zu Sohn
Auf einen Vater endlich von drei Söhnen;
Die alle drei ihm gleich gehorsam waren,
Die alle drei er folglich gleich zu lieben
Sich nicht entbrechen konnte. Nur von Zeit
Zu Zeit schien ihm bald der, bald dieser, bald
Der dritte, – so wie jeder sich mit ihm
Allein befand, und sein ergießend Herz
Die andern zwei nicht teilten, – würdiger
Des Ringes; den er denn auch einem jeden
Die fromme Schwachheit hatte, zu versprechen.
Das ging nun so, so lang es ging. – Allein
Es kam zum Sterben, und der gute Vater
Kömmt in Verlegenheit. Es schmerzt ihn, zwei
Von seinen Söhnen, die sich auf sein Wort
Verlassen, so zu kränken. – Was zu tun? –
Er sendet in geheim zu einem Künstler,
Bei dem er, nach dem Muster seines Ringes,
Zwei andere bestellt, und weder Kosten
Noch Mühe sparen heißt, sie jenem gleich,
Vollkommen gleich zu machen. Das gelingt
Dem Künstler. Da er ihm die Ringe bringt,
Kann selbst der Vater seinen Musterring
Nicht unterscheiden. Froh und freudig ruft
Er seine Söhne, jeden ins besondre;
Gibt jedem ins besondre seinen Segen, – Und seinen Ring,
– und stirbt. – Du hörst doch, Sultan?
SALADIN (der sich betroffen von ihm gewandt).

Ich hör, ich höre! – Komm mit deinem Märchen
Nur bald zu Ende. – Wirds?
NATHAN Ich bin zu Ende.
Denn was noch folgt, versteht sich ja von selbst. –
Kaum war der Vater tot, so kömmt ein jeder
Mit seinem Ring', und jeder will der Fürst
Des Hauses sein. Man untersucht, man zankt,
Man klagt. Umsonst; der rechte Ring war nicht
Erweislich; –

Die Botschaft der Parabel ist klar: Die drei Ringe stehen für die drei Religionen und möglicherweise ist eine von ihnen tatsächlich die einzig wahre. Sicher ist das nicht, denn Nathan bringt später auch die Möglichkeit ins Spiel, dass der Vater drei Kopien der Ringe gemacht haben könnte, und der eine, wahre schon längst verloren gegangen sein könnte. Für die Gläubigen der Religionen, für welche die drei Söhne stehen, ist es jedenfalls nicht erkennbar, weil es nicht erkennbar sein soll – das war ja gerade der Wunsch des Vaters, der hier eindeutig für Gott steht.

Aller Streit, alle Auseinandersetzung um diese Frage kann nur zu Leid und Elend führen; jeder der drei Söhne wird für seine Gaben und Möglichkeiten vom Vater geliebt, und die verschiedenen Religionen sind der Ausdruck dieser Liebe, die keinem einen Vorzug vor dem anderen geben will.

Saladin weiß dem nichts entgegenzusetzen, doch gibt er sich nicht so schnell zufrieden. So gleich seien sich die Religionen wohl nicht, jede unterscheide sich deutlich von der anderen, so seine Argumentation. Die totale Toleranz beruhe letztlich auf einer Täuschung, in ihrer weltlichen Gestalt müsse man sehr wohl eine Stellungnahme zum Wert der Religionen abgeben können. (Sie merken schon, Lessing beschäftigt sich mit Fragen, die auch für uns noch durchaus von Bedeutung sind).

Auch hierauf weiß Nathan eine Antwort, indem er die drei Söhne letztlich vor dem Richtertisch landen lässt, weil sie sich über das väterliche Erbe nicht einig werden können. Zuerst glaubt der Richter, eine Entscheidung sei überhaupt nicht möglich. Dann allerdings fällt ihm ein geradezu salomonisches Urteil ein. Wenn es einen wahren Ring, eine wahre Religion gibt, die den anderen überlegen ist, so kann sie sich nur auf eine Weise äußern: durch Liebenswürdigkeit, Toleranz, Sanftmut und Hilfsbereitschaft. Nur aus ihren Ergebnissen lässt sich beurteilen, ob sie wahr ist, dieses Urteil ist erst einem weiseren Richter in ferner Zukunft möglich. Saladin lässt diese Antwort nicht kalt: Er weiß, dass er nicht dieser weisere Richter ist, der den Streit entscheiden kann und lässt Nathan ziehen. Mehr noch: Er bittet ihn um seine Freundschaft.

Wir erinnern uns: Dieses Stück entsteht etwa hundert Jahre nach einem der blutigsten Religionskriege, die je in Europa geführt wurden und in einer Zeit, in der Gleichberechtigung insbesondere für Juden in Deutschland nach wie vor ein Fremdwort war. Was hat Lessing getrieben zu schreiben, so wie Sophokles, so wie Thomas Morus?

Mit Lessing beginnt die große Zeit der deutschen Literatur. Wollten wir alle großen Namen unserer Literaturgeschichte betrachten, müssten wir unseren Flug nun beenden und mit der Pferdekutsche weiterreisen, denn innerhalb kurzer Zeit treffen wir auf Goethe und Schiller, auf die Epochen des „Sturm und Drang" und der „Klassik", anschließend dann auf die Romantik und bis zum Ende des 19. Jahrhunderts auf die Revolutionsliteratur der 48er und den Realismus, auf Heine, Büchner, Fontane, Storm und Hauptmann, um nur einige wenige zu nennen.

Das alles wäre ein bisschen viel für uns, und so wollen wir vor dem Beginn des 20. Jahrhunderts nur noch kurz bei den Romantikern stoppen.

Was verbinden Sie mit dem Wort Romantik? Sonnenuntergänge, Kerzenschein, sanftes Mondlicht auf menschenleeren Tälern? So ganz falsch liegen Sie nicht, obwohl damit natürlich nicht alles gesagt sein kann.

Die Zeit Lessings und die Jahrzehnte danach bezeichnen wir philosophisch als „Aufklärung", nach einem Begriff Immanuel Kants, der damit den Vorgang meinte, in welchem der Mensch lernt, seinen Verstand unabhängig von menschlichen Vorurteilen und den Lehren der Autoritäten zu gebrauchen. Ohne Rücksicht auf Geschlecht, Geburt, sozialen Status und gesellschaftliche Macht soll sich durchsetzen können, wer die Vernunft auf seiner Seite hat. Unnötig zu erklären, dass unsere modernen Vorstellungen von Demokratie und Menschenrechten von dieser Forderung Kants maßgeblich beeinflusst sind. Die Romantiker machten nun die Erfahrung, dass ihre gesellschaftliche Wirklichkeit dieser Forderung nicht entsprach, beziehungsweise die Ergebnisse der Aufklärung nicht befriedigten. Die Lebensumstände der Bevölkerung wurden eher schlechter als besser, politisch war ein Ende der Aufspaltung Deutschlands in viele kleine Staaten nicht in Sicht und der philosophische Sieg der Vernunft über alle anderen Prinzipien führte dazu, dass der Mensch als Selbstzweck zurücktreten musste, um innerhalb eines gesellschaftlichen Systems zu funktionieren, wie die Vernunft es von ihm verlangte.

Die Romantiker reagierten darauf, indem sie die Vernunft entthronten und an ihre Stelle das Gefühl setzten. Das Gefühl war für sie die eigentliche, besondere Qualität des Menschen. Sie entdeckten die innere Stimme, die Eingebung, die Phantasie, den Traum wieder. Die Brüder Grimm gehören dazu, die als Sammler der deutschen Volksmärchen bekannt wurden, wie überhaupt das Märchen die bestimmende Kunstform der Romantiker war. Wie sie Volksmärchen sammelten, so schrieben sie neue, die sogenannten Kunstmärchen oder sie verlegten die Handlungen ihrer Bücher zumindest in ein märchenhaftes Szenario, ließen Feen auftreten, bevorzugten dunkle, geheimnisvolle Örtlichkeiten und übernatürliche Mächte, die in irgendeiner Weise in das Geschehen eingriffen. Werfen wir einen Blick in den „Heinrich von Ofterdingen" des Dichters Novalis:

Die Eltern lagen schon und schliefen, die Wanduhr schlug ihren einförmigen Takt, vor den klappernden Fenstern sauste der Wind; abwechselnd wurde die Stube hell von dem Schimmer des Mondes. Der Jüngling lag unruhig auf seinem Lager, und gedachte des Fremden und seiner Erzählungen. Nicht die Schätze sind es, die ein so unaussprechliches Verlangen in mir geweckt haben, sagte er zu sich selbst; fern ab liegt mir alle Habsucht: aber die blaue Blume sehn' ich mich zu erblicken. Sie liegt mir unaufhörlich im Sinn, und ich kann nichts anderes dichten und denken. So ist mir noch nie zumute gewesen: ist, als hätt ich vorhin geträumt, oder ich wäre in eine andere Welt hinübergeschlummert; denn in der Welt, in der ich sonst lebte, wer hätte da sich um Blumen bekümmert, und gar von einer so seltsam Leidenschaft für eine Blume hab ich damals nie gehört.

Wo eigentlich nur der Fremde herkam? Keiner von uns hat je einen ähnlichen Menschen gesehn; doch weiß ich nicht, warum nur ich von seinen Reden ergriffen worden bin; die andern haben ja das nämliche gehört, und keinem ist so etwas begegnet. Dass ich auch nicht einmal von meinem wunderlichen Zustande reden kann! Es ist mir oft so entzückend wohl, und nur dann, wenn ich die Blume nicht recht gegenwärtig habe, befällt mich so ein tiefes, inniges Treiben: das kann und wird keiner verstehn.

Wir finden schon in diesem kurzen Stück die wesentlichen Elemente der Romantik: Den merkwürdigen Fremden, dessen geheimnisvolle Erzählungen die Phantasie des Knaben Heinrich anregen, die Besonderheit seiner Person, die sich darin ausspricht, dass er in ganz eigener Weise durch diese Erzählungen ergriffen wird, den bewussten Verzicht auf die offensichtlichen Schätze zugunsten der blauen Blume und schließlich die blaue Blume selbst, die für das Gefühl des Knaben ein „Schatz" ist.

Unmittelbar auf diese Szene folgend schläft Heinrich ein und träumt von der blauen Blume:

Da träumte ihm erst von unabsehlichen Fernen, und wilden, unbekannten Gegenden. Er wanderte über Meere mit unbegreiflicher Leichtigkeit; wunderliche Tiere sah er; er lebte mit mannigfaltigen Menschen, bald im wilden Kriege, in wildem Getümmel, in stillen Hütten. Alle Empfindungen stiegen bis zu einer nie gekannten Höhe in ihm. Was ihn aber mit voller Macht anzog, war eine hohe lichtblaue Blume, die zunächst an der Quelle stand, und ihn mit ihren breiten glänzenden Blättern berührte. Er sah nichts als die blaue Blume und betrachtete sie mit unendlicher Zärtlichkeit.

Als Heinrich den Eltern von seinem Traum erzählt, reagiert der Vater, wie es von einem „aufgeklärten" Menschen zu erwarten ist:

Träume sind Schäume, mögen auch die hochgelahrten Herren davon denken, was sie wollen, und du tust wohl, wenn du dein Gemüt von dergleichen unnützen und schädlichen Betrachtungen abwendest.

Doch Heinrich lässt sich davon nicht beeindrucken und zieht los, um die blaue Blume, letztlich vor allem ein Symbol seiner Sehnsucht, zu suchen.

Über den „Heinrich von Ofterdingen" hinaus ist die blaue Blume zum Symbol der Romantik überhaupt geworden. Es ist die Sehnsucht nach einer anderen, einer besseren Welt, was wir als Kennzeichen dieser Literaturgattung in Erinnerung behalten können.

Mit Beginn des zwanzigsten Jahrhunderts verringert sich unsere Reisegeschwindigkeit ganz erheblich. In einem für uns zu diesem Zeitpunkt völlig unüberschaubaren Maß verändert sich die europäische Literatur seit 1900 in allen Bereichen. Für die Bühne entwickelt unter anderen Bertolt Brecht das sogenannte epische Theater, das von ganz anderen Voraussetzungen ausgeht als das klassische Theater, das wir bisher kennen gelernt haben. Die Novelle wandelt sich zur Kurzgeschichte in jener Gestalt, wie sie bis heute von uns verwendet wird und auch der Roman entwickelt völlig neue Formen – genannt seien hier nur drei Titel für viele andere: „Ulysses" von James Joyce, „Manhattan Transfer" von John Dos Passos und „Berlin Alexanderplatz" von Alfred Döblin.

Wir werden auf diese Veränderungen in späteren Kapiteln noch zurückkommen und auch auf die Frage, warum eigentlich in dieser Zeit ganz neue Schreibformen entwickelt werden. Im Moment bedeutet diese Menge an Veränderungen für uns, dass unsere Betrachtungen unter dem Aspekt der Vollständigkeit noch weniger befriedigen können.

Einer der herausragenden Autoren der Epoche, den wir uns nun etwas genauer ansehen wollen, ist Franz Kafka. Sein Werk ist vor allem deshalb so berühmt geworden, weil es ungemein schwer zu deuten ist und trotzdem sehr viele Menschen in ihrem Innersten angesprochen hat. Nehmen wir uns einfach ganz unvoreingenommen einer seiner Erzählungen an:

Eine kaiserliche Botschaft

Der Kaiser, so heißt es – hat Dir, dem Einzelnen, dem jämmerlichen Untertanen, dem winzig vor der kaiserlichen Sonne in die fernste Ferne geflüchteten Schatten, gerade Dir hat der Kaiser von seinem Sterbebett aus eine Botschaft gesendet. Den Boten hat er beim Bett niederknien lassen und ihm die Botschaft ins Ohr zugeflüstert; so sehr war ihm an ihr gelegen, dass er sich sie noch ins Ohr wiedersagen ließ. Durch Kopfnicken hat er die Richtigkeit des Gesagten bestätigt. Und vor der ganzen Zuschauerschaft seines Todes – alle hindernden Wände werden niedergebrochen und auf den weit und hoch sich schwingenden Freitreppen stehen im Ring die Großen des Reichs – vor allen diesen hat er den Boten abgefertigt.

Der Bote hat sich gleich auf den Weg gemacht; ein kräftiger, ein unermüdlicher Mann; einmal diesen, einmal den andern Arm vorstreckend schafft er sich Bahn durch die Menge; findet er Widerstand, zeigt er auf die Brust, wo das Zeichen der Sonne ist; er kommt auch leicht vorwärts, wie kein anderer. Aber die Menge ist so groß; ihre Wohnstätten nehmen kein Ende. Öffnete sich freies Feld, wie würde er fliegen und bald wohl hörtest Du das herrliche Schlagen seiner Fäuste an Deiner Tür. Aber statt dessen, wie nutzlos müht er sich ab; immer noch zwängt er sich durch die Gemächer des innersten Palastes; niemals wird er sie überwinden; und gelänge ihm dies, – nichts wäre gewonnen; die Treppen hinab müsste er sich kämpfen; und gelänge ihm dies, nichts wäre gewonnen; die Höfe wären zu durchmessen; und nach den Höfen der zweite umschließende Palast; und wieder Treppen und Höfe; und wieder ein Palast; und so weiter durch Jahrtausende; und stürzte er endlich aus dem äußersten Tor – aber niemals, niemals kann es geschehen – liegt erst die Residenzstadt vor ihm, die Mitte der Welt, hochgeschüttet voll ihres Bodensatzes. Niemand dringt hier durch und gar mit der Botschaft eines Toten. – Du aber sitzt an Deinem Fenster und erträumst sie Dir, wenn der Abend kommt.

Auf den ersten Blick – und rein vom Sprachbestand betrachtet – scheint die Erzählung doch ganz einfach zu sein: Wir wissen, was ein Kaiser ist und ein Palast, eine Botschaft – nichts davon ist uns fremd. Und doch: Beim zweiten Blick eröffnen sich einige Tücken. Warum erfahren wir nicht, was es mit der geheimnisvollen Botschaft auf sich hat? Wer ist das angesprochene „Du“? Und auch die Perspektive erweist sich als verstörend: Welcher Palast wäre so riesig, dass ein Menschenleben nicht reicht, ihn zu durchzueilen? Was für eine gewaltige Stadt liegt dahinter? Warum werden die inneren Mauern niedergerissen, weshalb wird der wartenden Zuschauermenge dieser Einblick gewährt, wenn doch offensichtlich niemand eingreift, sondern der Wunsch des Kaisers noch behindert wird? Wer hat den Befehl dazu gegeben und haben die Menschen nichts anderes zu tun, als auf den Tod des Kaisers zu warten?

Eine genauere Untersuchung lässt uns noch ratloser: Gibt es die besagte Botschaft eigentlich wirklich? Schon der erste Satz verunsichert uns, denn er ist in seiner Geltung schon durch dieses „... so heißt es ..." eingeschränkt. Vielleicht ist es nur ein Gerücht und der Bote wurde nie ausgesandt. Weiter noch: Worauf bezieht sich die Einschränkung: Nur auf den Boten? Oder liegt der Kaiser möglicherweise nicht im Sterben? Gibt es überhaupt einen Kaiser? Existiert diese Stadt?

Die Geschichte, die anfangs so einfach erscheint, lässt uns völlig ratlos zurück. Je mehr wir sie begreifen wollen, desto mehr entzieht sie sich unserem Verständnis, und mancher hat jetzt vielleicht schon die Lust verloren, sie verstehen zu wollen.

Mit anderen Erzählungen Kafkas wird es Ihnen nicht anders ergehen. Gerade dieses Geheimnis hat die Interpreten immer wieder angezogen und die verschiedensten Deutungen provoziert. Eines haben aber alle gemeinsam und darum möchte ich Ihnen die Details ersparen: Offensichtlich war diese Verunsicherung, die in allen Schriften Kafkas zu finden ist, ein Ausdruck für die Unübersichtlichkeit, die Kafka selbst in der modernen Gesellschaft empfunden hat.

Manche machen dafür Kafkas Auseinandersetzungen mit seinem als übermächtig empfundenen Vater verantwortlich, manche die damit verbundene Unfähigkeit, eine Familie zu gründen (Kafka hat sich dreimal verlobt und alle drei Verlobungen wieder gelöst), manche seine vergeblichen Versuche, als aufgeklärter Europäer einen Zugang zum traditionellen Judentum zu finden und andere verweisen auf seine Arbeit als Prokurist der Prager Arbeiter-Unfall-Versicherung, die ihm als einem der ersten Schriftsteller Einblick in die menschenverachtenden Strukturen industrieller Arbeit gewährte.

Es gibt noch mehr Ansätze, aber alle laufen sie darauf hinaus, dass Kafka genau dies wollte: Mit seinen Schriften das Gefühl der hoffnungslosen Verlorenheit des Einzelnen in einer unbeherrschbaren Gesellschaft zu vermitteln. Permanent versetzt er uns in die Rolle des Menschen am Fenster, der sich eine Botschaft ersehnt, die niemals zu ihm vordringt. Übrig bleiben das Geheimnis, die Ratlosigkeit und die Verwirrung.

Wir werden später auf diese Ratlosigkeit in der modernen Literatur zurückkommen. Jetzt ist der Moment, die Antwort auf die Frage zu finden, die uns die ganze Zeit beschäftigt hat: Sophokles, Morus, Lessing, Novalis, Kafka – fünf Namen aus den unterschiedlichsten Epochen, nur Momentaufnahmen der Literaturgeschichte. Gibt es etwas, das ihnen allen gemein ist, eine Antriebskraft, die sie zum Schreiben trieb, die vielleicht auch für uns den tiefsten Grund dafür ausmacht, dass wir schreiben?

Was tun wir eigentlich, wenn wir schreiben?

Nun, ganz banal: Wir ordnen Buchstaben. Wenn kleine Kinder die Schrift der Erwachsenen nachahmen, malen sie einige Zeichen, die sie gesehen haben und für Buchstaben halten, etwas später gelingen ihnen schon richtige Buchstaben – sie spielen Schreiben, aber wir erkennen es noch nicht als solches an, weil die Buchstaben keinen Sinn ergeben. Schreiben heißt also, Buchstaben so zu ordnen, dass sie einen Sinn ergeben. Das Wort „Sinn" können wir in Bezug auf das Schreiben wieder auf zwei Arten verstehen: Das Zusammensetzen von Buchstaben so, dass sie ein bekanntes Wort ergeben oder, darüber hinaus, das Bilden von Wörtern, die gemeinsam eine Aussage treffen. Damit wir diese Aussage verstehen können, muss sie einen Bezug zu der Realität haben, in der wir leben. Diese Realität mag uns verändert erscheinen, verschoben, aus einer anderen Perspektive gesehen oder wie bei Kafka sogar völlig verzerrt, aber irgendein Bezug muss bestehen, sonst erkennen wir den Text nur als sinnlose, vielleicht allein grammatisch geordnete Zusammenstellung von Wörtern. Von daher sollten wir die Frage stellen: Welchen Bezug zur jeweiligen, konkreten Realität haben die Texte der uns vorliegenden Autoren?

Sophokles hat mit angesehen, dass die Politiker wie auch die Bürger seiner Zeit den Bezug zu ihrer Tradition zu verlieren drohten und sich unkritisch den Veränderungen der Zeit unterwarfen. In den Mythen der Vergangenheit sah er eine bewährte Weisheit aufbewahrt, die an die Werte der Menschlichkeit und der Gerechtigkeit erinnert und den Menschen in ein Verhältnis zu einer größeren Ordnung setzt. Sein Kreon ist ein moderner Herrscher, der daran zugrunde geht, dass er nur tyrannisch und auf den Moment bezogen handelt und die Stimmen der Vernunft nicht ernst nimmt.

Morus setzt noch viel tiefer an. Ihm geht es nicht um einzelne Werte, sondern um eine grundsätzlich andere Gesellschaft. Der Realität, die er kennt, setzt er eine andere entgegen, die ihm besser, schöner, würdevoller, ehrlicher erscheint.

Lessing hingegen bleibt voll und ganz im Rahmen der Realität, die ihm vertraut ist, einer Welt, die von Hass, Krieg und Intoleranz geprägt ist. Aber auch er belässt sie nicht unbearbeitet. Im Nathan stellt er uns eine Person vor, die keine übermenschlichen Züge trägt. Eingebunden in Angst, Verlangen, Hoffnung wie jeder andere Mensch geht er jedoch nicht den einfachen Weg des Hasses und der Konfrontation, sondern überwindet mit Einsicht und Vernunft Vorurteile; darum ist er Nathan „der Weise“.

Diese hohe Einschätzung der Vernunft mochten die Romantiker nicht teilen. Ähnlich wie Morus plante Novalis gleich eine neue Welt. Doch ihm ging es nicht um den gesellschaftlichen Aufbau eines idealen Staates. Er, der wie viele andere Romantiker seine Welt als oberflächlich, geistlos und spießbürgerlich empfand, „träumt“ sich in eine Welt, in der die Gesetze der Phantasie wahr werden, in der nichts unmöglich scheint, jede Wendung denkbar ist, die Heroen der alten Zeit wieder auferstehen und alles ein geheimes Zeichen ist, das auf einen höheren Zusammenhang hinweist.

Ganz ähnlich scheint auch bei Kafka jede Sache auf etwas anderes hinzuweisen, nur verwandeln sich die Träume bei ihm in Alpträume. Auch „Heinrich von Ofterdingen“ hätte sich eine kaiserliche Botschaft erträumen können – nur wäre sie bei ihm angekommen. Kafka stellt die Realität so dar, wie er sie empfindet. Damit macht er den Leser darauf aufmerksam, dass sich hinter jener Realität, die er tagtäglich als gegeben hinnimmt, etwas ausgesprochen Gefährliches verbirgt, eine Bedrohung, die wir deshalb nicht mehr als solche wahrnehmen können, weil sie nicht mehr überschaubar ist – etwa so, wie sich in einer Legende ein Ritter auf den Schwanz eines Drachen setzen könnte, weil der Drache so riesig ist, dass der Ritter ihn nicht mehr als Ganzes wahrnehmen kann und daher wie einen Stein im Felsgebirge behandelt. Sie erinnern sich an den riesigen Palast und die Stadt, die man in einem Menschenleben nicht durcheilen kann? So stellt sich Realität für Kafka dar.

Sophokles war nicht zufrieden mit seiner Realität, der Gesellschaft, in der er lebte, so wenig wie Morus, Lessing, Novalis oder Kafka. Jeder von ihnen wurde von etwas anderem umgetrieben, was ihn bedrückte, wütend machte oder verängstigte, einige wollten etwas an dieser Realität ändern, andere nur aus ihr fliehen. Wieder andere begnügten sich damit, sie darzustellen, in der Annahme, dass in der möglichst naturgetreuen Wiedergabe der Realität dem Leser schon erkennbar werde, was daran falsch ist.

Die Antwort auf unsere Frage – zumindest jene, die ich geben würde – lautet also: Wir schreiben aus einem Ungenügen an der Realität.

Es mag banal scheinen, dass wir schreiben, weil wir mit der Realität nicht zufrieden sind. Andererseits ist diese Antwort wesentlich gehaltvoller als die vorschnelle Aussage, man schreibe, um zu unterhalten oder um Geld zu verdienen. Beides muss sich nicht ausschließen. Aber genau das unterscheidet gute Literatur von Dutzendwerken: Dass sie nicht nur geschrieben wurde, um zu unterhalten oder Geld zu verdienen, sondern weil der Autor seiner Realität gegenüber Stellung beziehen will. Verstehen Sie das nicht falsch: Damit soll keiner übers Knie gebrochenen Stellungnahme zu politischen Fragen das Wort geredet werden. Viele unserer besten Autoren haben sich nie zu tagespolitischen Fragen geäußert. Aber lesen Sie sich nun erneut Ihre erste Stellungnahme zu unserer Frage durch und denken Sie noch einmal darüber nach: Schreiben nicht auch Sie, weil es in ihrer Realität Dinge gibt, mit denen Sie sich schriftlich auseinandersetzen wollen?

Das können Gefühle sein, die Sie empfunden haben und denen Sie nachtrauern oder die zur Zeit so stark in Ihnen sind, dass Sie sie literarisch ausgestalten wollen, Lebenserinnerungen, die Sie noch einmal genau betrachten, um zu verstehen, wie Sie von Ihrem Schicksal geprägt wurden, gesellschaftliche Entwicklungen, die Sie wünschen oder fürchten, Träume, die Sie sich auf diese Art erfüllen, Beobachtungen, die Sie an anderen Menschen machen und die Ihnen typisch für Ihre Realität erscheinen oder auch nur Lebensalternativen, die Sie sich in Ihrem Leben nicht erfüllen können, wie dies bei vielen Abenteuerromanen der Fall ist, extreme Lebenssituationen, die Sie in Wirklichkeit nicht erleben wollten, wohl aber in der Literatur.

Haben wir Eldorado gefunden? In gewisser Weise schon, denn wir wissen jetzt, wo es liegt: auf der Landkarte unseres Innenlebens.

Eldorado ist der Traum von einer anderen, besseren Welt, mit dem wir sehr unterschiedlich umgehen: Kafka hatte keine Hoffnung, Eldorado zu erreichen, Novalis begnügte sich damit, Eldorado in seiner Phantasie zu erleben, Morus hoffte, dieses mythische Reich unter dem Namen Utopia in unserer Welt zu errichten.

Wir alle aber träumen diesen Traum, und die wenigen, die in dieser Welt wirklich wunschlos glücklich sind, werden wahrscheinlich nie zu Stift und Papier greifen um zu schreiben.

Auch hier wieder die Frage: Ist das banal, war unsere Reise durch die Literatur nutzlos?

Diese Frage müssen Sie beantworten, denn meine Antwort steht fest. Hätte ich es für zwecklos gehalten, hätte ich Sie nicht auf diese Reise mitgenommen. Sie werden besser schreiben, wenn es Ihnen gelingt sich klarzumachen, warum Sie den Wunsch dazu verspüren. Suchen Sie in sich diesen Punkt, der Ihre Realität als ungenügend erscheinen lässt und prüfen Sie das, was Sie schreiben, immer wieder auf seinen Bezug zu Ihrer Realität.

Sie sollen diese Frage während des Schreibens nicht immer vor Augen haben, sondern sich von den Worten und der Geschichte ruhig davontragen lassen. Aber halten Sie immer wieder ein und fragen sich selbst: Was treibt mich?

Das wird Sie von der Meinung und den Ansprüchen anderer unabhängig machen und damit erfüllen Sie die erste Voraussetzung, die ein guter Schriftsteller mitbringen muss.

Abgesehen davon: Die Entwicklung der Literatur wird für uns noch häufiger Anlass für wichtige Betrachtungen des „Schreibhandwerks" sein und es ist nützlich, wenn Sie diese Entwicklung grob vor Augen haben, um den einen oder anderen Text einordnen zu können.

II. Kapitel,
in welchem es um Reiseproviant und Werkzeuge geht

Nach unserer Reise durch die Literaturgeschichte wollen wir uns nun mit dem beschäftigen, was wir benötigen, um uns nicht nur als Zuschauer, sondern auch als tätige Mitwirkende im Reich der Literatur zu bewegen: mit dem Handwerkszeug des Schriftstellers. Viele der hier angesprochenen Elemente werden Ihnen bereits vertraut sein, aber leider finde ich in Manuskripten immer wieder auch grobe Schnitzer schon in den selbstverständlichen Grundlagen und darum scheint es sinnvoll, diese Basiselemente einmal übersichtlich zu präsentieren. Ich denke dabei an den Umgang mit dem Grundmaterial des Schreibens, den Worten und Sätzen, welches uns so vertraut erscheint, dass wir oft nicht genügend beachten, welchen Gesetzmäßigkeiten dieses Material unterliegt und wie wir uns diese Gesetze zu eigen machen können. Kein Bildhauer würde versuchen, eine Statue aus Sand herzustellen, aber in der Sprache versuchen wir gerade das sehr oft zu tun, wenn wir zum Beispiel Adjektive häufen, wo sie nur störend wirken.

Einiges haben wir über die Werkzeuge des Schreibens schon im letzten Kapitel gesagt: Dass wir eine Reihe solcher Gerätschaften benötigen, um den Weg durch den Dschungel nach Eldorado zu finden und es unterschiedliche Vorstellungen darüber gibt, welche Werkzeuge und wie diese einzusetzen sind. Dennoch gibt es einige Grundlagen, über die man bewusst Entscheidungen treffen sollte, bevor man Texte verfasst und veröffentlicht. Jeder von uns hat täglich Umgang mit den wichtigsten Werkzeugen des Schreibens, ohne sich Gedanken darüber zu machen, wie und warum man sie auf diese Weise einsetzt. Mit solchen Werkzeugen wollen wir uns hier beschäftigen. Es geht also noch nicht darum, konkrete Projekte zu entwickeln, sondern um Grundlagen, die mehr oder weniger intensiv für jede Literaturgattung zu verwenden sind.

Einige der ersten Überlegungen sollten dem Arbeitsplatz dienen. Natürlich hat hier jeder seine individuellen Vorlieben, aber nicht immer versprechen die Vorlieben auch die besten Ergebnisse, und über manche Störungen der Arbeit wird man sich oft nicht einmal recht bewusst.

Es ist wichtig, für einen ruhigen Arbeitsplatz zu sorgen. Versuchen Sie bereits im Vorfeld, alle denkbaren Störungen auszuschalten. Nichts ist ärgerlicher, als einen Satz, eine Formulierung, an die Sie sich gerade erfolgreich herangeschlichen haben, durch einen wenig rücksichtsvollen Zeitgenossen aufgeschreckt und in das Dickicht der Gedanken verschwinden zu sehen. Zu solchen unerwünschten Störungen gehören unter anderem Familienangehörige, ebenso Freunde, die unerwartet auf einen Besuch vorbeikommen, Mitarbeiter, die eine dringende Frage zu klären haben, Postboten, Staubsaugervertreter oder sogar Nachrichtensprecher im Radio – alle jene eben, die wie sorglose Sonntagstouristen durch die blühende Landschaft Ihrer Phantasie stampfen und dabei eine Schneise der Verwüstung hinter sich lassen.

Wie kann man diese rücksichtslosen Gesellen ausschalten? Auf keinen Fall sollten Sie versuchen, zwischen deren Beinen auf die Jagd zu gehen, sprich: Versuchen Sie nicht, Ihre Arbeit an Ihrem Text fortzusetzen und dabei gleichzeitig diesen Anforderungen gerecht zu werden, gleichsam „nebenher" zu schreiben. Setzen Sie sich selbst Zeiten, in denen Sie an Ihrer Arbeit sitzen und keine Störungen von außen zulassen. Ob diese Zeiten früh am Morgen oder tief in der Nacht liegen, ob es sich um eine Stunde am Tag oder mehrere handelt, spielt dabei nur eine untergeordnete Rolle. Gestatten Sie sich nicht, diese Zeiten von Tag zu Tag flexibel zu halten oder aus aktuellen Anforderungen einige Tage lang ganz wegfallen zu lassen. Wenn Sie sich darauf erst eingelassen haben, ist die Gefahr sehr groß, dass die Pausen, die Sie sich selbst einräumen und damit auch die Entfernung zu Ihrem Manuskript immer größer werden. Zudem entstehen Brüche in Ihren Texten, die Sie später nur sehr schwer wieder ausmerzen können.

Wenn es ganz unumgänglich ist, dass Sie Ihre Arbeit für einen Tag unterbrechen müssen, versuchen Sie, dies schon einige Zeit vorher festzulegen und vergewissern Sie sich, dass es wirklich keine Alternative zu der Unterbrechung gibt, so wie Sie auch einen Urlaubstag an Ihrer Arbeitsstätte planen und einrichten würden. Besonders mehrtägige Unterbrechungen unterliegen hier strenger Überprüfung: Es muss vorher genau feststehen, wie lange die Unterbrechung dauern wird und wann man sich wieder an seinen Text begibt. Außerdem sollten Sie an solchen Tagen zumindest versuchen, Ihre letzten geschriebenen Seiten noch einmal zur Hand zu nehmen, kritisch zu lesen und vielleicht mit einigen kurzen (handschriftlichen) Anmerkungen zu versehen. So können Sie vielleicht verhindern, dass Ihnen Ihr Text „fremd" wird.

In den Zeiten, die Sie sich für das Schreiben reserviert haben, ist es auch eine gute Idee, das Telefon und – falls möglich – sogar die Türklingel abzustellen. Glauben Sie mir: Es gibt keine Telefongespräche, die so wichtig sind, dass sie nicht zwei Stunden warten können – es sei denn, Sie sind Arzt im Bereitschaftsdienst, aber dann ist diese Zeit zum Schreiben sowieso ungünstig. Wenn Sie sich die „Schreibstunden" an jedem Tag zur gleichen Zeit einrichten, werden sich Freunde und Bekannte daran gewöhnen, dass Sie in dieser Zeit nicht gestört werden dürfen. Vor allem aber lassen Sie Ihren Beruf in diese Stunden nicht eindringen, sonst ist die Wahrscheinlichkeit zu groß, dass Sie nicht die innere Ruhe finden, an Ihren Texten zu arbeiten.

Schwerer ist es natürlich, das Geräusch der eigenen Familie fernzuhalten. Wenn Sie keinen Ort haben, an den Sie sich zurückziehen können, um diese spezifische Unruhe abzuwehren, kann es ein gutes Mittel sein, während des Schreibens Musik zu hören, die einen häufig weniger ablenkt als das unregelmäßige Geräusch spielender Kinder. Wählen Sie sich eine geeignete Schallplatte bzw. CD aus, die unbeachtet im Hintergrund laufen kann, besonders günstig ist natürlich Instrumentalmusik. Radio ist hier ebenso wenig geeignet wie der Fernseher. Sprache dringt immer in unser Bewusstsein ein und hindert den eigenständigen Gedanken.

Nun ist es uns also gelungen: Ein Teil unseres Alltags ist freigelegt, um Muße zum Schreiben zu finden. Wir haben alle störenden Zeitgenossen aus unserem Kreis ausgeschlossen und uns in Ruhe an unserem Arbeitsplatz eingefunden. Was sollte Sie hier erwarten?

Auf jeden Fall ein Tisch und ein Stuhl, die Ihren Körpermaßen angemessen sind; es wird Ihnen schwer fallen, Liebesgedichte zu schreiben, wenn Ihr Rücken schmerzt. Ferner genügend Platz, um Zettelsammlungen auszubreiten, Bücher, ausgedruckte Seiten und was man sonst noch so benötigt. Es ist furchtbar, an einem Schreibtisch zu arbeiten, an dem jede abgestellte Kaffeetasse ein Erdbeben auslöst, durch das Papierstapel ins Rutschen geraten und Bücher mit lautem Aufschrei von der Tischkante stürzen. Glauben Sie mir: Als ein natürlicher Feind jedweder Ordnung, der ich bin, habe ich alle Varianten ungeeigneter und überfüllter Schreibtische ausprobiert – man findet an ihnen keine Inspiration, sondern muss schon froh sein, wenn man seinen Stift wieder entdeckt.

Manche Schriftsteller schwören darauf, ihre Manuskripte per Hand zu schreiben (Manuskript heißt ja eigentlich auch „Handschrift“), weil sie glauben, dass ihnen nur so der direkte Bezug zum Geschriebenen erhalten bleibt. Andere haben sich den modernen Zeiten angepasst und schreiben ihre Texte direkt am Computer. Welche Methode Ihnen angenehmer ist, will ich Ihnen natürlich nicht vorschreiben. Aber spätestens wenn Sie sich um eine Veröffentlichung bemühen, reicht der handgeschriebene Text nicht mehr aus. Sie sollten dann auf einen Computer oder zumindest eine Schreibmaschine zurückgreifen, die einen Speicher besitzt. Mit einem Text, der auf Durchschlagpapier geschrieben ist, dürfen Sie sich heute bei keinem Verlag mehr sehen lassen. Solche Texte verspielen normalerweise jede Chance, vom Lektor auch nur durchgeblättert zu werden.

Auch in anderer Hinsicht lohnt es sich, einige Mühe auf die äußere Gestalt des Textes zu legen. Dazu gehört eine gut lesbare Schriftart und eine Seitenformatierung, die einen deutlichen Rand lässt. Der Zeilenabstand sollte, abhängig von der gewählten Buchstabengröße, ein- oder anderthalbzeilig gewählt werden. Eine bittere Niederlage erwartet Ihren Text auch, wenn Änderungen nachträglich eingefügt, Zeilen oder Wörter gestrichen wurden oder sonstige Eingriffe in den Ausdruck erkennbar sind. Oder würden Sie mit einem bekleckerten Hemd zu einem Vorstellungsgespräch gehen? Darum der Speicher: Natürlich bleibt ein literarisches Werk niemals in der Gestalt, in der es dem Autor zuerst aus der Feder geflossen ist, sondern alle Literatur ist aus einem Prozess intensiver Bearbeitung hervorgegangen. Sie brauchen ein Schreibgerät mit einer umfangreichen Speichermöglichkeit, sonst müssten Sie schon bei einer geringfügigen Änderung den ganzen Text neu abtippen, eine ganz und gar fruchtlose und ärgerliche Arbeit. Ein Computer bietet Ihnen hier deutlich mehr Komfort als jede Schreibmaschine. Außerdem ist Ihnen jeder Verlag dankbar, wenn Sie zusätzlich zum Ausdruck den Text auf Diskette in einem gängigen Speicherformat anbieten können.

Zu dem oben angesprochenen Überarbeitungsprozess gibt es übrigens ein paar schöne Sätze von Sten Nadolny, auf die wir an dieser Stelle hören wollen:

Jetzt aber noch einmal zu dem Problem: Sprechen/Gedanken/ Vorlesen! Es ist doch so: Ein frei sprechender Redner beobachtet seine eigenen Einfälle und die Zuhörerschaft zur gleichen Zeit. Entsprechend kann er auswählen, einbauen und wiederholen, ja er muss diese Entscheidungen sofort treffen, weil alle ja auch sofort, jetzt hören wollen, was er zu sagen hat. Der Schreiber verlegt diese Navigation in die einsamere Arbeit an seinem Schreibtisch. Bei ihm funktioniert das ganz anders! Er hat irgendwelche Gedanken irgendwann – nach dem Baden, vor dem Essen, am frühen Morgen –, schreibt sie auf Zettel. Sammelt diese Zettel irgendwo, schiebt sie auf dem Tisch hin und her und überlegt, was wichtig und was unwichtig ist. Bringt sie in eine Reihenfolge. Dann schließlich schreibt er etwas, was so aussieht oder so tut, als wäre es in dieser Reihenfolge entstanden. Ist es aber nicht! Er präsentiert erst später eine bereits geprobte und korrigierte Bewegung, als entwickle sie sich gerade jetzt vor unseren Augen. Das ist nicht direkt Lüge, sondern einfach eine „simulierte Entwicklung", und die ist bereits das Ergebnis der längst erfolgten tatsächlichen Steuerungsbewegungen. Sie ist wie ein Film über eine Reise, die, erfolgreich beendet, nun in glatterer und annehmbarerer Form und mit größerer Folgerichtigkeit vorgestellt wird. Irrtümer und Fahrlässigkeiten des Schreibens werden nun, da sie eine Geschichte für sich sind (und natürlich nicht die, die man erzählen will), mit Recht weggelassen. Uns ist das beim Lesen so geläufig, dass wir Mühe haben, es uns überhaupt bewusst zu machen. Wir denken zum Beispiel auch kaum darüber nach, wie viele Proben und Korrekturen dazu gehören, einen salopp erzählenden, wunderbar schlampig scheinenden Film herzustellen.

Auch das gehört zu den Werkzeugen des Schreibens: Der immer wieder beginnende, grundsätzlich nie abgeschlossene Prozess des Überarbeitens, Korrigierens, Verbesserns, Neu-Ordnens, die Arbeit an der Textgestalt. Verlassen Sie sich nicht darauf, dass Ihre Arbeit so am gelungensten ist, wie sie Ihnen die Eingebung in die Schreibmaschine diktierte. Bei jeder neuen Lektüre des Verfassten werden Ihnen Ungereimtheiten in den Formulierungen auffallen, falsche Bilder oder solche, die Ihnen in der Ausdruckskraft nicht stark genug erscheinen. Geben Sie sich nie zufrieden, feilen Sie an jedem Wort! Und mit dieser Aufforderung kommen wir nach den Arbeitsbedingungen zu den eigentlichen Grundelementen des Schreibens.

Die grundlegende Einheit der Sprache sind die Wörter. Sie bilden den Grundstoff, aus dem sich jeder Text zusammensetzt. Von der richtigen Wahl und dem richtigen Gebrauch der Wörter hängt es ab, welche Wirkung ein Text auf einen Leser ausübt – oft viel stärker als vom Inhalt des Textes.

Das mächtigste Werkzeug unserer Sprache, das wir hier als Beispiel in den Mittelpunkt rücken wollen, ist das Verb, das heißt jene Gruppe von Wörtern, die unsere Tätigkeiten und Absichten bezeichnet. Die herausragende Bedeutung von Verben hat mehrere Ursachen. Zum einen sind Verben die am leichtesten veränderbare Wortgruppe der Sprache. Sie lassen sich in verschiedene Zeitformen setzen, sie können „zeitlos" gebildet werden, sich auf verschiedene Personen beziehen und im Aktiv oder Passiv stehen. Zum zweiten haben Verben mehr als jede andere Wortgruppe „Bedeutungsschattierungen", mit denen wir spielen können. Wenn wir das Wort „Tisch" aussprechen, verbinden verschiedene Zuhörer zwar unterschiedliche Vorstellungen mit diesem Wort (etwa mit Größe und Farbe des Tisches), aber im Grunde ist doch recht eindeutig, was gemeint ist. Anders bei Verben: Das Wort „lächeln" zum Beispiel löst in jedem von uns eine andere Gemütsregung aus, abhängig nicht nur von unserer eigenen Vorstellung eines Lächelns, sondern auch jeweils noch von dem Zusammenhang, in welchen es gestellt ist. Zum dritten kommen wir in der Regel nicht mit einem Wort für ähnliche Tätigkeiten aus, sondern haben einen großen Reichtum an

Verben, die kleine und kleinste Unterschiede in unseren Tätigkeiten ausdrücken. So bezeichnen die Verben „lächeln" und „grinsen" beinahe den gleichen Vorgang und bedeuten doch ganz Unterschiedliches. Das liegt an den sogenannten „Konnotationen". Dieses Wort können Sie sich leicht erklären: Die Vorsilbe „Kon" bedeutet soviel wie „mit", das Wort Notation kennen Sie von dem Verb „notieren". Eine Konnotation ist also etwas, was ich „mitnotiere", was ich zur Kenntnis nehme, obwohl es nicht direkt ausgesprochen wird. Ein Beispiel: Wenn Sie jemand fragt, ob Sie eine Uhr haben, werden Sie sich nicht darauf beschränken, mit „ja" zu antworten, sondern auch gleich die Uhrzeit nennen. Sie haben mitnotiert, dass der Fragende wahrscheinlich nicht daran interessiert ist, nähere Auskunft über Ihre Besitzverhältnisse zu erlangen, sondern schlicht und einfach wissen möchte, wie spät es ist. Solche Konnotationen gibt es auch in Bezug auf einzelne Wörter. Wenn Sie davon reden, dass jemand an der Straßenecke „lauert", dann bedeutet das etwas anderes, als wenn er schlicht „warten" würde.

„Lauern" wird konnotiert mit Heimlichkeit, mit Verborgenheit, mit dunklen Absichten, während „warten" ganz harmlos gemeint sein kann. Dass solche Überlegungen nicht müßig sind, können Sie an dem Satz „Er lauerte ihr heimlich auf" sehen. Ich bin überzeugt, dass wir genau diesen Satz in etlichen Büchern finden könnten; und doch ist er ganz unsinnig. Bemerkenswert wäre es nur, wenn „er" „ihr" „öffentlich" auflauern würde, etwa: „Er lauerte ihr in aller Öffentlichkeit auf", wobei Sie vielleicht schon selbst merken, wie eigenartig dieser Satz wirkt, weil sich jeder unwillkürlich fragt, wie man das macht: öffentlich auflauern. In dem Satz „Er lauerte ihr heimlich auf" ist jedenfalls das Adjektiv „heimlich" nur eine Wiederholung der Konnotation, die mit dem Verb „lauern" ohnehin schon verbunden ist. Sie sollten versuchen, solche Wiederholungen zu vermeiden und sich über die Konnotationen der Wörter, die Sie verwenden, klar zu werden. Haben Sie, bitte, Respekt vor den Wörtern!

Wir sprachen bereits von der Veränderbarkeit der Wörter, insbesondere der Verben. Zeitformen sind ein Mittel, um die Wirkung von Verben zu verändern. Im Alltagsgebrauch beherrschen die meisten von uns alle Zeitformen passiv, das heißt, wir können sie verstehen, wenn sie von anderen angewendet werden. Einige Zeiten kommen allerdings in unserem aktiven Sprachgebrauch kaum vor, wir gebrauchen sie nicht. Wir wollen kurz die Wirkungsmöglichkeiten dieser Formen betrachten. Sollten Sie in diesem Zusammenhang Unsicherheiten in den grammatischen Formen bei sich feststellen, können Sie diese mit Hilfe eines Grammatiklehrbuches leicht selbst beheben.

Diese Entwicklung unserer Sprache, der Alltagsgebrauch, der das einfache und verständliche Wort bevorzugt, führt dazu, dass wir einige Zeiten, vor allem die Nebenzeiten, manchmal als ausgesprochen gestelzt empfinden und jemanden, der diese regelmäßig und konsequent verwendet, als penibel und sogar affektiert einstufen. Das darf Sie als Autor aber nicht dazu verleiten, diese umgangssprachliche Entwicklung einfach mitzugehen. Die Schriftsprache entfaltet ihre Wirkung nach anderen Gesetzen als die gesprochene Sprache.

Wenn Sie auf den Formenreichtum der Sprache im Schriftlichen ebenso verzichten wie im Mündlichen, stört dies auch den ungeübten Leser – zumindest unbewusst.

Natürlich ist es im Dialog sinnvoll und oft sogar unabdingbar, die Sprache zu verwenden, die auch gesprochen wird, sonst werden Ihre Figuren unglaubwürdig. In den erzählenden Passagen hingegen sollten Sie den Möglichkeiten der Grammatik auf jeden Fall Beachtung schenken, denn sie helfen Ihnen, die Vielfalt des Ausdrucks zu bewahren.

Die Präsensform (Gegenwart) und das Futur I (Zukunft) können wir vernachlässigen; sie bergen keine Schwierigkeiten und werden von uns tagtäglich verwendet. Das Präteritum (Vergangenheit) ist die übliche Erzählzeitform, nahezu jeder Schriftsteller schreibt den größten Teil seiner Prosa im Präteritum. Für Gedichte und Theaterstücke gelten natürlich andere Gesetze, hier überwiegt das Präsens.

Anders liegt es schon mit dem Perfekt, der vollendeten Gegenwart; wir verwenden diese Zeitform im Alltag häufig falsch. Trotz der Bezeichnung „vollendete Gegenwart“ und der formalen Zuordnung zum Präsens in der Symmetrie der Formen handelt es sich um eine Form der Vergangenheit, aber eben nicht ganz.

Hören Sie einmal ganz genau auf folgende Sätze:

„Ich war beim Arzt."

„Ich bin beim Arzt gewesen."

Im ersten Moment werden Sie wahrscheinlich sagen, dass diese beiden Sätze exakt das Gleiche ausdrücken. Jetzt versetzen Sie sich in eine Gesprächssituation, in der diese Sätze fallen könnten: Ein Freund, eine Freundin teilt Ihnen dies am Abend während eines Gesprächs beiläufig mit.

„Ich war beim Arzt." – Ah ja – das ist vielleicht eine Begründung dafür, warum jemand nicht zu Hause war oder der Anfang einer Erzählung darüber, was einem begegnete, vielleicht auch nur ein Pausenfüller in einem stockenden Gespräch. Denn es ist die Vergangenheit, in der das gesagt wird, und diese Vergangenheit ist vorbei, abgeschlossen.

„Ich bin beim Arzt gewesen" lässt den aufmerksamen Zuhörer aufhorchen. Weshalb beim Arzt, ist da etwas gesundheitlich nicht in Ordnung, gibt es einen alarmierenden Befund?

Warum diese unterschiedliche Wirkung? Weil das Perfekt noch nicht abgeschlossen ist, weil es den Sprechenden innerlich noch beschäftigt. Die korrekte grammatische Formulierung lautet, dass die Handlung in ihrer Bedeutung noch bis in die Gegenwart reicht. Wenn der Sprechende in unserem Beispiel also das Perfekt verwendet, beschäftigt ihn oder sie dieser Arztbesuch noch, irgendetwas ist dort geschehen, das noch nicht als abgeschlossen gelten kann. Falls Sie diesen Unterschied nicht spüren, liegt das daran, dass wir in unserem Alltag eben nicht so bewusst sprechen. Trotzdem sollten Sie Ihre Texte immer wieder darauf überprüfen: Was meine ich? Ist die Handlung, die das Verb beschreibt, endgültig abgeschlossen oder reicht sie in ihrer Bedeutung noch in die Gegenwart hinein?

Die Funktion des Plusquamperfekts (vollendete Vergangenheit) ist eine andere. Das Plusquamperfekt gilt, wie das Präteritum auch, als abgeschlossene Zeitform. Es eignet sich dazu, unterschiedliche Stufen der Vergangenheit innerhalb eines Satzes zu formulieren. Das klingt komplizierter als es ist. Nehmen wir einmal an, Sie wollen ausdrücken, dass Sie nicht zufällig an einen Unfallort gelangt sind, sondern dorthin gerufen wurden. Sie könnten dies folgendermaßen tun: „Ich kam dorthin, weil ich gerufen wurde.“ Das klingt etwas eigenartig. Es hört sich so an, als seien Sie dort vorbeigekommen und jemand habe Sie unmittelbar aus der Menge heraus gerufen. Der Eindruck entsteht, weil beide Verben dieses Satzes im Präteritum stehen, also auf der gleichen Zeitstufe. So wird vermittelt, dass beide Handlungen, sowohl Ihre Ankunft als auch der Ruf, gleichzeitig stattfanden. Auch die Formulierung: „Ich kam dorthin, nachdem ich gerufen wurde“ lässt die gleiche Irritation entstehen, obwohl schon deutlicher wird, was Sie meinen. Eindeutig ist hingegen der Satz: „Ich kam dorthin, nachdem ich gerufen worden war.“ Hier wird am Plusquamperfekt sichtbar, dass der Ruf zeitlich vor Ihrer Ankunft erfolgte.

Das Plusquamperfekt wird eingesetzt, wenn man innerhalb eines Satzes zwei Ereignisse erzählen möchte, die sich beide in der Vergangenheit ereigneten, man aber ausdrücken möchte, dass sie zu verschiedenen Zeiten in der Vergangenheit geschahen und sich das eine vor dem anderen ereignete. Auch hier gilt: Überprüfen Sie Ihre Sätze sehr bewusst daraufhin, ob sich die Zeitverhältnisse darin tatsächlich so abbilden, wie Sie es meinen. Mit Hilfe des Plusquamperfekts können Sie sehr exakt Zusammenhänge fassen, die Sie unter Verzicht dieser Zeitform in der Regel nur unpräzise oder mit sehr umständlichen grammatischen Konstruktionen darstellen können. Aber auch hier gilt: Achten Sie – vor allem in Dialogen oder auch im inneren Monolog darauf, dass das Plusquamperfekt in unserer Alltagssprache (außer in manchen Dialekten) nur noch sehr selten eingesetzt wird. Romanfiguren, die permanent diese Zeitform verwenden, wirken künstlich.

Gleiches – die Möglichkeit der Konstruktion zeitlicher Abhängigkeiten innerhalb eines Satzes – gilt auch für die noch seltener verwendete Form des Futur II. Wir wollen hier aber nicht zu sehr ins Detail gehen: Auch über diese Form können Sie sich mit Hilfe einer Grammatik informieren.

Die zweite Möglichkeit, flexibel mit Verben umzugehen, wird uns durch die Trennung in aktive und passive Formen gegeben.

Der Unterschied des Satzes „Ich höre" zu dem Satz „Ich werde gehört" bedarf noch keiner Erläuterung. Interessanter ist es da schon mit dem Satz „Die Bank wird ausgeraubt." Unser natürliches Interesse schließt an diesen Satz die Frage an, wer denn die Bank ausgeraubt habe. Die Antwort ist simpel: Wir wissen es nicht. Eben darin liegt eine der Hauptaufgaben des Passivs: Aussagen über Sachverhalte zu treffen, bei denen es keinen Täter gibt. Natürlich könnte man sagen: „Die Bank wurde von Herrn Meyer ausgeraubt." Aber mit etwas Sprachgefühl merken Sie schon, dass dieser Satz sehr gezwungen klingt. Es ist nicht ersichtlich, warum an dieser Stelle das Passiv stehen sollte: „Herr Meyer raubte die Bank aus" klingt viel natürlicher. Man spricht bei einer Passiv-Form, in der nicht genannt wird, wer die Handlung vollzieht, vom täterlosen Passiv.

Dieses täterlose Passiv ist außerordentlich beliebt, wenn es darum geht, Verantwortung auf andere abzuwälzen oder nicht wahrzunehmen. Vielleicht kennen Sie aus Ihrem Berufsleben, von Politikern oder einfach nur aus Ihrer Schulzeit den Satz: „Es ist beschlossen worden". Wer da etwas beschlossen hat, bleibt geheim, manchmal hat man den Eindruck, dass Beschlüsse sich selbst fassen. Sie sehen dann oft auch danach aus, aber das ist ein anderes Thema.

Natürlich kann man das täterlose Passiv für den Leser auch etwas durchschaubarer machen, etwa mit der Konstruktion: „Die Bank ist von jemandem ausgeraubt worden." Das ist zumindest insofern ehrlicher, als hier dem Leser sofort bewusst wird, dass der Täter unbekannt ist oder nicht benannt wird. Der Politiker wird sich davor hüten – er will ja gerade verhindern, dass dies dem Zuhörer bekannt wird. In einem Polizei- oder Zeitungsbericht können wir eine solche Formulierung eher finden. Allerdings gilt auch hier wieder, dass der aktive Satz „Jemand hat die Bank ausgeraubt" wesentlich kräftiger klingt.

Für Sie als Autor bedeutet das Passiv die Möglichkeit, Spannung durch Aussparung zu erzielen. Machen Sie es sich zu Nutze, dass Sie mit dem täterlosen Passiv ein Instrument an der Hand haben, um den Leser zumindest zeitweise darüber im Unklaren zu lassen, wer eine bestimmte Handlung durchgeführt hat. Achten Sie aber darauf, die Passiv-Formen nicht zu überfrachten und Ihren Stil unnötig umständlich zu machen. Fragen Sie sich, welche Informationen Ihr Erzähler besitzt und welche er weitergeben will. Spielen Sie mit dem Passiv, denn es hat manchmal ganz erstaunliche Effekte. Der einfache Satz: „Die Rose erblüht" erhält ein Geheimnis, wenn er - zum Beispiel in einem Gedicht – ins Passiv gewandelt wird: „Die Rose wird erblüht" ist grammatisch natürlich Unsinn (denn manche Verben haben keine Passiv-Form, wie das Verb „laufen"), könnte inhaltlich aber zum Beispiel auf ein geheimes Wirken Gottes in der Natur hinweisen. Solche Sprachspiele mit dem Passiv gibt es viele. Versuchen Sie sich an einigen ganz einfachen Alltagssätzen und schauen Sie auf das Ergebnis. Sie werden daran sicher einen ganz eigenen Tonfall entdecken, der sich möglicherweise einmal auf Ihr Schreiben auswirken könnte.

Die dritte Möglichkeit, die Veränderbarkeit von Verben zur Bereicherung unserer Aussagemöglichkeiten zu verwenden, ist die Unterscheidung von Indikativ und Konjunktiv. Wie bei den Nebenzeiten verwenden wir den Konjunktiv in unserem Alltagssprachgebrauch kaum und wenn, dann häufig auch noch falsch. Aus der Literatur ist gerade diese Form nicht wegzudenken. Das liegt daran, dass wir in literarischen Texten grundsätzlich zwischen Autor und Erzähler trennen müssen. Der Autor, der den Text verfasst hat, verwendet sehr häufig einen Erzähler, der in diesem Text eine bestimmte Rolle spielt. Die Aussagen dieses Erzählers müssen nicht den tatsächlichen Gegebenheiten entsprechen, sie können falsch sein. Vielleicht will der Autor eine Figur vorführen, die Fehler macht und Irrtümern unterliegt, vielleicht will er den Leser verunsichern oder seinen Horizont begrenzen. Besonders wichtig ist der Konjunktiv dort, wo zitiert wird, was eine andere Person äußerte. Grundsätzlich steht jede Rede, die nicht wörtlich wiedergegeben wird, in der indirekten Rede. Diese ist aber gleichzeitig auch ein Mittel, die Verunsicherung des Lesers über das, was tatsächlich vorgefallen ist, zu vergrößern. Ein Meister dieser Art des Zweifelns war Kafka, den Sie schon im ersten Kapitel kennen gelernt haben. Sie können sich gerne noch einmal den dort abgedruckten Text anschauen und werden sich an die Verunsicherung durch das einschränkende „So heißt es“ erinnern. Hier nun noch ein anderes Textbeispiel von Kafka:

EINE ALLTÄGLICHE VERWIRRUNG

Ein alltäglicher Vorfall: sein Ertragen eine alltägliche Verwirrung. A hat mit B aus H ein wichtiges Geschäft abzuschließen. Er geht zur Vorbesprechung nach H, legt den Hin- und Herweg in je zehn Minuten zurück und rühmt sich zu Hause dieser besonderen Schnelligkeit. Am nächsten Tag geht er wieder nach H, diesmal zum endgültigen Geschäftsabschluss. Da dieser voraussichtlich mehrere Stunden erfordern wird, geht A sehr früh morgens fort. Obwohl aber alle Nebenumstände, wenigstens nach A's Meinung, völlig die gleichen sind wie am Vortag, braucht er diesmal zum Weg nach H zehn Stunden. Als er dort ermüdet abends ankommt, sagt man ihm, dass B, ärgerlich wegen A's Ausbleiben, vor einer halben Stunden zu A in sein Dorf gegangen sei und sie sich eigentlich unterwegs hätten treffen müssen. Man rät A zu warten. A aber, in Angst wegen des Geschäftes, macht sich sofort auf und eilt nach Hause. Diesmal legt er den Weg, ohne besonders darauf zu achten, geradezu in einem Augenblick zurück. Zu Hause erfährt er, B sei doch schon gleich früh gekommen – gleich nach dem Weggang A's; ja, er habe A im Haustor getroffen, ihn an das Geschäft erinnert, aber A habe gesagt, er hätte jetzt keine Zeit, er müsse jetzt eilig fort.

Trotz diesem unverständlichen Verhalten A's sei aber B doch hier geblieben, um auf A zu warten. Er habe zwar schon oft gefragt, ob A nicht schon wieder zurück sei, befinde sich aber noch oben in A's Zimmer. Glücklich darüber, B jetzt noch zu sprechen und ihm alles erklären zu können, läuft A die Treppe hinauf. Schon ist er fast oben, da stolpert er, erleidet eine Sehnenzerrung und fast ohnmächtig vor Schmerz, unfähig sogar zu schreien, nur winselnd im Dunkel hört er, wie B – undeutlich ob in großer Ferne oder knapp neben ihm – wütend die Treppe hinunterstampft und endgültig verschwindet.

Natürlich ist auch hier wie in der anderen Erzählung Kafkas, die ich Ihnen vorgestellt habe, schon die Ausgangslage verwirrend. Dies wird durch die Verwendung des Konjunktivs und andere sprachliche Einschränkungen noch gesteigert. Der erste Besuch, der ohne weiteres nachvollziehbar ist, wird als feststehende Tatsache formuliert. Bereits die erste Zeitverschiebung erhält aber die einschränkende Nebenbemerkung: „wenigstens nach A's Meinung". Der Leser muss sich dieser Meinung erst einmal anschließen, da er keine andere Perspektive auf das Erzählte hat, welche die Gültigkeit der Aussage in Frage stellen könnte. Er wird das auch anfangs tun. Beginnt er aber, die Handlung in Frage zu stellen, wird er darüber stolpern, ob tatsächlich alle Nebenumstände die gleichen sind oder ob sich A in dieser Annahme möglicherweise täuscht. Würde dies die einzige Einschränkung des Textes bleiben, könnte der Leser sehr schnell entscheiden, wo die Quelle für seine Irritation liegt. Nun werden aber etliche Aussagen über das Verhalten A's und B's nur in der indirekten Rede wiedergegeben. Dass B zu A gegangen sei, dass sie sich hätten treffen müssen, dass B schon früh gekommen sei, dass er A getroffen habe. In dieser Zusammenstellung können nicht alle Aussagen zutreffen: Wenn B wirklich aufgrund der Verspätung A's diesen aufgesucht hat, so kann er nicht so früh gekommen sein, dass er A am Hauseingang getroffen hat. Konstruierbar wäre dieser Widerspruch auch in der direkten Rede; so aber kommt zu den Unklarheiten über die Aussagen selbst auch noch der Zweifel, ob diese tatsächlich so gefallen sind. A wird uns als eine Person vorgestellt, die Unsicherheiten im Zeitempfinden zeigt und – zumindest wenn dieser Teil der Aussage stimmt – auch sonst unaufmerksam in der Wahrnehmung ist, denn darauf deutet, dass A den ihn ansprechenden B nicht erkannt haben soll.

So scheint die indirekte Rede zwar beim oberflächlichen Lesen genauso aussagekräftig wie die direkte Rede, bietet aber doch dem Autor eine Methode, Zweifel zu streuen, falls er dem Leser in seiner Sicherheit Grenzen setzen möchte.

Die zweite Wortgruppe, auf die sich die besondere Aufmerksamkeit eines Autors richten sollte, sind die Adjektive. Wenn wir den Text mit einem Gemälde vergleichen, bilden die Adjektive die Farbe dieses Bildes. Sie sorgen dafür, dass der Text nicht blutleer wird und die Phantasie des Lesers anregt. Texte, die mit einem Minimum an Adjektiven auskommen, wirken kalt und abweisend, solche, die mit einer zu großen Menge davon ausgestattet sind, erscheinen bombastisch und überladen. Gerade bei den Adjektiven kommt es auf die richtige Dosierung an. Hierzu gleich ein Beispiel:

Hohe Buchenhallen empfingen ihn da mit ihren feierlichen Schatten, zwischen denen goldene Vögel wie abgewehte Blüten hin und wieder flatterten, während große, seltsame Blumen, wie sie Florio niemals gesehen, traumhaft mit ihren gelben und roten Glocken in dem leisen Winde hin und her schwankten. Unzählige Springbrunnen plätscherten, mit vergoldeten Kugeln spielend, einförmig in der großen Einsamkeit. Zwischen den Bäumen hindurch sah man in der Ferne einen prächtigen Palast mit hohen, schlanken Säulen hereinschimmern. Kein Mensch war ringsum zu sehen, tiefe Stille herrschte überall. Nur hin und wieder erwachte manchmal eine Nachtigall und sang wie im Schlummer fast schluchzend. Florio betrachtete verwundert Bäume, Brunnen und Blumen, denn es war ihm, als sei das alles lange versunken, und über ihm ginge der Strom der Tage mit leichten, klaren Wellen, und unten läge nur der Garten gebunden und verzaubert und träumte von dem vergangenen Leben.

Er war noch nicht weit vorgedrungen, als er Lautenklänge vernahm, bald stärker, bald wieder in dem Rauschen der Springbrunnen leise verhallend. Lauschend blieb er stehen, die Töne kamen immer näher und näher, da trat plötzlich in dem stillen Bogengange eine hohe, schlanke Dame von wundersamer Schönheit zwischen den Bäumen hervor, langsam wandelnd und ohne aufzublicken. Sie trug eine prächtige, mit goldenem Bildwerk gezierte Laute im Arm, auf der sie, wie in tiefe Gedanken versunken, einzelne Akkorde griff. Ihr langes, goldenes Haar fiel in reichen Locken über die fast bloßen, blendend-weißen Achseln bis auf den Rücken hinab; die langen, weiten Ärmel, wie vom Blütenschnee gewoben, wurden von zierlichen goldenen Spangen gehalten; den schönen Leib umschloss ein himmelblaues Gewand, ringsum an den Enden mit buntglühenden, wunderbar ineinander verschlungenen Blumen gestickt. Ein heller Sonnenblick durch eine Öffnung des Bogenganges schweifte soeben scharfbeleuchtend uber die bluhende Gestalt.

Diese sehr kunstvolle Sprache, ein Ausschnitt aus Joseph von Eichendorffs Novelle „Das Marmorbild“, wird von einigen von Ihnen sicher auch heute noch als schön empfunden; trotzdem ist sie nicht mehr zeitgemäß. Nicht nur der verschwenderische Einsatz von Adjektiven, sondern vor allem die Doppelung zweier Adjektive vor einem Hauptwort wie „langes, goldenes Haar ... bloßen, blendendweißen Achseln ... zierlichen goldenen Spangen" entspricht nicht mehr dem Sprachrhythmus der modernen Gesellschaft. So bedauerlich es ist – wir nehmen uns nicht mehr die Zeit, uns mit so ausführlichen Beschreibungen auseinander zu setzen, schlimmer noch: Wir empfinden sie als kitschig. Umgekehrt können Sie einmal versuchen, alle Adjektive aus dem Eichendorff-Ausschnitt herauszustreichen. Wie wirkt der verbleibende Rest auf Sie? Die Passage wird plötzlich erstaunlich nichtssagend, von dem Zauber, den die erscheinende Gestalt auf die Hauptfigur ausübt, bleibt nicht mehr viel übrig. Wenn wir ehrlich sind, werden die Figuren fast uninteressant für uns.

Sie können diesen Versuch an Ihren eigenen Texten wiederholen: Haben Sie eine in sich abgeschlossene Passage beendet, entfernen Sie probeweise die Adjektive daraus (aber vergessen Sie bitte nicht, Ihren ursprünglichen Text vorher abzuspeichern). Setzen Sie nun die Adjektive nach und nach wieder ein. Manche werden Ihnen auf einmal unnötig vorkommen, vielleicht sogar störend, andere werden Sie in Ihrem Text vermissen. Wieder andere finden nicht mehr Ihre Zustimmung, obwohl Sie den Eindruck haben, dass ein Adjektiv an dieser Stelle nötig ist. Dann können Sie nach Alternativen suchen. Die meisten Adjektive unserer Sprache lassen sich durch andere ersetzen, die eine ähnliche, aber doch etwas anders gefärbte Prägung haben. So werden Sie zum Beispiel bemerken, dass die Anbindung einiger Adjektive an bestimmte Hauptwörter so üblich ist, dass Sie in die Gefahr geraten, Klischees zu bedienen. Die „tiefe Stille" in Eichendorffs Text würde heute unweigerlich dem Rotstift zum Opfer fallen. Meist können Sie Ihren Worten einen besonderen Klang verleihen, wenn Sie in solchen Fällen sehr bewusst nach einer weniger gebräuchlichen, aber vielleicht zutreffenderen Formulierung suchen. Wenn Sie keine Alternative zu einem solchen Klischee finden, tun Sie gut daran, auf das Adjektiv an dieser Stelle ganz zu verzichten. Generell kommt unser Sprachempfinden mit zu sparsam eingesetzten Adjektiven noch besser zurecht als mit zu vielen.

Die Wörter alleine ergeben noch keinen literarischen Text. Eine entscheidende Rolle spielt der Zusammenhang, in den sie gebracht werden. Der Eindruck, den Wörter vermitteln, wird durch den Satzzusammenhang bestimmt. Der Satz ist daher die nächste Ebene, der wir uns bei der Betrachtung grundlegender Werkzeuge der Sprache zuwenden sollten.

Die Art und Weise, wie Sie Ihre Sätze formen, ergibt Ihren Stil, den unverwechselbaren persönlichen Ausdruck, der die Leser dazu verleitet, immer wieder zu Ihren Büchern zu greifen. Gerade diesen Stil erarbeitet man sich wie kein anderes Element des Schreibens an den Vorbildern, den Autoren, die man selbst liest. Es gibt unter jungen Autoren häufig die Vorstellung, einen unverwechselbaren, eigenen Stil zu pflegen, der sich an keinem anderen Autor orientiere. Dahinter steckt die Sorge, man könne ein bloßer Nachahmer sein, ein Epigone ohne eigene Ideen. Obwohl verständlich, ist diese Attitüde ungefähr so sinnvoll wie der Versuch, das Rad neu zu erfinden. Sie ist eigentlich sogar noch absurder. Niemand wird Interesse am Schreiben gewinnen, der nicht auch ein interessierter Leser ist. Der Stil ist längst beeinflusst, bevor man sich daran macht, eigene Geschichten oder Gedichte zu verfassen. Sie können also niemals ohne Vorbilder an die Arbeit gehen, Sie können höchstens vor sich selbst verleugnen, dass Sie solche Vorbilder haben; diese Leugnung ist aber ganz und gar unsinnig. Ein eigener Stil bildet sich mit der Zeit von ganz allein, es ist unnötig, die Vorbilder vorzeitig abschütteln zu wollen. Es kann stattdessen eine sehr gute Übung sein, bewusst den Stil einzelner Schriftsteller zu kopieren, sich zu fragen, welche Elemente dieses Stils einem zusagen und warum, und diese Elemente im eigenen Schreiben gezielt auszubauen. Auch hier gilt wieder: Je klarer Sie sich darüber werden, warum Sie ein Werkzeug verwenden, desto besser können Sie entscheiden, wann Sie dieses Werkzeug zur Hand nehmen und wann Sie darauf verzichten sollten. Schauen wir uns ein paar Beispiele an, wie unterschiedlich Sätze konstruiert werden können und welche Wirkungen man damit erzielen kann:

Stahlblau und leicht, bewegt von einem leisen, kaum merklichen Gegenwind, waren die Wellen des adriatischen Meeres dem kaiserlichen Geschwader entgegengeströmt, als dieses, die mählich anrückenden Flachhügel der kalabrischen

Küste zur Linken, dem Hafen Brundisium zusteuerte, und jetzt, da die sonnige, dennoch so todesahnende Einsamkeit der See sich ins friedvoll Freudige menschlicher Tätigkeit wandelte, da die Fluten, sanft überglänzt von der Nähe menschlichen Seins und Hausens, sich mit vielerlei Schiffen bevölkerten, mit solchen, die gleicherweise dem Hafen zustrebten, mit solchen, die aus ihm ausgelaufen waren, jetzt, da die braunsegeligen Fischerboote bereits überall die kleinen Schutzmolen all der vielen Dörfer und Ansiedlungen längs der weiß-bespülten Ufer verließen, um zum abendlichen Fang auszuziehen, da war das Wasser beinahe spiegelglatt geworden; perlmuttern war darüber die Muschel des Himmels geöffnet, es wurde Abend, und man roch das Holzfeuer der Herdstätten, so oft die Töne des Lebens, ein Hämmern oder ein Ruf von dort hergeweht und herangetragen wurden.

Von den sieben hochbordigen Fahrzeugen, die in entwickelter Kiellinie einander folgten, gehörten bloß das erste und das letzte, beides schlanke, rammspornige Penteren, der Kriegsflotte an; die übrigen fünf, schwerfälliger und imposanter, zehnruderreihig, zwölfruderreihig, waren von der prunkvollen Bauart, die der augusteischen Hofhaltung ziemte, und das mittlere, prächtigste, goldglänzend sein bronzebeschlagener Bug, goldglänzend die ringtragenden Löwenköpfe unter der Reling, buntbewimpelt die Wanten, trug unter Purpursegeln feierlich und groß das Zelt des Cäsars. Doch auf dem unmittelbar hinterdrein folgenden Schiffe befand sich der Dichter der Äneis, und das Zeichen des Todes stand auf seine Stirne geschrieben.

Der Seekrankheit ausgeliefert, von ihrem ständig drohenden Ausbruch in Spannung gehalten, hatte er den ganzen Tag hindurch nicht gewagt sich zu rühren, indes, wenn auch gefesselt an sein Lager, das mittschiffs für ihn aufgeschlagen war, er fühlte nunmehr sich, oder richtiger seinen Körper und sein körperliches Leben, das er schon seit vielen Jahren kaum mehr als sein eigenes anzuerkennen vermochte, wie ein einziges nachtastendes, nachkostendes Erinnern an die Entspannung, von der er mit einem Male durchflutet gewesen, als die stillere Küstenzone erreicht worden war, und diese flutende, beruhigt beruhigende Müdigkeit wäre vielleicht eine geradezu vollkommene Beglückung geworden, hätte sich nicht, ungeachtet der heilsam kräftigen Meeresluft, neuerdings der plagende Husten eingestellt, die Erschlaffung durch das allabendliche Fieber, die allabendliche Beängstigung.

Dieses Beispiel – ein Ausschnitt aus Hermann Brochs „Der Tod des Vergil" – zeichnet sich durch extrem lange und handlungsarme Sätze aus. Schwerpunkt des Romans ist die Reflexion des Dichters Vergil über sein Leben, sein Werk und die gesellschaftlichen Zusammenhänge, in denen er gearbeitet hat. Zur Verbindung von Inhalt und Form hat sich der Autor selbst geäußert:

(...) Das Buch schildert 18 Stunden auf 530 Seiten. Es enthält wenig Handlung und entwickelt sich daher nur sehr langsam. Dies ist der Hauptgrund für die Länge der Absätze, da jeder nur einen Schritt der Handlung darzustellen hat und eine Aufteilung in Unterabsätze nicht zulässt.(...) entspricht jeder Schritt der äußeren Handlung genau einem inneren Geschehnis, d.h., einem rationalen oder irrationalen Problem und seiner Lösung. Jeder Absatz ist ein Zyklus (ein kleineres Gegenstück zu dem großen Zyklus, den das ganze Buch darstellt.) (...)

Die Länge des Satzes ist genau durch die Länge des Absatzes vorgeschrieben. „Ein Satz – ein Gedanke, ein Gedanke – ein Satz". In diesem Falle erscheint die Regel ganz naturgegeben. Natürlich sind die Gedanken sehr verwickelt, da in dem inneren Monolog all die gegensätzlichen Elemente menschlichen Seelenlebens wie auch die Vereinigung dieser Elemente in der Seele Ausdruck suchen. Doch kein Satz in dem Buch beruht auf einem bloß genießerischen Spiel mit der Form. Jeder Satz versucht, eine lyrische Darstellung der stilistischen Einheit als solcher zu sein.

Broch ist für seinen Stil besonders in diesem Buch heftig angegriffen worden. Wir sehen an seiner Äußerung, dass gerade die Gestaltung der Sätze sehr überlegt und zielgerichtet geschehen ist. „Ein Satz – ein Gedanke" führt zwangsläufig bei der Darstellung sehr komplizierter Gedankengänge zu langen Sätzen. Zudem vermitteln diese, zumindest wenn sie sich der herkömmlichen Grammatik bedienen, einen Eindruck von Ruhe und Gelassenheit, von Ungestörtheit. Auch wenn die Gedanken selbst verstörend und beunruhigend sein sollten, ist doch die Tatsache, dass sie in dieser Komplexität gedacht werden können, ein Hinweis darauf, dass der Denkende sich zumindest in einer äußerlich ungestörten Situation befinden muss. Gedankengänge, die durch Umwelteinflüsse permanent gestört und aufgeschreckt werden, sehen anders aus.

Lange Sätze zwingen den Leser zu einem langsameren Lesetempo, zur Bewahrung innerer Ruhe, ohne die er den Sinn des Satzes nicht mehr aufnehmen kann. Man sollte sie nur einsetzen, wenn diese innere Ruhe des Lesers einen entsprechenden Widerhall in der Erzählsituation findet. Auf jeden Fall sollte man lange Sätze vermeiden, die nur dazu dienen, möglichst viele Informationen schnell an den Mann zu bringen, ein Fehler, den man in vielen Manuskripten finden kann. Informationen werden am besten in kleinen Dosierungen vermittelt. Beschreibungen und – vor allem erinnernde – Gedankengänge sind hingegen in langen Sätzen gut aufgehoben.

Ein anderes Beispiel soll uns einen ganz gegensätzlichen Stil zeigen. Es handelt sich um den Anfang des Romans „Ein fliehendes Pferd“ von Martin Walser.

Plötzlich drängte Sabine aus dem Strom der Promenierenden hinaus und ging auf ein Tischchen zu, an dem noch niemand saß. Helmut hatte das Gefühl, die Stühle dieses Cafes seien für ihn zu klein, aber Sabine saß schon. Er hätte auch nie einen Platz in der ersten Reihe genommen. So dicht an den in beiden Richtungen Vorbeiströmenden sah man doch nichts. Er hätte sich möglichst nah an die Hauswand gesetzt. Otto saß auch schon. Zu Sabines Füßen. Er sah aber noch zu Helmut herauf, als wolle er sagen, er betrachte sein Sitzen, so lange Helmut sich noch nicht gesetzt habe, als vorläufig. Sabine bestellte schon den Kaffee, legte ein Bein über das andere und schaute dem trägen Durcheinander auf der Uferpromenade mit einem Ausdruck des Vergnügens zu, der ausschließlich für Helmut bestimmt war. Er verlegte seinen Blick auch wieder auf die Leute, die zu dicht an ihm vorbeipromenierten. Man sah wenig. Von dem wenigen aber zuviel. Er verspürte eine Art hoffnungslosen Hungers nach diesen hell- und leichtbekleideten Braungebrannten. Die sahen hier schöner aus als daheim in Stuttgart. Von sich selbst hatte er dieses Gefühl nicht. Er kam sich in hellen Hosen komisch vor. Wenn er keine Jacke anhatte, sah man von ihm wahrscheinlich nichts als seinen Bauch. Nach acht Tagen würde ihm das egal sein. Am dritten Tag noch nicht. So wenig wie die grässlich gerötete Haut. Nach acht Tagen würden Sabine und er auch braun sein. Bei Sabine hatte die Sonne bis jetzt noch nichts bewirkt als eine Aufdünsung jedes Fältchens, jeder nicht ganz makellosen Hautstelle. Sabine sah grotesk aus. Besonders jetzt, wenn sie voller Vergnügen auf die Promenierenden blickte. Er legte eine Hand auf ihren Unterarm. Warum mussten sie überhaupt dieses hin- und herdrängende Dickicht aus Armen und Beinen und Brüsten anschauen? In der Ferienwohnung wäre es auch nicht mehr so heiß wie auf dieser steinigen, baumlosen Promenade. Und jede zweite Erscheinung hier führte ein Ausmaß an Abenteuer an einem vorbei, dass das Zuschauen zu einem rasch anwachsenden Unglück wurde. Alle, die hier vorbeiströmten, waren jünger. Schön wäre es jetzt hinter den geraden Gittern der Ferienwohnung. Drei Tage waren sie hier, und drei Abende hatte er Sabine in die Stadt folgen müssen. Jedes Mal auf diese Promenade. Leute beobachten fand sie interessant. War es auch. Aber nicht auszuhalten.

Schon der Anfang dieses Ausschnitts ist völlig anders gestaltet als bei Broch, obwohl es sich in beiden Fällen um die ersten Seiten des Textes handelt. Die (längere) Erzählung springt mitten in die Situation, während sich Brochs Roman Zeit für die umständliche Schilderung des Rahmens nimmt. Die kurzen Sätze, um die es uns hier geht, vermitteln den Eindruck von Atemlosigkeit und in diesem Falle sogar im wörtlichen Sinne Gedränge. Die Feststellungen, die in diese kurzen Sätze eingebettet sind, wirken lakonisch, vermitteln aber trotzdem das Unbehagen der Hauptfigur. Die Erforschung der Gedankenwelt des Protagonisten scheint hier kaum möglich zu sein, und wenn, dann nicht in der ruhigen, einen Gedanken auf den anderen aufbauenden Weise Brochs, sondern immer wieder unterbrochen von den Eindrücken, welche die Außenwelt dem Helden aufzwingt.

Tatsächlich geht es um genau diesen Konflikt auch im „fliehenden Pferd" selbst, das die Geschichte eines eher in sich gekehrten Lehrers erzählt, der auf einen Schulfreund trifft, den er lange nicht gesehen hat und der ihn mit seiner lauten, überfallenden und scheinbar ungeheuer selbstbewussten Art provoziert. Der Effekt funktioniert im Grunde genauso wie bei langen Sätzen, nur natürlich umgekehrt: Um dem Leser die Identifikation mit der unruhigen oder gehetzten Hauptfigur zu erleichtern oder sogar aufzuzwingen, können Sie ihn durch kurze, vielleicht sogar stakkatoartige Sätze in einen ähnlich gehetzten Zustand versetzen. Mit dem Satzrhythmus verhält es sich ähnlich wie mit dem Atemrhythmus: Kurzes, schnelles Atmen ist ein Zeichen innerer Erregung oder kann diese sogar erzeugen, wohingegen das langsame, ruhige Atmen Gelassenheit und Entspannung signalisiert.

Kurze Sätze, häufig auch nur Satzfragmente finden Sie daher vor allem in Romanen, die die Hektik des Großstadtlebens oder besonders kritische Momente des Helden darstellen, lange Satzkonstruktionen eher dort, wo die Handlung auf ein Minimum beschränkt ist und nur wenige Einflüsse von außen in das Geschehen eingreifen.

III. Kapitel,
in welchem es um Geister, Skelette und leere Weingläser geht und außerdem darum, warum das doch eigentlich traurige Existenzen sind

Kennen Sie den Film: „Das letzte Einhorn"? Das ist ein Märchenfilm, in dem natürlich auch das für solche Filme übliche Personal zu finden ist. Unter anderem gibt es darin ein lebendes Skelett, von dem die Hauptfiguren eine wichtige Information haben wollen. Dieses Skelett ist wenig kooperativ, hat jedoch eine Schwäche: Zu Lebzeiten liebte es, sich an einem guten Wein zu erfreuen; diesen Genuss möchte es noch einmal erleben. Es ist also bereit, die wichtige Information zu liefern, wenn es als Gegenleistung ein Glas Wein erhält.

Ein Glas wäre wohl aufzutreiben, doch ist weit und breit kein Wein zu finden. Was ist zu tun? Einer der Helden hat die rettende Idee: Man bietet dem Skelett einfach das leere Glas an und redet ihm ein, darin sei das begehrte Getränk. Das Skelett hat keine Nase, um den Wein zu riechen und keine Zunge, um ihn zu schmecken (wie das Skelett überhaupt in die Lage kommt, sprechen zu können, ist eines der Geheimnisse, die der Film offen lässt. Mit so etwas müssen wir uns bei Märchenfilmen abfinden). Der Trick funktioniert, das Skelett vollführt alle Bewegungen des Trinkens und die Erinnerung an den Wein genügt, um das Gefühl des Trinkens in ihm wieder wach zu rufen. Mehr noch: Es ist sogar ein Anflug von Trunkenheit zu bemerken (bitte, fragen Sie nicht nach der Logik, natürlich hat das Skelett auch keinen Blutkreislauf).

Ein anderes Beispiel: In der überaus vergnüglichen Fantasy-Parodie „MacBest" des englischen Romanautors Terry Pratchett lebt der Herrscher eines kleinen Reiches unvermutet ab, als sich das Messer seines Erben in seinen Rücken verirrt. Fortan spukt er in seinem Schloss, gebunden an den Ort seines Todes. Zu den missvergnüglichsten Erfahrungen seiner neuen Existenz gehört es, dass er, ein großer Freund irdischer Genüsse, nicht mehr in der Lage ist, in irgendeiner Weise an der stofflichen Existenz teilzuhaben, da er einfach durch alles hindurchgreift. Von Hunger getrieben – oder besser auch hier: von der Erinnerung an Hunger – begibt er sich in die Küche. Da Pratchett konsequenter und logischer ist als „Das letzte Einhorn", trifft der König dort auf die Geister all jener Tiere, die im Schloss getötet wurden, um als Mahlzeiten zu enden. Sie können sich vorstellen, dass der Herrscher unter dem Eindruck der ihn vorwurfsvoll anblickenden Gespensterdelikatessen fortan nur noch wenig Hunger verspürt.

Ob solche Geister in unserer alltäglichen Welt herumspuken, das will ich mich nicht vermessen zu beurteilen. In der Literatur tun sie es. Ich meine damit all jene literarischen Gespenster, die in den Bibliotheken und Buchhandlungen ihr trauriges Spukdasein fristen, ungelesen, ungeliebt, weil sie so blutarm sind wie das oben erwähnte Skelett. Erzählungen, denen ihr Autor nur das nackte Skelett, die Handlung, mitgegeben hat und die er ohne Fleisch und Blut, das heißt ohne Beschreibungen und zündende Dialoge, auf die armen Leser losgelassen hat, die nun ihrerseits dazu verurteilt sind, dem Wein, den sie so gerne schmecken möchten, aus der Erinnerung selbstständig einen Geschmack zuzuordnen. Sie, der Autor, sind Auge, Ohr, Nase, Tast- und Geschmackssinn des Lesers. Lassen Sie ihn nicht allein!

Sie merken schon, nun begeben wir uns ernsthaft auf die Reise. Nachdem wir uns im ersten Kapitel etwas in der Landschaft umgesehen und im zweiten die uns zur Verfügung stehenden Werkzeuge näher angeschaut haben, bewegen wir uns fortan durch das verheißene Land des literarischen Schreibens. Und wir beginnen in diesem dritten und im vierten Kapitel mit eben jener Frage, wie Sie es vermeiden können, dass Ihre Texte blutleere Skelette werden. Wir wollen Figuren, Handlungsorte, Situationen ausstatten mit dem Fleisch der Beschreibung, mit dem Blut der Anteilnahme, mit Geruch und Geschmack und mit Dialogen, an denen der Leser selbst teilnehmen möchte, bei denen er vergisst, dass ihm ein erfundenes Gespräch vorgelegt wird von einem Autor, der ihn beeinflussen und lenken möchte.

Es handelt sich in diesen zwei Kapiteln um Elemente des Schreibens, die sich auf alle Formen der literarischen Prosa übertragen lassen, sozusagen die Grundlagen des Erzählens. Wir werden uns dann später mit spezielleren Fragen beschäftigen, die den Aufbau und die Konstruktion einzelner literarischer Genres betreffen.

„Was macht eigentlich dein Zahn?" fragt Papa. „Der wackelt immer doller!" sagt Anita. „Guck mal!"

„Wann der wohl rausfällt?" sagt Papa. „Pass auf, dass du ihn nicht verlierst. Dann legen wir ihn auf dein Kopfkissen." „Und dann?" fragt Anita. „Das ist eine Überraschung", sagt Papa. Er will nichts verraten. „Hast du heute viel Zeit?" fragt Anita. „Ja, heute morgen sind wir nicht so spät aufgestanden", sagt Papa. Wenn sie morgens früh genug losgehen, hat Papa immer noch Zeit, Anita im Kindergarten bis in den Flur vor die Tür ihrer Gruppe zu bringen. „Holst du mich heute ab?" sagt Anita. Papa macht die Tür vom Kindergarten auf. „Natürlich", sagt er, „wie immer. Guck mal, wer da ist!" „Wo?" sagt Anita. „Da vorne im Flur!" sagt Papa. „Benni ist da", sagt Anita, „tschüß, Papa." „Bis heute Abend!" sagt Papa und geht weg.

„Was ist das?" fragt Anita. „'Eine Raupe", sagt Benni.

„Guck mal, sie ist ganz zahm."

Aus dem Inhalt können Sie unschwer erschließen, dass wir es mit einem Ausschnitt aus einem Kinderbuch zu tun haben. „Kindergarten, Kindergarten" ist sein Titel, und es verbindet interessante Bilder mit einem intelligenten Ausschnitt aus dem Kindergartenleben, der den Kleinen die Angst vor diesem neuen Ort nehmen soll. Trotzdem habe ich immer Unbehagen verspürt, wenn ich dieses Buch meinen eigenen Kindern vorgelesen habe. Ich konnte während des Lesens das Gefühl nicht ablegen, dass ich meine Kinder schrecklich langweile, und auch ich selbst habe mich dabei gelangweilt. Warum?

Die Antwort finden Sie, wenn Sie die Wörter „sagen" und „fragen" in diesem kurzen Abschnitt nachzählen.

Nicht weniger als fünfzehn Mal werden diese Wörter in unserem Ausschnitt, der gerade fünfzehn Zeilen umfasst, verwendet. Und ich habe den Ausschnitt nicht besonders boshaft ausgewählt. Seite für Seite könnten wir untersuchen und überall ist es dasselbe: Wie bei einem Tischtennisspiel wird die Aufmerksamkeit des Lesers von einer Seite zur anderen gerissen, dass ihm schwindlig werden muss.

„Sagt …“ – Blick nach links, „sagt …“ – Blick nach rechts, „fragt“ – Blick nach links, und so weiter, bis die eigentliche Handlung völlig in den Hintergrund tritt und der Leser verärgert nur noch auf die nächste Frage und das nächste „sagt …“ lauert.

Selbstverständlich muss ein Kinderbuch in erster Linie kindgerecht sein und nicht literarisch. Aber soviel Sprachgefühl haben selbst schon die Kleinen, dass sie misstrauisch werden, wenn ihnen ein Autor immerfort die selben Worte präsentiert. Gerade im Dialog müssen wir unseren Lesern schon ein wenig mehr bieten.

Die einfachste Methode, einen Dialog zu führen, ist natürlich das direkte Aneinanderstoßen der einzelnen Sätze, wie wir es aus Dramen kennen. Ein Beispiel dafür, wie sich diese Art des Dialogs ohne Zwischenbemerkungen auch in Prosatexten sinnvoll einsetzen lässt:

Nachdenklich kratzte Ismael sich am Unterkiefer. Da ich auf der anderen Seite der Scheibe saß, hörte ich nichts, aber in meiner Einbildung klang es wie eine Schaufel, die über Kies gezogen wurde.

„Ich denke, unser Koffer ist gepackt. Wie gesagt, ich erwarte nicht, dass du dir alles merkst, was ich heute eingepackt habe. Wenn du nachher gehst, herrscht in deinem Kopf wahrscheinlich ein einziges Durcheinander.“ „Das glaube ich auch“, sagte ich im Brustton der Überzeugung.

„Aber das ist nicht weiter schlimm. Wenn ich morgen etwas aus dem Koffer hole, das ich heute eingepackt habe, wirst du es sofort wiedererkennen, und nur darum geht es.“

„Da bin ich ja beruhigt.“

„Wir machen heute nur eine kurze Sitzung. Die eigentliche Reise beginnt morgen. Bis dahin kannst du dir überlegen, welche Geschichte die Menschen deiner Kultur in den vergangenen zehntausend Jahren aufgeführt haben. Weißt du, wovon die Geschichte handelt?“

„Nein.“

„Nun, sie handelt vom Sinn der Welt, von den Absichten der Götter in ihr und von der Bestimmung des Menschen.“

„Darüber kann ich dir eine Menge Geschichten erzählen, nicht nur eine.“

„Aber es gibt diese eine Geschichte, die alle Menschen deiner Kultur kennen und glauben.“

„Ich weiß leider immer noch nicht, welche du meinst.“

„Vielleicht hilft es dir, wenn ich sage, dass es eine Geschichte ist, die etwas erklärt, und zwar nach dem Schema: „Wie kam der Elefant zu seinem Rüssel?“ oder „Wie kam der Leopard zu seinen Flecken?“

„Aha.“

„Was, glaubst du, erklärt nun diese Geschichte?“

„Mein Gott, keine Ahnung.“

„Es geht eigentlich aus dem hervor, was ich schon gesagt habe. Sie erklärt, wie die Welt geworden ist, was sie heute ist. Von Anfang bis jetzt.“

„Ach so“, sagte ich und sah zum Fenster hinaus. „Eine solche Geschichte kenne ich aber nicht. Geschichten ja, aber nicht eine einzige Geschichte.“

In diesem Dialog, einem Ausschnitt aus dem Buch „Ismael“ von Daniel Quinn, funktioniert die Zuordnung der Worte zu den sprechenden Personen; der Leser findet sich ohne Schwierigkeiten zurecht. Dies liegt zum einen daran, dass nur zwei Personen an diesem Gespräch beteiligt sind und zum anderen, dass diese tatsächlich konzentriert aufeinander eingehen und mit ihren Bemerkungen jeweils auf das reagieren, was der andere sagt. Je klarer die Gesprächssituation ist, desto länger darf eine direkte Dialogpassage sein, die ohne erläuternde Zwischenbemerkungen auskommen will. Natürlich bringt diese Schreibweise eine gewisse Dynamik in den Text, eine Bewegung, die den Leser in das Geschehen holt und verhindert, dass er sich distanziert und langweilt. Aber das funktioniert nur in Situationen, in denen sich auch die Handlung des Erzählten auf das Gespräch verdichtet, will sagen: Sich die Hauptfiguren einzig auf das Gespräch konzentrieren, weil sie emotional oder intellektuell erregt sind.

„Ismael“ ist ein ausgesprochener „Dialog“roman, der daraus besteht, dass sich die beiden Hauptfiguren im philosophischen Gespräch über die Welt und die Stellung des Menschen in dieser Welt verständigen. Sie treffen sich, um zu reden und nichts lenkt sie dabei ab. Das ist eine Ausnahmesituation, von deren Nachahmung abgeraten werden muss, denn man muss schon außergewöhnlich viel zu sagen haben, um auf diese Weise einen Roman aufzubauen (nebenbei: Quinn hat viel zu sagen, darum kann ich Ihnen „Ismael“ auch wärmstens empfehlen – gern geschehen).

In der Regel werden die sprechenden Figuren noch auf eine Menge anderer Dinge konzentriert sein, während sie sprechen, so wie wir es in unserem Alltag ständig erleben. Wer einmal versucht hat, ein vernünftiges Gespräch zu führen, während drei oder vier Kinder im Zimmer spielen, weiß, was ich meine. Hier kann es für den Leser wieder schwierig werden, dem Dialog zu folgen, wenn er „pur" verabreicht wird, ohne Zwischenbemerkungen. Man darf aber deshalb den Alltag nicht gänzlich aussperren, sonst werden die Figuren hölzern und unlebendig – Gespenster, wie sie am Anfang dieses Kapitels erwähnt wurden. Welche weiteren Mittel haben wir also, um mit dem Dialog umzugehen?

Zum einen gibt es natürlich eine Reihe anderer Wörter, die wir anstelle der „sagen" und „fragen" – Häufungen aus unserem ersten Beispiel einsetzen können. Diese Wendungen lassen sich in einem Wörterbuch der Synonyme nachschlagen (Synonyme sind sinnverwandte Wörter): entgegnen, erwidern, beantworten, einwenden, in Frage stellen sind nur einige Beispiele für solche Synonyme.

Aber auch die Synonyme helfen nur sehr begrenzt weiter. Der Leser merkt sehr schnell, dass hier viele Worte verwendet werden, um immer wieder dasselbe auszudrücken. Sein Unmut wird nicht so schnell geweckt, wie das bei mir im obigen Beispiel der Fall gewesen ist, aber früher oder später kommt er unvermindert auf des Autoren Haupt. Wie der Schlag einer fernen Turmuhr dringen die vielen Verben des Sagens dem Leser in die Gedanken, bis sich diese nur noch um das sprachliche Ärgernis bewegen. Doch gibt es noch eine andere Möglichkeit, den Dialog zu gestalten, so sanft, dass sich der Leser dadurch geradezu hereingebeten fühlt in die Handlung.

Als Beispiel möchte ich Ihnen eine Szene vorstellen, die ich vor vielen Jahren las und die mich so gefangen genommen hat, dass Sie mir bis heute lebendig geblieben ist (ach ja, machen Sie es sich doch bitte wieder bequem, ein weicher Sessel wäre jetzt genau das Richtige). Diese Szene stammt aus Heinrich Bölls berühmtesten Roman: „Ansichten eines Clowns":

Marie lag lesend auf dem Bett, ich stand rauchend am Fenster und blickte auf die Hamburger Straße, manchmal auf den Bahnhofsplatz, wo die Leute aus der Halle rannten, im Regen auf die haltende Straßenbahn zu. Wir konnten auch „die Sache" nicht machen. Marie war krank. Sie hatte keine regelrechte Fehlgeburt gehabt, aber irgend etwas dieser Art. Ich war nicht genau dahinter gekommen, und keiner hatte es mir erklärt. Sie hatte jedenfalls geglaubt, sie sei schwanger, war es jetzt nicht mehr, sie war nur ein paar Stunden am Morgen im Krankenhaus gewesen. Sie war blass, müde und gereizt, und ich hatte gesagt, es wäre sicher nicht gut für sie, jetzt die lange Bahnfahrt zu machen. Ich hätte gern Näheres gewusst, ob sie Schmerzen gehabt hatte, aber sie sagte mir nichts, weinte nur manchmal, aber auf eine mir ganz fremde, gereizte Art.

Ich sah den kleinen Jungen von links die Straße heraufkommen, auf den Bahnhofsplatz zu, er war klatschnass und hielt im strömenden Regen seine Schulmappe offen vor sich hin. Er hatte den Deckel der Tasche nach hinten geschlagen und trug die Tasche vor sich her mit einem Gesichtsausdruck, wie ich ihn auf Bildern von den Heiligen Drei Königen gesehen habe, die dem Jesuskind Weihrauch, Gold und Myrrhe hinhalten. Ich konnte die nassen, fast schon aufgelösten Buchumschläge erkennen. Der Gesichtsausdruck des Jungen erinnerte mich an Henriette. Hingegeben, verloren und weihevoll. Marie fragte mich vom Bett aus: „Woran denkst du?" Und ich sagte: „An nichts." Ich sah den Jungen noch über den Bahnhofsvorplatz gehen, langsam, dann im Bahnhof verschwinden, und hatte Angst um ihn; er würde für diese weihevolle Viertelstunde fünf Minuten bitterlich büßen müssen: eine zeternde Mutter, ein bekümmerter Vater, kein Geld im Haus für neue Bücher und Hefte.

„Woran denkst du", fragte Marie noch einmal. Ich wollte schon wieder „an nichts" sagen, dann fiel mir der Junge ein, und ich erzählte ihr, woran ich dachte: wie der Junge nach Haus kam, in irgendein Dorf in der Nähe, und wie er wahrscheinlich lügen würde, weil niemand ihm glauben konnte, was er tatsächlich getan hatte. Er würde sagen, er wäre ausgerutscht, die Mappe wäre ihm in eine Pfütze gefallen, oder er habe sie für ein paar Minuten aus der Hand gestellt, genau unter den Abfluss einer Dachrinne, und plötzlich wäre ein Wasserguss gekommen, mitten in die Mappe hinein. Ich erzählte das alles Marie mit leiser, monotoner Stimme, und sie sagte vom Bett her: „Was soll das? Warum erzählst du mir solchen Unsinn?"

– „Weil es das war, woran ich dachte, als du mich gefragt hast." Sie glaubte mir die ganze Geschichte von dem Jungen nicht, und ich wurde böse. Wir hatten

einander noch nie belogen oder der Lüge bezichtigt. Ich wurde so wütend, dass ich sie zwang, aufzustehen, die Schuhe anzuziehen und mit mir in den Bahnhof hinüberzulaufen. Ich vergaß in der Eile den Regenschirm, wir wurden nass und fanden den Jungen im Bahnhof nicht. Wir gingen durch den Wartesaal, sogar zur Bahnhofsmission, und ich erkundigte mich schließlich beim Beamten an der Sperre, ob vor kurzem ein Zug abgefahren sei. Er sagte, ja, nach Bohmte, vor zwei Minuten. Ich fragte ihn, ob ein Junge durch die Sperre gekommen sei, klatschnass, mit blondem Haar, so und so groß, er wurde misstrauisch und fragte: „Was soll das? Hat er was ausgefressen ?"

– „Nein", sagte ich, „ich will nur wissen, ob er mitgefahren ist." Wir waren beide nass, Marie und ich, und er blickte uns misstrauisch von oben bis unten an. „Sind Sie Rheinländer?" fragte er. Es klang, als fragte er mich, ob ich vorbestraft wäre. „Ja", sagte ich. „Auskünfte dieser Art kann ich nur mit Genehmigung meiner vorgesetzten Behörde geben", sagte er. Er hatte sicher mit einem Rheinländer schlechte Erfahrungen gemacht, wahrscheinlich beim Militär.

Handelt es sich hierbei um eine Dialogszene? Oberflächlich betrachtet nicht, denn es wird nur sehr wenig gesprochen. Andererseits geschieht auch nicht mehr als dies: Ein Paar befindet sich in einem Hotelzimmer und redet miteinander. Als Folge des Gesprächs verlassen sie das Zimmer, um eine Auskunft einzuholen. Vergleichen wir kurz mit einem Theaterstück: Das Theaterstück wird nicht geschrieben, um gelesen, sondern um aufgeführt, gespielt und gesehen zu werden. Erst im Spiel werden die dürren Dialoge lebendig, durch die Gestik, Mimik, Handlungen des Schauspielers. Etwas ähnliches gilt auch für Prosa. Nur ist in der Prosa der Autor zugleich der Regisseur, der die „Schauspieler", seine Figuren nämlich, agieren lässt. In der Regel, so hatten wir gesagt, werden die sprechenden Figuren noch auf eine Menge anderer Dinge konzentriert sein. Die Abfolge direkter Gesprächsäußerungen wird ermüdend, wenn der Leser die anderen „Äußerungen", die Körpersprache, nicht miterlebt. Auch das gehört zu einem Gespräch, dass unser Körper oder unsere Handlungen manchmal im Gegensatz zu unseren Worten stehen und uns damit Lügen strafen. Also geben Sie als Autor dem Leser die Bühne gleich mit an die Hand. Erzählen

Sie im Dialog, was noch alles geschieht. Dann haben Sie keine Probleme mehr mit den Verben des Sagens.

Sie erreichen damit eine Dimension der Aussage, die Ihnen nur mit Dialog nicht möglich ist. Untersuchen wir darauf obigen Text von Böll.

Auf der ersten Ebene findet eine simple Information statt: Eine Figur erzählt einer anderen, was sie sieht. Beziehungsweise: Die Erzählung ist hier schon vorweggenommen, da der Ich-Erzähler den Leser bereits informiert hat, was er gesehen hat. Dieser Kunstgriff leistet mehr, als nur vorab zu informieren. Wir erhalten gleich die Versicherung der Authentizität des Gesehenen, das heißt, wir wissen, dass die Erzählung der Hauptfigur der Wahrheit entspricht. Denkbar wäre auch, den Leser erst gemeinsam mit Marie zu informieren. Dann bliebe die Frage offen, die Marie aufwirft: Ob es sich tatsächlich so zugetragen hat. Die Entscheidung für die eine oder andere Variante hängt davon ab, ob der Autor die Glaubwürdigkeit seiner Hauptfigur in Frage stellen will oder nicht. Für den Dialog würde sich nicht so sehr viel ändern, denn da es sich um einen längeren Bericht handelt, treten die Probleme nicht auf, über die wir hier reden.

Die beschriebene Szene zeigt die Hauptfigur, den Clown Hans Schnier, in einem Moment besonderer Sensibilität. Seine Freundin ist krank, er kann nicht erfahren, was genau die Ursache dafür ist, er spürt eine besondere, ihm unbekannte Gereiztheit an Marie und befürchtet eine tiefer gehende Entfremdung.

In dieser besonderen Empfindsamkeit vermag er in dem einfachen Geschehen auf der Straße mehr zu erkennen als der durchschnittliche Beobachter: Vor seinem inneren Auge werden Zusammenhänge sichtbar, die normalerweise verdeckt sind, die besondere Gelöstheit, die der Junge empfindet ebenso wie die Armut, die ihn seine Gelöstheit bitter wird bereuen lassen.

Viel hängt für Schnier jetzt, in dieser Situation, davon ab, seine innere Wahrnehmung Marie mitteilen zu können. Es handelt sich praktisch um einen Test, wieweit die einstmalige Nähe noch vorhanden ist. Dieser Test endet in einer schlimmen Niederlage: Marie kann nicht nur nicht nachempfinden, was Hans fühlt, schlimmer noch: Sie bezichtigt ihn der Lüge.

Was in dieser Kommunikation stattfindet, ist eigentlich das Gegenteil: Der Kommunikationsabbruch, der sich schon darin abzeichnet, dass Hans auf Maries erste Frage nach seinen Gedanken antwortet: „nichts". Im Grunde glaubt er selbst nicht daran, Marie seine Gedanken mitteilen zu können. Der Versuch, ihr seine Wahrhaftigkeit nachzuweisen, würde daran schon nichts mehr ändern, auch wenn er erfolgreich wäre. Im Gespräch mit dem Bahnbeamten wiederholt sich noch einmal auf anderer Ebene die Kommunikationslosigkeit: Der Beamte begegnet ihnen von vorneherein mit Misstrauen und jeder Versuch, ihm zu erklären, warum man die gewünschte Information haben will, wäre zum Scheitern verurteilt.

Böll verbindet in dieser kurzen Passage sehr geschickt die Formen der direkten Rede, der indirekten Rede, der Beobachtung durch die Hauptfigur und der Handlung und erreicht, dass der Leser kaum mehr bemerkt, wie er Zeuge eines Dialogs wird.

Aber auch handlungsärmere Szenen ermöglichen es durch kleine Randbeobachtungen, den Dialog beinahe verschwinden zu lassen. In der folgenden Szene des österreichischen Schriftstellers Arthur Schnitzler, einem Meister der Psychologie (und übrigens selbst Arzt), begegnen wir einem Mann, der soeben erfahren hat, dass er schwer krank ist und wahrscheinlich nicht mehr lange zu leben hat. Seine Verlobte, die er – wie verabredet – zu einem Spaziergang abgeholt hat, weiß nicht, was in ihm vorgeht. Übrigens haben wir es auch hier mit einer Marie zu tun:

Noch immer schwiegen beide, bis endlich Marie, gequält, mit zitternden Worten begann: „So sag's nur, Felix, was hast du denn? Ich bitte dich, sag' mir."

Wieder kam jenes Lächeln über seine Lippen. „Nichts, Kind", sagte er, „frag' nicht. Meine Launen kennst du ja – oder kennst du sie noch immer nicht?"

„Gewiss, deine Launen, O ja. Aber du bist nicht übel gelaunt; du bist verstimmt, ich seh' es ja; das muss seinen Grund haben. Ich bitte dich, Felix, was gibt's denn? Sag's doch, ich bitte dich!"

Er machte ein ungeduldiges Gesicht, denn eben trat der Kellner herein und brachte das Bestellte. Und wie sie noch einmal wiederholte: „Sag' es mir, sag' es mir", wies er mit den Augen auf den Jungen und machte eine ärgerliche Bewegung. Der Junge ging. „Nun sind wir allein", sagte Marie. Sie rückte näher zu ihm, nahm seine beiden Hände in die ihren. „Was hast du? Was hast du? Ich muss es wissen. Hast du mich denn nicht mehr lieb?" Er schwieg. Sie küsste seine Hand. Er entzog sie ihr langsam. „Nun, nun?" Er schaute mit den Augen wie hilfesuchend umher. „Ich bitte dich, lass mich, frag' nicht, quäl' nicht!" Sie ließ seine Hand frei und sah ihm voll ins Gesicht. „Ich will's wissen." Er stand auf und tat einen tiefen Atemzug. Dann griff er sich mit beiden Händen an den Kopf und sagte: „Du machst mich noch wahnsinnig. Frag' nicht." Noch eine ganze Weile blieb er so stehen mit starrem Auge, und sie folgte angstvoll seinem Blick, der ins Leere ging. Dann ließ er sich nieder, atmete ruhiger, und eine müde Milde breitete sich über seine Züge. Nach ein paar Sekunden schien aller Schauer von ihm gewichen, und er sagte zu Marie leise, liebenswürdig: „Trink' doch, iss doch."

Sie nahm gehorsam Gabel und Messer und fragte ängstlich: „Und du?" „Ja, ja.", erwiderte er, blieb aber regungslos sitzen und berührte nichts. „Da kann ich auch nicht", sagte sie. Da begann er denn zu essen und zu trinken. Bald aber legte er schweigend Gabel und Messer hin, stützte den Kopf in die Hand und sah Marie nicht an. Sie betrachtete ihn eine kleine Weile mit aufeinander gepressten Lippen, dann zog sie seinen Arm weg, der ihr sein Gesicht verbarg. Und nun sah sie, wie es in seinen Augen schimmerte, und im Augenblicke, als sie aufschrie: „Felix, Felix", begann er zu weinen, heiß und schluchzend. Sie nahm seinen Kopf an ihre Brust, strich ihm über die Haare, küsste ihm die Stirn, wollte ihm die Tränen wegküssen. „Felix, Felix!" Und er weinte leiser und leiser. „Was hast du, Schatz, angebeteter, einziger Schatz, sag's doch!" Und er, den Kopf noch immer an ihre Brust gepresst, so dass seine Worte dumpf und schwer zu ihr heraufdrangen: „Marie, Marie, ich hab' dir's nicht sagen wollen. Ein Jahr noch, und dann ist es aus."

Und nun weinte er heftig und laut. Sie aber, mit aufgerissenen Lidern, totenblass, verstand nichts, wollte nichts verstehen. Etwas Kaltes und Entsetzliches schnürte ihr die Kehle zusammen, bis sie plötzlich aufschrie: „Felix, Felix !" Dann stürzte sie vor ihn hin und schaute ihm ins verweinte, verstörte Gesicht, das nun auf die Brust heruntergesunken war. Er sah sie vor sich knien und flüsterte: „Steh' auf, steh' auf". Sie stand auf, mechanisch seinen Worten gehor-

chend, und setzte sich ihm gegenüber. Sie konnte nicht sprechen, sie konnte nicht fragen. Und er, dann wieder nach ein paar Sekunden tiefen Schweigens, plötzlich, laut klagend mit nach oben gerichtetem Blick, als laste etwas Unbegreifliches auf ihm: „Entsetzlich! Entsetzlich!"

Sie fand ihre Stimme wieder. „Komm, komm!" Aber weiter brachte sie nichts hervor. „Ja, gehen wir", sagte er mit einer Bewegung, als wollte er etwas von sich abschütteln. Er rief den Kellner, bezahlte, und beide verließen rasch den Saal.

Der Schwerpunkt liegt hier mehr auf dem Gespräch als in dem Beispiel von Böll. Trotzdem ist auch hier der Dialog so in die Handlung eingebunden, dass der Leser kaum bemerkt, dass er ein Gespräch belauscht. Dabei ist der Dialog keineswegs mit unwesentlichen Handlungen überfrachtet. Der Leser erlebt die Gefühlsausbrüche Felix' und die ängstliche Reaktion Maries mit. Auch die Unterbrechungen durch den Kellner sind keine unwichtigen Randnotizen, sondern sie spiegeln die angespannte Atmosphäre des Gesprächs wider, das Verschweigen, den Widerwillen Felix', über seine Krankheit zu sprechen. Durch die Bemerkungen über das Verhalten der einzelnen Personen ist für den Leser jederzeit eine klare Zuordnung möglich, wer spricht, ohne dass die Person noch einmal benannt werden müsste.

Auf diese Art lassen sich auch problemlos Dialoge zum Leben erwecken, an denen mehr als zwei Personen beteiligt sind. Eine ganze Hochzeitsgesellschaft könnte so dargestellt werden, ohne dass ein einziges Mal erwähnt werden müsste, wer etwas „sagt" oder „fragt".

Es mag überflüssig erscheinen, sich über ein so nebensächliches Problem so viel Gedanken zu machen. Aber wenn Sie selbst einmal probeweise versuchen, einen Dialog zu gestalten, werden Sie feststellen, wie viel lebendiger die von Ihnen dargestellten Personen wirken, wenn Sie diese keine Stichworte ableisten lassen, sondern dem Leser klare Bilder zeigen und Situationen schildern. Eine Figur, die sich während ihrer Rede umständlich eine Pfeife stopft, gedankenverloren in einer Zeitung blättert oder aufgeregt im Raum auf- und abläuft, befindet sich nicht in der Gefahr, als literarisches Gespenst durch nichtssagende Seiten zu spuken. Dieses Schicksal wollen wir unseren Schöpfungen doch ersparen, oder?

Außerdem: Figuren wachsen und werden lebendig im Prozess des Schreibens. Am Anfang steht immer nur eine Idee, die später Gestalt annimmt, sich – im Idealfall – von ihrem Autor löst und ein Eigenleben annimmt, weil der Autor spürt, dass er bestimmte Verhaltensweisen oder Handlungen seiner Figur nicht antun kann, weil sie im Widerspruch zu ihrer Entwicklung stehen. Diesen Prozess können Sie in Gang setzen und beschleunigen, wenn Sie sich immer Rechenschaft darüber ablegen, was Ihr „Held" gerade tut und Sie ihn nicht nur dann „anschauen", wenn er gerade einen Auftritt hat.

Wir haben uns mit der Frage beschäftigt, wie sich ein Dialog flüssig schreiben lässt, ohne dass der Leser die Übersicht verliert oder sich durch eingeschaltete Erklärungen belästigt fühlt. Natürlich sollte man sich auch darüber im klaren sein, welche Aufgaben der Dialog in einem Text überhaupt übernimmt, was man mit ihm anfangen kann, denn er ist ja nicht Selbstzweck, sondern soll die Handlung vorantreiben.

„Können Sie sich nun vorstellen, dass meiner Schwester Julia und mir dieses Leben immer schwerer wurde? Dienstboten liefen uns schon nach den ersten Wochen davon, und lange Zeit mussten wir alle Hausarbeit allein besorgen. Julia war erst dreißig, als sie starb, aber ihr Haar war schon grau, so wie meines."

„Ihre Schwester lebt nicht mehr?"

„Sie starb vor zwei Jahren. Ich möchte mit Ihnen über ihren Tod sprechen. Ich habe Ihnen unser Leben beschrieben, und Sie werden sich vorstellen können, dass wir kaum Gelegenheit hatten, Menschen unseres Alters kennen zu lernen. Wir hatten eine Tante, eine Schwester unserer Mutter, Miss Honoria Westphail, die bei Harrow lebt. Gelegentlich durften wir sie besuchen. Vor zwei Jahren war Julia über Weihnachten bei ihr und lernte dort einen Marineoffizier kennen. Sie verlobte sich mit ihm. Als mein Stiefvater von der Verlobung hörte, hatte er nichts dagegen einzuwenden. Zwei Wochen vor dem Tag, an dem die beiden heiraten wollten, geschah das Schreckliche."

Sherlock Holmes hatte bisher mit geschlossenen Augen zugehört. Jetzt hob er die Lider etwas und sah die junge Frau an. „Bitte, berichten Sie. Vergessen Sie nichts", sagte er.

„Diesen Tag werde ich niemals vergessen. Wie ich Ihnen schon erklärte, ist das Haus sehr alt. Wir bewohnen nur einen Flügel. Die Schlafzimmer dieses Flügels liegen im Parterre.

Zuerst kommt Dr. Roylotts Schlafzimmer, dann das meiner Schwester, das dritte ist meines. Es gibt keine Verbindung zwischen den einzelnen Räumen, die Türen gehen aber alle auf den gleichen Korridor und die Fenster der Schlafzimmer auf den Rasen. Drücke ich mich klar aus?"

„Ja, völlig."

„In dieser schrecklichen Nacht war Dr. Roylott schon sehr früh auf sein Zimmer gegangen. Wir wussten aber, dass er noch nicht schlief, denn meine Schwester störte der Rauch seiner starken indischen Zigarren.

Sie verließ deshalb ihr Zimmer und kam zu mir. Wir unterhielten uns über die Hochzeit. Um elf Uhr stand sie auf und wollte gehen. An der Tür blieb sie noch einmal stehen und sah mich an. ‚Sag mal, Helen', fragte sie, ‚hast du nie mitten in der Nacht jemanden pfeifen hören?'

‚Pfeifen?' fragte ich. ‚Nein. Warum denn?'

‚Weil ich es in den letzten Nächten leise, aber ganz deutlich hörte, immer gegen drei Uhr morgens. Ich schlafe nicht sehr tief und bin jedes Mal davon aufgewacht. Ich kann nicht sagen, woher es kam – vielleicht aus dem Nebenzimmer, vielleicht von draußen. Du hast also nichts gehört?'

‚Nein. Das müssen diese verwünschten Zigeuner sein.'

‚Wahrscheinlich. Aber wenn es von draußen kam, dann wundere ich mich, dass du es nicht gehört hast.'

‚Ja, aber ich schlafe doch meist viel tiefer als du.'

‚Nun, es wird nicht so wichtig sein.' Sie lächelte mir zu und zog die Tür hinter sich ins Schloss. Wenige Sekunden später hörte ich, wie der Schlüssel sich drehte.

„Ließen Sie Ihre Türen nachts nie unverschlossen?" fragte Holmes.

„Nie."

„Und warum nicht?"

„Ich erzählte Ihnen doch von den Leoparden und dem Pavian. Wir fühlten uns nicht sicher, wenn man die Türen aufdrücken konnte."

„Verständlich. Bitte weiter."

Sie haben natürlich schon herausgefunden, dass wir uns in einem Gespräch mit dem berühmten Detektiv Sherlock Holmes befinden. Diese Art der Unterhaltung ist typisch für Kriminalromane. In der Regel weiß der Held anfangs nicht, was geschehen ist – so wie der Leser. Seine Hauptaufgabe ist es, Informationen zu sammeln, nach und nach erschließt sich ihm ein Bild der Geschehnisse, und mit ihm dem Leser. Der folgt dem Weg des Detektivs und kombiniert wie dieser die Geschehnisse. Die erste Aufgabe des Dialogs ist es also, Informationen zu geben. Im Dialog eröffnet sich dem Leser die Welt, in die der Autor ihn versetzt hat, ohne dass umständliche Erklärungen und lange, belehrende Passagen notwendig werden, gleichsam nebenher. Allerdings gibt es hier auch eine Klippe, die man sorgfältig umschiffen muss: Der Autor muss darauf achten, dass die Personen tatsächlich nur über Dinge reden, die einem der Beteiligten noch neu sind. Es ist ein häufiger Fehler, im Dialog Sachverhalte auszusprechen, die zwar dem Leser neu sind, aber nach menschlichem Ermessen allen anwesenden Personen vertraut sein müssten. Ein solcher Dialog, etwa in der Art: „Du weißt doch, dass sie im Krankenhaus liegt." – „Ach ja, der X erwähnte es" wirkt künstlich und damit unglaubwürdig. Also: Ein Dialog kann zur Information des Lesers nützlich sein, er wirkt aber nur, wenn dies indirekt erfolgt, also eine Figur des Texts glaubhaft mitunterrichtet wird.

Ferner kann ein Dialog auch die Aufgabe haben, eine Figur oder eine Beziehung zu charakterisieren. Auch dazu ein Beispiel, es stammt aus Heinrich Manns Roman „Der Untertan". Die Hauptfigur, Diederich Heßling, hatte ein Verhältnis mit einem jungen Mädchen aus guter Familie, das er nun beendet hat. Der Vater des Mädchens stellt ihn zur Rede und verlangt, dass Diederich das Mädchen heiratet. Lesen Sie selbst:

Dann brachte Diederich hervor: „Wie haben Sie denn meine neue Adresse gefunden?" Und Göppel antwortete: „Ihrer früheren Wirtin haben Sie sie allerdings nicht gesagt. Aber es gibt ja auch sonst noch Mittel. „Darauf sahen sie einander an. Göppels Stimme war ruhig gewesen, aber Diederich fühlte schreck-

liche Drohungen darin. Er hatte den Gedanken an die Katastrophe immer hinausgeschoben, und jetzt war sie da. Er musste sich setzen.

„Nämlich“, begann Göppel, „ich komme, weil es Agnes gar nicht gut geht.“

„Oh!“ machte Diederich mit verzweifelter Heuchelei. „Was fehlt ihr denn?“ Herr Göppel wiegte bekümmert den Kopf. „Das Herz will nicht; aber es sind natürlich nur die Nerven … Natürlich“, wiederholte er, nachdem er vergeblich gewartet hatte, dass Diederich es wiederhole. „Und nun wird sie mir melancholisch vor Langeweile, und ich möchte sie aufheitern. Ausgehen darf sie nicht. Aber kommen Sie doch mal wieder zu uns, morgen ist Sonntag.“ ‚Gerettet!‘ fühlte Diederich. ‚Er weiß nichts.‘ Vor Freude ward er zum Diplomaten; er kratzte sich den Kopf. „Ich hatte es mir schon fest vorgenommen. Aber jetzt muss ich dringend nach Haus, unser alter Geschäftsführer ist krank. Nicht einmal meinen Professoren kann ich Abschiedsbesuche machen, morgen früh reise ich gleich ab.“ Göppel legte ihm die Hand auf das Knie. „Sie sollten es sich überlegen, Herr Heßling. Seinen Freunden schuldet man manchmal auch was.“

Er sprach langsam und hatte einen so eindringlichen Blick, dass Diederich wegsehen musste. „Wenn ich nur könnte“, stammelte er. Göppel sagte: „Sie können. Überhaupt können Sie alles, was hier in Frage kommt.“

„Wieso?“ Diederich erstarrte im Innern. „Sie wissen wohl, wieso?“ sagte der Vater; und nachdem er seinen Stuhl ein Stück zurückgeschoben hatte: „Sie denken doch hoffentlich nicht, dass Agnes mich hergeschickt hat? Im Gegenteil, ich hab ihr versprechen müssen, dass ich gar nichts tue und Sie ganz in Ruhe lasse. Aber dann hab ich mir überlegt, dass es doch eigentlich zu dumm wäre, wenn wir beide noch lange umeinander herumgehen wollten, so wie wir uns kennen, und wie ich Ihren seligen Vater gekannt habe, und bei unserer Geschäftsverbindung und so weiter. „

Diederich dachte: ‚Die Geschäftsverbindung ist gelöst, mein Bester.‘ Er wappnete sich.

„Ich gehe gar nicht um Sie herum, Herr Göppel.“

„Na also. Dann ist ja alles in Ordnung. Ich verstehe wohl: Der Sprung in die Ehe, den tut kein junger Mann, besonders heute, ohne erst mal zu scheuen. Aber wenn die Geschichte so glatt liegt wie hier, nicht wahr? Unsere Branchen greifen ineinander, und wenn Sie Ihr väterliches Geschäft ausdehnen wollen, kommt Ihnen Agnes' Mitgift sehr gelegen.“ Und in einem Atem weiter, indes seine Augen abirrten: „Momentan kann ich zwar nur zwölftausend Mark flüssig machen, aber Zellulose kriegen Sie, soviel Sie wollen.“ ‚Siehst du wohl?‘

dachte Diederich. ‚Und die zwölftausend müsstest du dir auch pumpen – wenn du sie noch kriegst.' – „Sie haben mich missverstanden, Herr Göppel", erklärte er. „Ich denke nicht ans Heiraten. Dazu wären zu große Geldmittel nötig."

Herr Göppel sagte mit angstvollen Augen und lachte dabei: „Ich kann noch ein übriges tun ..." „Lassen Sie nur", sagte Diederich, vornehm abwehrend. Göppel ward immer ratloser.

„Ja, was wollen Sie dann überhaupt?"

„Ich? Gar nichts. Ich dachte, Sie wollten was, weil Sie mich besuchen."

Göppel gab sich einen Ruck. „Das geht nicht, lieber Heßling. Nach dem, was nun mal vorgefallen ist. Und besonders, da es schon so lange dauert."

Diederich maß den Vater, er zog die Mundwinkel herab. „Sie wussten es also?"

„Nicht sicher", murmelte Göppel. Und Diederich, von oben: „Das hätte ich auch merkwürdig gefunden."

„Ich habe eben Vertrauen gehabt zu meiner Tochter."

„So irrt man sich", sagte Diederich, zu allem entschlossen, womit er sich wehren konnte. Göppels Stirn fing an, sich zu röten. „Zu Ihnen hab ich nämlich auch Vertrauen gehabt." „Das heißt: Sie hielten mich für naiv." Diederich schob die Hände in die Hosentaschen und lehnte sich zurück.

„Nein!" Göppel sprang auf. „Aber ich hielt Sie nicht für den Schubbejack, der Sie sind!"

Diederich erhob sich mit formvoller Ruhe. „Geben Sie Satisfaktion?" fragte er, Göppel schrie: „Das möchten Sie wohl! Die Tochter verführen und den Vater abschießen! Dann ist Ihre Ehre komplett!"

„Davon verstehen Sie nichts!" Auch Diederich fing an, sich aufzuregen. „Ich habe Ihre Tochter nicht verführt. Ich habe getan, was sie wollte, und dann war sie nicht mehr loszuwerden. Das hat sie von Ihnen." Mit Entrüstung: „Wer sagt mir, dass Sie sich nicht von Anfang an mit ihr verabredet haben? Dies ist eine Falle!"

Göppel hatte ein Gesicht, als wollte er noch lauter schreien. Plötzlich erschrak er, und mit seiner gewöhnlichen Stimme, nur dass sie zitterte, sagte er: „Wir geraten zu sehr ins Feuer, dafür ist die Sache zu wichtig. Ich habe Agnes versprochen, dass ich ruhig bleiben will."

Diederich lachte höhnisch auf. „Sehen Sie, dass Sie schwindeln? Vorhin sagten Sie, Agnes weiß gar nicht, dass Sie hier sind."

Der Vater lächelte entschuldigend. „Im guten einigt man sich schließlich immer. Nicht wahr, mein lieber Heßling?“

Aber Diederich fand es gefährlich, wieder gut zu werden. „Der Teufel ist Ihr lieber Heßling!“ schrie er. „Für Sie heiß ich Herr Doktor!“

„Ach so“, machte Göppel, ganz starr. „Es ist wohl das erste Mal, dass jemand Herr Doktor zu Ihnen sagen muss? Na, auf die Gelegenheit können Sie stolz sein.“

„Wollen Sie vielleicht auch noch meine Standesehre antasten?“ Göppel wehrte ab. „Gar nichts will ich antasten. Ich frage mich nur, was wir Ihnen getan haben, meine Tochter und ich. Müssen Sie denn wirklich so viel Geld mithaben?“

Diederich fühlte sich erröten. Um so entschlossener ging er vor. „Wenn Sie es durchaus hören wollen: Mein moralisches Empfinden verbietet mir, ein Mädchen zu heiraten, das mir seine Reinheit nicht mit in die Ehe bringt.“ Sichtlich wollte Göppel sich nochmals empören; aber er konnte nicht mehr, er konnte nur noch das Schluchzen unterdrücken.

„Wenn Sie heute Nachmittag den Jammer gesehen hätten! Sie hat es mir gestanden, weil sie es nicht mehr aushielt. Ich glaube, nicht mal mich liebt sie mehr: nur Sie. Was wollen Sie denn, Sie sind doch der erste.“ „Weiß ich das? Vor mir verkehrte bei Ihnen ein Herr namens Mahlmann.“ Und da Göppel zurückwich, als sei er vor die Brust gestoßen:

„Nun ja, kann man das wissen? Wer einmal lügt, dem glaubt man nicht.“ Er sagte noch: „Kein Mensch kann von mir verlangen, dass ich so eine zur Mutter meiner Kinder mache. Dafür hab ich zuviel soziales Gewissen.“ Damit drehte er sich um. Er hockte nieder und legte Sachen in den Koffer, der geöffnet dastand.

Hinter sich hörte er den Vater nun wirklich schluchzen – und Diederich konnte nicht hindern, dass er selbst gerührt ward:

Durch die edel männliche Gesinnung, die er ausgesprochen hatte, durch Agnes' und ihres Vaters Unglück, das zu heilen ihm die Pflicht verbot, durch die schmerzliche Erinnerung an seine Liebe und all diese Tragik des Schicksals … Er hörte, gespannten Herzens, wie Herr Göppel die Tür öffnete und schloss, hörte ihn über den Korridor schleichen und das Geräusch der Flurtür. Nun war es aus – und da ließ Diederich sich vornüber fallen und weinte heftig in seinen halbgepackten Koffer hinein. Am Abend spielte er Schubert.

Damit war dem Gemüt Genüge getan, man musste stark sein.

Lassen Sie erst einmal die Dialogpassagen beiseite und betrachten Sie nur Gestik und Mimik der Hauptfiguren. Daran können Sie einige interessante Beobachtungen machen. Dazu nur ein paar Anmerkungen, die Sie sicherlich noch ergänzen können.

Am Anfang der Szene ist ein deutliches Machtgefälle zu spüren: Göppel erscheint drohend und selbstbewusst, während Heßling unsicher und zögernd auftritt. Mit zunehmender Dauer des Gesprächs wandeln sich die Rollen. Am Ende hat Heßling deutlich die Oberhand, während Göppel verzweifelt den Raum verlässt. Die Worte, die fallen, sind zumindest anfangs freundlich und verbindlich; aber die Gesten zeigen, dass sich beide Protagonisten in ihrer Haut nicht wohl fühlen. Die eingestreuten Gedanken und Verhaltensweisen strafen die Worte manchmal direkt Lügen. So etwa, wenn Diederich abstreitet, dass Geld für ihn eine große Rolle spiele, dem Leser aber deutlich wird, dass Göppel nicht genug Geld besitzt, um für Heßling interessant zu sein.

Vor diesem Hintergrund werden auch die bemüht vornehmen und ehrbewussten Sätze Heßlings zweifelhaft. Je mehr Heßling versucht, dem gekränkten Vater eine Komödie vorzuspielen, desto fester glaubt er selbst an seine Worte. Die ironische Krönung der Szene spielt sich dann sogar ohne Publikum ab: Gerührt nicht von der verzweifelten Lage des Vaters, sondern von seiner eigenen „edlen" Gesinnung, bricht Heßling in Tränen aus.

Zu beachten sind auch Gesten der versuchten oder missglückten Kontaktaufnahme, wie die Hand, die Göppel Heßling auf die Knie legt in dem Versuch, die Rolle des väterlichen Freundes zu übernehmen oder die vielen Verben des Zurückweichens, die besonders bei Göppel zu beobachten sind.

Wenn Sie sich eine solche Liste der Gesten anlegen und diese zu den gesprochenen Äußerungen der Personen in Beziehung setzen, werden Sie sicherlich sehr leicht feststellen, welche enorme Spannung durch diese Diskrepanzen in die Handlung kommt.

Eine weitere Aufgabe, die der Dialog übernehmen kann, ist die Rückblende. Ein Beispiel dazu finden wir in Dostojewskis „Brüder Karamasoff":

„Also sprich jetzt bitte, sage alles!" Er war ganz ruhig. Er wartete mit der vollen Überzeugung, dass Smerdjakoff jetzt alles sagen werde. „Ihr meint, wie selbiges geschehen ist?" fragte Smerdjakoff. „Auf die allernatürlichste Manier wurde es gemacht, auf selbige Eure Worte hin …" „Von meinen Worten später", unterbrach ihn Iwan wieder, doch sprach er die Worte bereits mit fester Stimme klar und deutlich aus, wieder ganz Herr seiner selbst. „Erzähle nur haargenau, wie du es gemacht hast. Alles nach der Reihe. Vergiss nichts. Die Einzelheiten sind die Hauptsache, vor allem vergiss nicht die Einzelheiten. Also bitte." „Ihr fuhrt fort, und danach fiel ich in den Keller …" „War es ein Anfall, oder stelltest du dich so an?" „Versteht sich, dass ich mich nur anstellte. Ich ging selbige Treppe ruhig hinab, bis ganz unten und legte mich dann hin, und als ich lag, stieß ich erst selbiges Geheul aus. Und dann schlug ich um mich, bis man mich hinauftrug." „Gut! Und auch am Tage nach dem Morde und im Krankenhause hast du dich verstellt?" „Nicht die Spur! Gleich am anderen Morgen, somit noch vor dem Krankenhaus, bekam ich einen echten Anfall, und der war so stark, wie ich seit Jahren keinen gehabt habe. Zwei Tage lang war ich ganz und gar bewusstlos." „Gut, gut. Fahre fort, erzähle weiter." „Man legte mich auf selbiges Bett hinter der Bretterwand. Das hatte ich im voraus gewusst, denn Marfa Ignatjewna hat mich immer, wenn ich krank war, hinter selbige Bretterwand bringen lassen, um mich in der Nähe zu haben. Sie ist immer sehr gut zu mir gewesen, von meiner Geburt an. In der Nacht stöhnte ich, aber nur leise. Ich erwartete Dmitrij Fedorowitsch."

„Wieso? Wusstest du, dass er zu dir kommen werde?" „Warum zu mir? Ich wusste, dass er in selbiger Nacht kommen würde, dieweil er mich krank wusste und keinerlei Nachrichten hatte. Also musste er über den Zaun klettern, um, was es auch sei, auszuführen."

„Wenn er aber nicht gekommen wäre?" „Dann wäre auch nichts gewesen. Ohne ihn hätte ich mich zu nichts entschlossen."

„Gut, gut … sprich deutlicher, beeile dich nicht und lass nichts aus!" „Ich erwartete, er würde Fedor Pawlowitsch totschlagen, sintemal ich alles schon vorbereitet hatte … in den letzten Tagen und die Hauptsache, selbige Zeichen waren ihm bekannt. Er musste somit bei dem Misstrauen und Jähzorn, die sich in jenen Tagen so aufgehäuft hatten, mittels selbiger Zeichen zweifelsohne in das Haus eindringen. Das war doch klar. Und so erwartete ich …", „Erlaube!" unterbrach ihn Iwan. „Wenn er ihn aber nun erschlagen hätte, hätte er doch das Geld genommen und wäre fortgegangen, das hättest du dir doch sagen müssen?

Was wäre dann für dich übriggeblieben? Ich verstehe dich nicht." „Aber er hätte doch selbiges Geld nie gefunden. Das hatte doch nur ich so gesagt, dass das Geld unter dem Kissen sei. Das war gar nicht dort. Zuerst hatte es in der Schatulle gelegen, dann aber meinte ich, da Fedor Pawlowitsch doch nur mir ganz allein von der ganzen Welt vertraute, dass es besser wäre, das Geld in die Ecke hinter die Heiligenbilder zu tun, denn dort würde es niemand suchen, besonders nicht einer, der Eile hat. Und so lag denn selbiges Paket dort in der Ecke hinter den Heiligenbildern. Es unter dem Kissen aufzubewahren, wäre doch lächerlich gewesen. In der Schatulle ist es wenigstens verschlossen. Hier aber glauben jetzt alle, dass es unter dem Kissen gelegen hat. Man kann sich über die Dummheit der Menschen nur wundern. Hätte also Dmitrij Fedorowitsch selbigen Totschlag begangen, so hätte er doch nichts gefunden und wäre entweder eilig fortgelaufen, da doch jedes Geräusch schrecken kann, oder er wäre arretiert worden. Somit hätte ich immer noch, am nächsten Tage oder in selbiger Nacht, zu den Heiligenbildern hinaufklettern und das Geld nehmen und fortbringen können, und alles wäre auf Dmitrij Fedorowitsch gefallen."

„Aber wenn er ihn nicht totgeschlagen, sondern nur geprügelt hätte?" „So hätte ich das Geld selbstverständlich nicht zu nehmen gewagt und es wäre alles umsonst gewesen. Aber ich hatte hinwiederum die Berechnung, dass, wenn er ihn nur bis zur Bewusstlosigkeit schlüge, ich in der Zwischenzeit doch das Geld fortnehme, und nachher Fedor Pawlowitsch einfach sage, Dmitrij Fedorowitsch und sonst niemand habe das Geld genommen."

Wir werden uns in einem der kommenden Kapitel noch über verschiedene Techniken des modernen Romans informieren, und die Montage aus Rückblenden und Vorgriffen gehört dazu. Dem Autor stehen hier sehr feine, aber auch komplizierte Instrumente zur Verfügung, um Sprünge in der Erzählreihenfolge durchzuführen. Im traditionellen Roman, der immer noch den größten Teil der Neuerscheinungen ausmacht, gibt es dafür wesentlich weniger Möglichkeiten.

Das Tagebuch ist eine Möglichkeit, ebenso der Briefroman. Die weitaus häufigste ist aber sicherlich der Dialog, der einfach und ohne dem Leser allzu viel Mühen in der Orientierung abzufordern, ermöglicht, auf vergangene Ereignisse zurückzugreifen. Warum wird aber überhaupt darauf verzichtet, chronologisch, also entsprechend der Reihenfolge der Ereignisse zu erzählen?

Eine wichtige Antwort darauf finden wir in unserem Beispiel: Die Frage, wer den Mord begangen hat, von dem in diesem Gespräch die Rede ist, ist eine der wesentlichen Fragen, die sich durch den ganzen Roman hindurch ziehen. Der Verzicht auf die Chronologie ermöglicht es dem Autor, die Spannung aufrecht zu erhalten und die Antworten auf manche Fragen den Leser selbst suchen zu lassen. In vielen Werken ist das mit Überlegungen zur Relativität von Aussagen verbunden, also mit der Frage, wie ein und derselbe Tatbestand auf Personen mit unterschiedlichem Informationsstand wirkt. In den „Brüdern Karamassow" zum Beispiel muss der Leser genau wie die beteiligten Personen davon ausgehen, dass jemand anders als der eigentliche Täter den Mord begangen hat, weil alle Indizien das zu bestätigen scheinen. In der Entdeckung, sich getäuscht zu haben, wird dem Leser klar, dass er immer nur einen Teilausschnitt der Realität wahrnehmen kann, dass die Wirklichkeit vielschichtiger ist als wir gemeinhin anzunehmen gewohnt sind. Der zweite Grund, die Chronologie zu durchbrechen, hängt damit zusammen. Wenn der Autor sich entschlossen hat, sich in seiner Erzählperspektive auf die subjektive Sichtweise eines Einzelnen zu konzentrieren, das Geschehen also aus der Sicht der Hauptfigur zu schildern, muss er streng darauf achten, dass dem Leser auch nicht mehr bekannt ist als dem Protagonisten. Wenn dieser also Informationen über zurückliegende Ereignisse erhält, dann darf auch jener nicht vorher darüber informiert sein.

In der neueren Literatur gibt es eine weitere Überlegung, die Chronologie des Erzählens zu durchbrechen, die ich kurz anführen möchte – auch darauf werden wir später noch einmal zurückkommen. Viele Schriftsteller haben beobachtet, dass unsere moderne Welt immer komplizierter und undurchschaubarer wird. Ein Schriftsteller, der die Fakten alle in die richtige Reihenfolge sortiert und chronologisch abbildet, gibt, so die Ansicht vieler Autoren, daher die Wirklichkeit nicht richtig wieder, weil sie so sortiert eben nicht ist. Um das in der Literatur sichtbar zu machen, haben sich etliche Verfasser entschlossen, die Fakten nicht mehr so übersichtlich für den Leser zusammenzustellen. Sie versuchen statt dessen, die Gesellschaft so unüberschaubar zu präsentieren, wie sie diese erleben. Autoren, die so geschrieben haben, sind zum Beispiel Alfred Döblin in seinem Roman „Berlin Alexanderplatz" oder auch Franz Kafka.

Besonders bei Kafka hat der Dialog nicht mehr die Aufgabe, den Leser und die Hauptfigur zu informieren, vielmehr sollen die Dialoge, deren Auskünfte oftmals eher zweifelhaft sind und denen später nicht selten widersprochen wird, wenn sie überhaupt verständlich einzuordnen sind, dem Leser deutlich machen, wie zweifelhaft alles ist, was ihm begegnet, wie wenig er sich auf sein Urteil – oder auf das der anderen – verlassen kann. Ein Musterbeispiel dafür finden wir in Kafkas Roman „Der Prozess". Dort erzählt ein Geistlicher der Hauptfigur K. ein Gleichnis und unterhält sich mit diesem über die Auslegung des Gleichnisses. Jede Aussage scheint glaubhaft und nachvollziehbar – nur um sofort wieder in Frage gestellt zu werden. Ich präsentiere Ihnen das Gleichnis samt dem anschließenden Gespräch:

Vor dem Gesetz steht ein Türhüter. Zu diesem Türhüter kommt ein Mann vom Lande und bittet um Eintritt in das Gesetz. Aber der Türhüter sagt, dass er ihm jetzt den Eintritt nicht gewähren könne. Der Mann überlegt und fragt dann, ob er also später werde eintreten dürfen. „Es ist möglich", sagt der Türhüter, „jetzt aber nicht". Da das Tor zum Gesetz offen steht wie immer und der Türhüter beiseite tritt, bückt sich der Mann, um durch das Tor in das Innere zu sehen. Als der Türhüter das merkt, lacht er und sagt: „Wenn es dich so lockt, versuche es doch, trotz meinem Verbot hineinzugehen. Merke aber: Ich bin mächtig. Und ich bin nur der unterste Türhüter. Von Saal zu Saal stehen aber Türhüter, einer mächtiger als der andere. Schon den Anblick des dritten kann nicht einmal ich mehr vertragen." Solche Schwierigkeiten hat der Mann vom Lande nicht erwartet, das Gesetz soll doch jedem und immer zugänglich sein, denkt er, aber als er jetzt den Türhüter in seinem Pelzmantel genauer ansieht, seine große Spitznase, den langen, dünnen, schwarzen, tatarischen Bart, entschließt er sich doch, lieber zu warten, bis er die Erlaubnis zum Eintritt bekommt. Der Türhüter gibt ihm einen Schemel und lässt ihn seitwärts von der Tür sich niedersetzen. Dort sitzt er Tage und Jahre. Er macht viele Versuche, eingelassen zu werden, und ermüdet den Türhüter durch seine Bitten. Der Türhüter stellt öfters kleine Verhöre mit ihm an, fragt ihn nach seiner Heimat aus und nach vielem anderen, es sind aber teilnahmslose Fragen, wie sie große Herren stellen, und zum Schlusse sagt er ihm immer wieder, dass er ihn noch nicht einlassen könne. Der Mann, der sich für seine Reise mit vielem ausgerüstet hat, verwendet alles, und sei es noch so wertvoll, um den Türhüter zu bestechen. Dieser nimmt zwar alles an, aber sagt dabei: „Ich nehme es nur an, damit du nicht glaubst, etwas versäumt zu haben." Während der vielen Jahre beobachtet der Mann den Türhüter fast ununterbrochen. Er vergisst die anderen Türhüter, und dieser erste scheint ihm das einzige Hindernis für den Eintritt in das Gesetz. Er verflucht den unglücklichen Zufall in den ersten Jahren laut, später, als er alt wird, brummt er nur noch vor sich hin. Er wird kindisch, und da er in dem jahrelangen Studium des Türhüters auch die Flöhe in seinem Pelzkragen erkannt hat, bittet er auch die Flöhe, ihm zu helfen und den Türhüter umzustimmen. Schließlich wird sein Augenlicht schwach, und er weiß nicht, ob es um ihn wirklich dunkler wird oder ob ihn nur die Augen täuschen. Wohl aber erkennt er jetzt im Dunkel einen Glanz, der unverlöschlich aus der Türe des Gesetzes bricht. Nun lebt er nicht mehr lange. Vor seinem Tode sammeln sich in seinem Kopfe alle Erfahrungen der ganzen Zeit zu einer Frage, die er bisher an den Türhüter noch nicht gestellt hat. Er winkt ihm zu, da er seinen erstarrenden Körper nicht mehr aufrichten kann. Der Türhüter muss sich tief zu ihm hinunterneigen, denn die Größenunterschiede haben sich sehr zuungunsten des Mannes verändert „Was willst du denn jetzt noch wissen?" fragt der Türhüter, „du bist unersättlich" – „Alle streben doch nach dem Gesetz", sagt der Mann, „wie kommt es, dass in den vielen Jahren niemand außer mir Einlass verlangt hat?" Der Türhüter erkennt, dass der Mann schon am Ende ist, und um sein vergehendes Gehör noch zu erreichen, brüllt er ihn an: „Hier konnte niemand sonst Einlass erhalten, denn dieser Eingang war nur für dich bestimmt. Ich gehe jetzt und schließe ihn."

„Der Türhüter hat also den Mann getäuscht", sagte K sofort, von der Geschichte sehr stark angezogen. „Sei nicht übereilt", sagte der Geistliche, „übernimm nicht die fremde Meinung ungeprüft. Ich habe dir die Geschichte im Wortlaut der Schrift erzählt. Von Täuschung steht darin nichts." – „Es ist aber klar", sagte K., „und deine erste Deutung war ganz richtig. Der Türhüter hat die erlösende Mitteilung erst dann gemacht, als sie dem Manne nicht mehr helfen konnte." – „Er wurde nicht früher gefragt", sagte der Geistliche, „beden-

ke auch, dass er nur Türhüter war, und als solcher hat er seine Pflicht erfüllt" – „Warum glaubst du, dass er seine Pflicht erfüllt hat?" fragte K., „er hat sie nicht erfüllt. Seine Pflicht war es vielleicht, alle Fremden abzuwehren, diesen Mann aber, für den der Eingang bestimmt war, hätte er einlassen müssen." – „Du hast nicht genug Achtung vor der Schrift und veränderst die Geschichte", sagte der Geistliche. „Die Geschichte enthält über den Einlass ins Gesetz zwei wichtige Erklärungen des Türhüters, eine am Anfang, eine am Ende. Die eine Stelle lautet: dass er ihm jetzt den Eintritt nicht gewähren könne, und die andere: Dieser Eingang war nur für dich bestimmt. Bestände zwischen diesen beiden Erklärungen ein Widerspruch, dann hättest du recht, und der Türhüter hätte den Mann getäuscht. Nun besteht aber kein Widerspruch. Im Gegenteil, die erste Erklärung deutet sogar auf die zweite hin. Man könnte fast sagen, der Türhüter ging über seine Pflicht hinaus, indem er dem Mann eine zukünftige Möglichkeit des Einlasses in Aussicht stellte. Zu jener Zeit scheint es nur seine Pflicht gewesen zu sein, den Mann abzuweisen, und tatsächlich wundern sich viele Erklärer der Schrift darüber, dass der Türhüter jene Andeutung überhaupt gemacht hat, denn er scheint die Genauigkeit zu lieben und wacht streng über sein Amt. Durch viele Jahre verlässt er seinen Posten nicht und schließt das Tor erst ganz zuletzt, er ist sich der Wichtigkeit seines Dienstes sehr bewusst, denn er sagt: „Ich bin mächtig", er hat Ehrfurcht vor den Vorgesetzten, denn er sagt: „Ich bin nur der unterste Türhüter", er ist nicht geschwätzig, denn während der vielen Jahre stellt er nur, wie es heißt, „teilnahmslose Fragen", er ist nicht bestechlich, denn er sagt über ein Geschenk: „Ich nehme es nur an, damit du nicht glaubst, etwas versäumt zu haben", er ist, wo es um Pflichterfüllung geht, weder zu rühren noch zu erbittern, denn es heißt von dem Mann, „er ermüdet den Türhüter durch sein Bitten", schließlich deutet auch sein Äußeres auf einen pedantischen Charakter hin, die große Spitznase und der lange, dünne, schwarze, tatarische Bart. Kann es einen pflichttreueren Türhüter geben? Nun mischen sich aber in den Türhüter noch andere Wesenszüge ein, die für den, der Einlass verlangt, sehr günstig sind und welche es immerhin begreiflich machen, dass er in jener Andeutung einer zukünftigen Möglichkeit über seine Pflicht etwas hinausgehen konnte. Es ist nämlich nicht zu leugnen, dass er ein wenig einfältig und im Zusammenhang damit ein wenig eingebildet ist. Wenn auch seine Äußerungen über seine Macht und über die Macht der anderen Türhüter und über deren sogar für ihn unerträglichen Anblick – ich sage, wenn auch alle diese Äußerungen an sich richtig sein mögen, so zeigt doch die Art, wie er diese Äußerungen vorbringt, dass seine Auffassung durch Einfalt und Überhebung getrübt ist. Die Erklärer sagen hiezu: „Richtiges Auffassen einer Sache und Missverstehen der gleichen Sache schließen einander nicht vollständig aus." Jedenfalls aber muss man annehmen, dass jene Einfalt und Überhebung, so geringfügig sie sich vielleicht auch äußern, doch die Bewachung des Eingangs schwächen, es sind Lücken im Charakter des Türhüters. Hiezu kommt noch, dass der Türhüter seiner Naturanlage nach freundlich zu sein scheint, er ist durchaus nicht immer Amtsperson. Gleich in den ersten Augenblicken macht er den Spaß, dass er den Mann trotz dem ausdrücklich aufrechterhaltenen Verbot zum Eintritt einlädt, dann schickt er ihn nicht etwa fort, sondern gibt ihm, wie es heißt, einen Schemel und lässt ihn seitwärts von der Tür sich niedersetzen. Die Geduld, mit der er durch alle die Jahre die Bitten des Mannes erträgt, die kleinen Verhöre, die Annahme der Geschenke, die Vornehmheit, mit der er es zulässt, dass der Mann neben ihm laut den unglücklichen Zufall verflucht, der den Türhüter hier aufgestellt hat – alles dieses lässt auf Regungen des Mitleids schließen. Nicht jeder Türhüter hätte so gehandelt. Und schließlich beugt er sich noch auf einen Wink hin tief zu dem Mann hinab, um ihm Gelegenheit zur letzten Frage zu geben. Nur eine schwache Ungeduld – der Türhüter weiß ja, dass alles zu Ende ist – spricht sich in den Worten aus: „Du bist unersättlich." Manche gehen sogar in dieser Art der Erklärung noch weiter und meinen, die Worte „Du bist unersättlich" drücken eine Art freundschaftlicher Bewunderung aus, die allerdings von Herablassung nicht frei ist. Jedenfalls schließt sich so die Gestalt des Türhüters anders ab, als du es glaubst." – „Du kennst die Geschichte genauer als ich und längere Zeit", sagte K.

Sie schwiegen ein Weilchen. Dann sagte K.: „Du glaubst also, der Mann wurde nicht getäuscht?" – „Missverstehe mich nicht", sagte der Geistliche, „ich zeige dir nur die Meinungen, die darüber bestehen. Du musst nicht zuviel auf Meinungen achten. Die Schrift ist unveränderlich und die Meinungen sind oft nur ein Ausdruck der Verzweiflung darüber. In diesem Falle gibt es sogar eine Meinung, nach welcher gerade der Türhüter der Getäuschte ist." – „Das ist eine weitgehende Meinung", sagte K. „Wie wird sie begründet?" – „Die Begründung", antwortete der Geistliche, „geht von der Einfalt des Türhüters aus. Man sagt, dass er das Innere des Gesetzes nicht kennt, sondern nur den Weg, den er vor dem Eingang immer wieder abgehen muss. Die Vorstellungen, die er von dem Innern hat, werden für kindlich gehalten, und man nimmt an, dass er das, wovor er dem Manne Furcht machen will, selbst fürchtet. Ja, er fürchtet es mehr als der Mann, denn dieser will ja nichts anderes als eintreten, selbst als er von den schrecklichen Türhütern des Inneren gehört hat, der Türhüter dagegen will nicht eintreten, wenigstens erfährt man nichts darüber. Andere sagen zwar, dass er bereits im Innern gewesen sein muss, denn er ist doch einmal in den Dienst des Gesetzes aufgenommen worden, und das könne nur im Innern geschehen sein. Darauf ist zu antworten, dass er wohl auch durch einen Ruf aus dem Innern zum Türhüter bestellt worden sein könnte und dass er zumindest tief im Innern nicht gewesen sein dürfte, da er doch schon den Anblick des dritten Türhüters nicht mehr ertragen kann. Außerdem aber wird auch nicht berichtet, dass er während der vielen Jahre außer der Bemerkung über die Türhüter irgendetwas von dem Innern erzählt hätte. Es könnte ihm verboten sein, aber auch vom Verbot hat er nichts erzählt. Aus alledem schließt man, dass er über das Aussehen und die Bedeutung des Innern nichts weiß und sich darüber in Täuschung befindet. Aber auch über den Mann vom Lande soll er sich in Täuschung befinden, denn er ist diesem Mann untergeordnet und weiß es nicht. Dass er den Mann als einen Untergeordneten behandelt, erkennt man aus vielem, das dir noch erinnerlich sein dürfte. Dass er ihm aber tatsächlich untergeordnet ist, soll nach dieser Meinung ebenso deutlich hervorgehen. Vor allem ist der Freie dem Gebundenen übergeordnet. Nun ist der Mann tatsächlich frei, er kann hingehen, wohin er will, nur der Eingang in das Gesetz ist ihm verboten, und überdies nur von einem einzelnen, vom Türhüter. Wenn er sich auf den Schemel seitwärts vom Tor niedersetzt und dort sein Leben lang bleibt, so geschieht dies freiwillig, die Geschichte erzählt von keinem Zwang. Der Türhüter dagegen ist durch sein Amt an seinen Posten gebunden, er darf sich nicht auswärts entfernen, allem Anschein nach aber auch nicht in das Innere gehen, selbst wenn er es wollte. Außerdem ist er zwar im Dienst des Gesetzes, dient aber nur für diesen Eingang, also auch nur für diesen Mann, für den dieser Eingang allein bestimmt ist. Auch aus diesem Grunde ist er ihm untergeordnet. Es ist anzunehmen, dass er durch viele Jahre, durch ein ganzes Mannesalter gewissermaßen nur leeren Dienst geleistet hat, denn es wird gesagt, dass ein Mann kommt, also jemand im Mannesalter, dass also der Türhüter lange warten musste, ehe sich sein Zweck erfüllte, und zwar so lange warten musste, als es dem Mann beliebte, der doch freiwillig kam. Aber auch das Ende des Dienstes wird durch das Lebensende des Mannes bestimmt, bis zum Ende also bleibt er ihm untergeordnet. Und immer wieder wird betont, dass von alledem der Türhüter nichts zu wissen scheint. Daran wird aber nichts Auffälliges gesehen, denn nach dieser Meinung befindet sich der Türhüter noch in einer viel schwereren Täuschung, sie betrifft seinen Dienst. Zuletzt spricht er nämlich vom Eingang und sagt: „Ich gehe jetzt und schließe ihn“, aber am Anfang heißt es, dass das Tor zum Gesetz offen steht wie immer, steht es aber immer offen, immer, das heißt unabhängig von der Lebensdauer des Mannes, für den es bestimmt ist, dann wird es auch der Türhüter nicht schließen können. Darüber gehen die Meinungen auseinander, ob der Türhüter mit der Ankündigung, dass er das Tor schließen wird, nur eine Antwort geben oder seine Dienstpflicht betonen oder den Mann noch im letzten Augenblick in Reue und Trauer setzen will. Darin aber sind viele einig, dass er das Tor nicht wird schließen können. Sie glauben sogar, dass er, wenigstens am Ende, auch in seinem Wissen dem Manne untergeordnet ist, denn dieser sieht den Glanz, der aus dem Eingang des Gesetzes bricht, während der Türhüter als solcher wohl mit dem Rücken zum Eingang steht und auch durch keine Äußerung zeigt, dass er eine Veränderung bemerkt hätte.“ – „Das ist gut begründet“, sagte K., der einzelne Stellen aus der Erklärung des Geistlichen halblaut für sich wiederholt hatte. „Es ist gut begründet, und ich glaube nun auch, dass der Türhüter getäuscht ist. Dadurch bin ich aber von meiner früheren Meinung nicht abgekommen, denn beide decken sich teilweise. Es ist unentscheidend, ob der Türhüter klar sieht oder getäuscht wird. Ich sagte, der Mann wird getäuscht. Wenn der Türhüter klar sieht, könnte man daran zweifeln, wenn der Türhüter aber getäuscht ist, dann muss sich seine Täuschung notwendig auf den Mann übertragen. Der Türhüter ist dann zwar kein Betrüger, aber so einfältig, dass er sofort aus dem Dienst gejagt werden müsste. Du musst doch bedenken, dass die Täuschung, in der sich der Türhüter befindet, ihm nichts schadet, dem Mann aber tausendfach.“ – „Hier stößt du auf eine Gegenmeinung“, sagte der Geistliche. „Manche sagen nämlich, dass die Geschichte niemandem ein Recht gibt, über den Türhüter zu urteilen. Wie er uns auch erscheinen mag, ist er doch ein Diener des Gesetzes, also zum Gesetz gehörig, also dem menschlichen Urteil entrückt. Man darf dann auch nicht glauben, dass der Türhüter dem Manne untergeordnet ist. Durch seinen Dienst auch nur an den Eingang des Gesetzes gebunden zu sein, ist unvergleichlich mehr, als frei in der Welt zu leben. Der Mann kommt erst zum Gesetz, der Türhüter ist schon dort. Er ist vom Gesetz zum Dienst bestellt, an seiner Würdigkeit zu zweifeln, hieße am Gesetz zweifeln.“ – „Mit dieser Meinung stimme ich nicht überein“, sagte K. kopfschüttelnd, „denn wenn man sich ihr anschließt, muss man alles, was der Türhüter sagt, für wahr halten. Dass das aber nicht möglich ist, hast du ja selbst ausführlich begründet." – „Nein", sagte der Geistliche, „man muss nicht alles für wahr halten, man muss es nur für notwendig halten." – „Trübselige Meinung", sagte K. „Die Lüge wird zur Weltordnung gemacht."

Es wird Ihnen sicherlich wie K. gehen, von dem es im Anschluss heißt, dass er nicht mehr in der Lage ist, die Folgerungen der Geschichte zu überschauen. Hinterlässt schon das Gleichnis ein Gefühl der Ratlosigkeit, so verschwimmt in der anschließenden Deutung erst recht jeder sicher geglaubte Halt.

Die ursprüngliche Funktion des Dialogs verkehrt sich hier in ihr Gegenteil: Sollte er eigentlich den Leser informieren, so verwirrt er ihn nun. Aber das ist nicht sinnlos, denn die Verwirrung, die der Leser erfährt, entspricht der Irritation der Hauptfigur K., und dessen Verwirrung kommt aus einer unübersichtlichen Welt, in der wir selbst uns tagtäglich nur schwer zurechtfinden. Natürlich ist diese Verunsicherung hier ins Groteske gesteigert. Normalerweise sind wir durchaus in der Lage, unseren Alltag zu überschauen und das Unverständliche, Unüberschaubare bricht nur von Zeit zu Zeit in diesen Alltag ein. Aber teilweise liegt das auch daran, dass wir uns angewöhnt haben, bestimmte Dinge nicht mehr zu hinterfragen, als selbstverständlich anzunehmen, obwohl sie so grotesk sind wie das, was unser Held K. erlebt.

So ist der Dialog eines der ergiebigsten Werkzeuge des Autors, die Perspektive seiner Hauptfigur in Frage zu stellen und dem Leser bewusst zu machen, dass alles Wissen, welches wir haben können, immer nur einen Teil der Wahrheit ausmacht, die über eine Sache geäußert werden könnte.

IV. Kapitel, in welchem Sie die (inneren) Augen schließen, unter Regenschauern und Gewitterblitzen semantische Felder beackern und in dem auf einige Menschen schreckliches Unglück hereinstürzt, damit wir erfahren, wie das Wetter ist

Ja, wie gesagt: Schließen Sie die Augen, bitte. Ihre inneren natürlich, Sie sollen schließlich weiterlesen können. Stellen Sie sich folgende Szene vor: Ein Mann, der gerade miterleben musste, seine Frau in den Armen eines anderen Mannes zu sehen, irrt verzweifelt durch die Landschaft. Böse Rachegedanken reifen in ihm – er wird seinen Widersacher töten! Oder seine Frau! Oder am besten: alle beide! Oder vielleicht wird er auch nur sich selbst töten? Er fühlt sich allein auf dieser Welt, keine Seele, die für ihn da ist, keine Hoffnung auf einen weiteren glücklichen Moment in seinem Leben. Und das nach einem Tag, an dem er schon seinen Job verloren hat, weil er Geld veruntreut hatte; nun muss er fürchten, dass die Polizei ihn demnächst abholt. Auf dem Weg nach Hause war er so erschüttert, dass er die alte Frau auf der Straße glatt übersehen und sie mit seinem neuen Auto überrollt hatte, bevor er es gegen einen Baum setzte – wirklich, wohin jetzt?

Ich gebe zu, ich habe ein wenig dick aufgetragen. Und wozu das alles? Nur um Sie zu fragen, was für ein Wetter wir eigentlich haben. Genauer gesagt: Welches Wetter und welche Landschaft haben Sie sich gerade vorgestellt, als sich die Szene vor Ihrem inneren Auge abspielte?

Ich vermute: Keinen sonnendurchfluteten Einkaufsbummelnachmittag in der Kölner Innenstadt, sondern eher eine von Blitzen durchzuckte schottische Hochmoorlandschaft, in der graue Nebelschwaden den letzten Gedanken an einen monatelang zurückliegenden Sommer längst vertrieben haben. Wahrscheinlich haben Sie sogar das ganze Geschehen kurzerhand in die Nacht verlegt, ohne dass davon die Rede gewesen wäre.

Landschaften, die Sie in Ihren Texten schildern, sind niemals reale Landschaften, selbst dann nicht, wenn Sie in dem Moment, in dem

Sie diese beschreiben, leibhaftig in dieser Landschaft sitzen und mit Worten malen, wie Maler dies mit einem Pinsel tun. Die Landschaften, die Sie schildern, stehen immer in einer Beziehung zu den Personen, die der Autor sich darin bewegen lässt, wie auch dazu, was der Autor zu sagen wünscht. Diese Zusammenhänge wollen wir im vorliegenden Kapitel genauer verfolgen.

Ein besonderes Mittel, um den Zusammenhang zwischen Seelenvorgängen und Naturvorgängen ins Wort zu setzen, ist das semantische Feld. Dieser Ausdruck wird Ihnen noch häufiger begegnen. Gemeint sind damit Anhäufungen von Worten, die alle in einem ähnlichen Zusammenhang stehen und verschiedene Aspekte dieses Zusammenhangs verdeutlichen. Solche semantischen Felder werden Sie „beackern" – keine Sorge, ich glaube, das ist interessanter, als es sich vielleicht anhört.

Wenn wir vorhin unseren leidgeprüften Protagonisten buchstäblich in Nacht und Nebel geschickt und ihn in einem fürchterlichen Sturm durchnässt haben, haben wir – ohne einen Gedanken daran zu verschwenden – eine solche Beziehung zwischen innerem Zustand der Figur und äußerem Zustand der Natur hergestellt. Eine innere Beziehung, die sich aufdrängt und darum in Gefahr ist, zum Klischee, zum Abziehbild zu werden. Wenn wir an die unzähligen Helden und Heldinnen von Groschenromanen denken, die verzweifelt durch Regennächte irrten, müssten wir alle längst das Schicksal der Stadt Atlantis teilen und im Meer untergegangen sein – oder zumindest wären in verregneten Nächten die Straßen überfüllt.

Sie kennen das vielleicht: Da lesen Sie ein Buch, das eigentlich ganz spannend sein könnte, wenn der Autor nicht seitenweise scheinbar unnötige und uninteressante Landschaftsbeschreibungen eingebaut hatte, die Ihnen die Freude am Lesen nehmen. Auf der anderen Seite wird eine Geschichte, die auf die reine Handlung reduziert wird, ohne dass wir etwas Näheres über die Orte erfahren, an denen wir uns bewegen, dadurch keineswegs spannender. Manchmal lässt sie uns sogar völlig kalt und wir denken über das Schicksal der Figuren nur: Na und, was geht's mich an?

Landschaftsbeschreibungen, die das Gerüst der Handlung tragen ohne zum Selbstzweck zu werden, sind nicht einfach zu verfassen. Mitnichten kann man sie einfach herunterschreiben, sondern man sollte einen genauen Plan haben, was man mit der Beschreibung eigentlich will, auf welche Weise sie mit zum Träger der Handlung werden soll. Ein solcher Plan teilt sich in zwei Aspekte, die man im Auge behalten muss.

Der erste Aspekt ist ein handwerklicher: In welche literarische Form passt welche Art von Landschaftsbeschreibung? Und damit eng zusammenhängend: Wie formuliere ich das, was ich ausdrücken möchte? Der zweite Aspekt ist der inhaltliche: Wie erreiche ich, dass die Handlung durch die Beschreibung nicht unterbrochen, sondern unterstützt wird?

Im Schnittpunkt der beiden Aspekte findet sich der Begriff, der schon anfangs aufgegriffen wurde: Der Begriff des semantischen Feldes.

Zuerst sollten wir aber klären, was wir unter einer Landschaft eigentlich verstehen, denn Landschaft ist mehr als das Bild mit Sonnenuntergang, das wir uns gewöhnlich dabei vorstellen.

Als Landschaft sollten wir jeden Handlungsort definieren, an dem sich Figuren unseres Textes bewegen, an dem unsere Texte spielen. Eine Landschaft kann ein Wald sein, ein See oder ein Gebirge, genauso aber auch ein Dorf oder eine Großstadt. Im Grunde können wir nach unserer Definition auch Innenräume, Häuser, Wohnungen, Museen und dergleichen als Landschaften auffassen. Das ist zwar sicher ungewöhnlich, doch Sie werden feststellen, dass die Gesetze, die wir dafür aufzustellen haben, für Innenräume nicht weniger gelten als für Außenräume.

Um Ihnen einen ersten Einblick in die Arbeitsweise mit Landschaftsbeschreibungen zu geben, möchte ich Ihnen einen kurzen Text von Wolfgang Borchert vorstellen:

Hamburg!

Das ist mehr als ein Haufen Steine, Dächer, Fenster, Tapeten, Betten, Straßen, Brücken und Laternen. Das ist mehr als Fabrikschornsteine und Autogehupe – mehr als Möwengelächter, Straßenbahnschrei und das Donnern der

Eisenbahnen – das ist mehr als Schiffssirenen, kreischende Kräne, Flüche und Tanzmusik – oh, das ist unendlich viel mehr.

Das ist unser Wille, zu sein. Nicht irgendwo und irgendwie zu sein, sondern hier und nur hier zwischen Alsterbach und Elbestrom zu sein – und nur zu sein, wie wir sind, wir in Hamburg. Das geben wir zu, ohne uns zu schämen: Dass uns die Seewinde und die Stromnebel betört und behext haben, zu bleiben – hier zu bleiben, hier zu bleiben! Dass uns der Alsterteich verführt hat, unsere Häuser reich und ringsherum zu bauen – und dass uns der Strom, der breite graue Strom verführt hat, unsere Sehnsucht nach den Meeren nachzusegeln, auszufahren, wegzuwandern, fortzuwehen – zu segeln, um wiederzukehren, wiederzukehren, krank und klein vor Heimweh nach unserm kleinen blauen Teich inmitten der grünhelmigen Türme und grauroten Dächer.

Hamburg, Stadt: Steinwald aus Türmen, Laternen und sechsstöckigen Häusern; Steinwald, dessen Pflastersteine einen Waldboden mit singendem Rhythmus hinzaubern, auf dem du selbst noch die Schritte der Gestorbenen hörst, nachts manchmal.

Stadt: Urtier, raufend und schnaufend, Urtier aus Höfen, Glas und Seufzern, Tränen, Parks und Lustschreien – Urtier mit blinkenden Augen im Sonnenlicht: silbrigen, öligen Fleeten! Urtier mit schimmernden Augen im Mondlicht: zittrigen, glimmernden Lampen!

Stadt: Heimat, Himmel, Heimkehr – Geliebte zwischen Himmel und Hölle, zwischen Meer und Meer; Mutter zwischen Wiesen und Watt, zwischen Teich und Strom; Engel zwischen Wachen und Schlaf, zwischen Nebel und Wind: Hamburg!

In diesem Ausschnitt ist die Landschaft nicht im eigentlichen Sinn Handlungsort, vielmehr ist sie Selbstzweck, also praktisch der Handlungsträger. Es handelt sich um eine Liebeserklärung an eine Stadt, die wiederum in zwei deutlich voneinander getrennte Teile zerfällt (genaugenommen noch in mehr, da es sich bei unserem Beispiel nur um die erste Hälfte des Kurztextes handelt).

Im ersten Absatz finden wir eine Ansammlung von noch unverbundenen Einzeleindrücken der Stadt, nicht beschreibend, sondern eher in Form eines emotionalen Ausrufs, der schon durch das isolierte erste Wort angedeutet wird und dem Leser sofort verdeutlicht, dass es hier nicht um eine objektive Wiedergabe geht, sondern um eine sehr subjektive Auseinandersetzung.

Im zweiten Absatz wird der Landschaft dann vom Autor geradezu ein Wille, ein Bewusstsein verliehen: Die Stadt betört, behext und verführt ihre Einwohner, sie erscheint nicht mehr als Gebilde der Menschen, sondern als ein eigenständiges Wesen mit seinen eigenen Absichten und Plänen. Es ist übrigens in der Literatur eine beliebte Betrachtungsweise, Städte als Frauen zu sehen; wichtiger ist für uns aber die allgemeinere Beobachtung, dass eine Landschaft als beseelt angenommen werden kann – das wird im Weiteren für uns noch eine große Rolle spielen.

Mit dem dritten Absatz verändert sich der Charakter des Textes, hier haben wir es mit dem zweiten Teil zu tun, von dem oben die Rede war.

Der Autor formuliert keine ganzen Sätze mehr, sondern spricht nur noch in Satzfragmenten, zusammengesetzt aus Hauptworten und Adjektiven. Lediglich im ersten „Satz" haben wir es noch mit Verben in ihrer typischen Form zu tun (hinzaubern, hörst), danach nur noch mit Partizipien (raufend und schnaufend), bis auch diese im dritten Absatz des zweiten Teils endgültig verschwinden. Trotzdem – oder gerade deshalb – scheint dieser Teil besonders ausdrucksstark zu sein. Das liegt hauptsächlich an den Metaphern, die verwendet werden.

Es könnte Ihnen aufgefallen sein, dass die Metaphern dieses Teils aus dem Umfeld der Natur genommen sind. Von einen „Steinwald" ist da die Rede, von „Pflastersteinen", die „einen Waldboden mit singendem Rhythmus hinzaubern", von einem „Urtier mit blinkenden Augen im Sonnenlicht". Im folgenden Abschnitt wird der Bezug zur Natur noch direkter als über die Metaphern hergestellt, indem darauf hingewiesen wird, in welcher Weise die Stadt in die Natur eingebettet ist: zwischen Meer und Meer, zwischen Wiesen und Watt, zwischen Teich und Strom.

Es handelt sich also nicht um zufällige Metaphern, die aus der Assoziation (Gedankenverbindung) des Autors entstehen, sondern um geplante Hinweise auf einen Zusammenhang: Die Stadt kann für den modernen Menschen einen ähnlich „natürlichen" Lebensraum bieten wie die Natur selbst. In der Erfahrung des Autors verwandelt sich gerade das, was wir als künstlich empfinden, in einen ebenso Geborgenheit spendenden und beseelten Ort wie die Natur es für frühere Generationen gewesen ist.

Diese Verwendung von Metaphern in Landschaftsbeschreibungen begegnet uns in der Literatur sehr häufig. Metaphern sind ein ausgezeichnetes Mittel, um über den Vergleich mit anderem etwas über einen Ort auszusagen, das aus der bloßen Ortsbeschreibung nicht herauszuziehen ist. Eine reine Beschreibung nähert sich einer Fotografie an: Je genauer wir beschreiben, desto mehr entsteht im Leser ein Bild, das aber für sich nicht viel aussagt. Die Metapher ist eine Möglichkeit, das reine Bild mit der Emotion des Betrachters zu unterlegen, um so einen erwünschten Eindruck zu erzielen.

Allerdings gibt es hier eine Gefahr, vor der man sich streng hüten muss: Metaphern verwenden wir in unserem Alltag in sehr vielen Situationen und sie nutzen sich ab. Eine Metapher, die zu häufig verwendet wird, erzielt nicht nur keine Wirkung mehr, sie stößt sogar ab, ist ärgerlich für den Leser und lässt die Beschreibung ins Allgemeine verschwimmen, statt dem Ort ein charakteristisches Gepräge zu verleihen.

Beispiele für solche abgenutzten Metaphern: „Die Sonne brannte so heiß wie ein glühender Ofen. Wie ein roter Ball stand sie am Himmel." „Die Landschaft war vom Schnee wie mit Zuckerguss überzogen." Oder noch schlimmer: „Wie eine weiße Decke lag der Schnee über der Landschaft." „Das Land stöhnte unter der Last der Hitze." „Die Vögel sangen ihre schönsten Lieder" (auch eine Metapher, die so verbraucht ist, dass wir sie als solche schon nicht mehr wahrnehmen und denken, Vögel hätten tatsächlich nichts besseres zu tun, als Lieder zu singen). „Sie schnurrte wohlig wie eine Katze". „Sie sang wie ein Engel".

Ich denke, diese Beispiele reichen aus, um zu zeigen, was gemeint ist. Seien Sie vorsichtig mit Vergleichen!

Überlegen Sie sich bei jedem Vergleich, den Sie in Ihren Texten verwenden, und ich meine wirklich bei jedem, ob es tatsächlich Ihre Sprache, Ihr Bild ist, das Sie benutzen.

Wenn Sie schreiben, führen Sie sich die Landschaft, um die es geht, bildlich vor Augen, wenn Sie diese nicht vielleicht sowieso real vor Augen haben. Überlegen Sie sich dann, welcher Vergleich Ihnen persönlich sinnvoll erscheint. Woran erinnert Sie diese Landschaft, wie sieht das aus, was Sie sehen?

Es kann auch nichts schaden, wenn Sie sich überlegen, welche Bilder normalerweise verwendet werden, um eine solche Landschaft zu beschreiben. Wie lauten die Formulierungen, die Sie erwarten würden? Versuchen Sie, diese bewusst zu vermeiden. Bleiben Sie aber trotzdem bei dem, was sich Ihnen anbietet. Vergleiche können zu gesucht wirken, wenn sie sich zu weit von dem entfernen, was ihr Ursprung war.

Ein schönes Beispiel für eine eigene, unverkrampfte und doch nicht gesuchte Sprache finden wir bei der Autorin Sibylle Berg in ihrem Roman: „Ein paar Leute suchen das Glück und lachen sich tot“:

Glückwunsch, sagt Vera. Das Wort steht in der leeren Küche. Fröstelt. Schaut sich die Küchenzeile an, das Wort, und verkriecht sich unter der Spüle. Stirbt daraufhin. Keiner ist da, um Vera zu gratulieren. Was soll mir auch wer gratulieren, und vor allem wozu? Denkt Vera. Wer bis 30 nicht versteht, worum es geht, wird es nicht mehr begreifen. Vera trinkt Kaffee. Sie guckt dabei ihre Beine an. Da sind blaue Adern drauf, die gestern da noch nicht waren. Seit ihrem 30. Geburtstag findet Vera andauernd Dinge an sich. Dinge, die zu einem Menschen gehören, der nicht mehr jung ist. Das Leben ist wie Auto fahren, seit Veras 30. Geburtstag. Eine Fahrt, so eine Straße lang, am Ende eine Mauer zu sehen, auf die das Auto auftreffen wird. Und links und rechts nur bekannte Gebiete. Das Auto fährt immer schneller, seit Vera 30 wurde. Warum anhalten. Geht nicht. Aussteigen, um zu laufen, warum? Vera guckt aus dem Fenster. Bekanntes Gebiet. Ein Hinterhof und ein toter Baum und dann Fahrräder in einem dämlichen Häuschen. Damit die nicht frieren.

Mit ganz einfachen Mitteln erreicht Berg hier eine sehr eigentümliche, unverwechselbare Sprache. Das Wort, das verloren und fröstelnd im Raum steht und unter der Küchenzeile stirbt, drückt Einsamkeit und Trauer aus, ohne auf benutzte Metaphern zurückzugreifen, ähnlich wie die Fahrräder, die in einem Schuppen stehen, um nicht zu frieren. Trostlosigkeit kann man wahrscheinlich kaum kürzer und treffender ausdrücken als in diesen wenigen Sätzen.

Natürlich sollen Sie jetzt nicht anfangen, Sybille Berg zu imitieren; auch das wäre ja wieder nur ein Griff nach vorgegebenen Mustern. Vielmehr soll Sie das Beispiel ermuntern, sich Ihren eigenen Ausdruck zu schaffen. Das funktioniert ähnlich wie die Suche nach einer Geschichte: Hören Sie in sich und machen Sie sich frei von all den Stimmen, die Ihnen Sichtweisen andienen. Achten Sie auf das, was Ihre eigene Sprache ist, auch wenn sie ungewöhnlich ist. Ihr Ausdruck ist es, der den Leser interessiert.

Nicht immer sind Vergleiche nur davon bestimmt, was sich Ihnen beim Betrachten einer Landschaft aufzwingt. Oft verfolgen Sie mit einer bestimmten Landschaft auch eine bestimmte Absicht, und die sollte dann in der Beschreibung auch deutlich werden. An dieser Stelle werden die semantischen Felder für uns wichtig. Als erstes Beispiel möchte ich Ihnen einen Ausschnitt aus Goethes „Wahlverwandtschaften" präsentieren:

Charlotte suchte bald in ihr Schlafzimmer zu gelangen, um sich der Erinnerung dessen zu überlassen, was diesen Abend zwischen ihr und dem Hauptmann vorgegangen war. Als Eduard ans Ufer springend den Kahn vom Lande stieß, Gattin und Freund dem schwankenden Element selbst überantwortete, sah nunmehr Charlotte den Mann, um den sie im stillen schon soviel gelitten hatte, in der Dämmerung vor sich sitzen und durch die Führung zweier Ruder das Fahrzeug in beliebiger Richtung fortbewegen. Sie empfand eine tiefe, selten gefühlte Traurigkeit. Das Kreisen des Kahns, das Plätschern der Ruder, der über den Wasserspiegel hinschauernde Windhauch, das Säuseln der Rohre, das letzte Schweben der Vögel, das Blinken und Widerblinken der ersten Sterne: alles hatte etwas Geisterhaftes in dieser allgemeinen Stille. Es schien ihr, der Freund führe sie weit weg, um sie auszusetzen, sie allein zu lassen. Eine wunderbare Bewegung war in ihrem Innern, und sie konnte nicht weinen.

Der Hauptmann beschrieb ihr unterdessen, wie nach seiner Absicht die Anlagen werden sollten. Er rühmte die guten Eigenschaften des Kahns, daß er sich leicht mit zwei Rudern von einer Person bewegen und regieren lasse. Sie werde das selbst lernen, es sei eine angenehme Empfindung, manchmal allein auf dem Wasser hinzuschwimmen und sein eigner Fähr- und Steuermann zu sein.

Bei diesen Worten fiel der Freundin die bevorstehende Trennung aufs Herz. ‚Sagt er das mit Vorsatz?' dachte sie bei sich selbst. ‚Weiß er schon davon? vermutet ers? Oder sagt er es zufällig, so dass er mir bewusstlos mein Schicksal vorausverkündigt?' Es ergriff sie eine große Wehmut, eine Ungeduld; sie bat ihn, baldmöglichst zu landen und mit ihr nach dem Schlosse zurückzukehren.

Es war das erstemal, dass der Hauptmann die Teiche befuhr, und ob er gleich im allgemeinen ihre Tiefe untersucht hatte, so waren ihm doch die einzelnen Stellen unbekannt. Dunkel fing es an zu werden; er richtete seinen Lauf dahin, wo er einen bequemen Ort zum Aussteigen vermutete und den Fußpfad nicht entfernt wusste, der nach dem Schlosse führte. Aber auch von dieser Bahn wurde er einigermaßen abgelenkt, als Charlotte mit einer Art von Ängstlichkeit den Wunsch wiederholte, bald am Lande zu sein. Er näherte sich mit erneuten Anstrengungen dem Ufer, aber leider fühlte er sich in einiger Entfernung davon angehalten; er hatte sich festgefahren, und seine Bemühungen, wieder loszukommen, waren vergebens. Was war zu tun? Ihm blieb nichts übrig, als in das Wasser zu steigen, das seicht genug war, und die Freundin an das Land zu tragen.

Glücklich brachte er die liebe Bürde hinüber, stark genug, um nicht zu schwanken oder ihr einige Sorgen zu geben; aber doch hatte sie ängstlich ihre Arme um seinen Hals geschlungen.

Er hielt sie fest und drückte sie an sich. Erst auf einem Rasenabhang ließ er sie nieder, nicht ohne Bewegung und Verwirrung. Sie lag noch an seinem Halse; er schloss sie aufs neue in seine Arme und drückte einen lebhaften Kuss auf ihre Lippen; aber auch im Augenblick lag er zu ihren Füßen, drückte seinen Mund auf ihre Hand und rief: „Charlotte, werden Sie mir vergeben?"

Der Kuss, den der Freund gewagt, den sie ihm beinahe zurückgegeben, brachte Charlotten wieder zu sich selbst. Sie drückte seine Hand, aber sie hob ihn nicht auf. Doch indem sie sich zu ihm hinunterneigte und eine Hand auf seine Schultern legte, rief sie aus: „Dass dieser Augenblick in unserm Leben Epoche mache, können wir nicht verhindern; aber dass sie unser wert sei, hängt von uns ab. Sie müssen scheiden, lieber Freund, und Sie werden scheiden. Der Graf macht Anstalt, Ihr Schicksal zu verbessern; es freut und schmerzt mich. Ich wollte es verschweigen, bis es gewiss wäre; der Augenblick nötigt mich, dies Geheimnis zu entdecken. Nur insofern kann ich Ihnen, kann ich mir verzeihen, *wenn wir den Mut haben, unsre Lage zu ändern, da es von uns nicht abhängt, unsre Gesinnung zu ändern." Sie hub ihn auf und ergriff seinen Arm, um sich darauf zu stützen, und so kamen sie stillschweigend nach dem Schlosse.*

Nun aber stand sie in ihrem Schlafzimmer, wo sie sich als Gattin Eduards empfinden und betrachten musste. Ihr kam bei diesen Widersprüchen ihr tüchtiger und durchs Leben mannigfaltig geübter Charakter zu Hülfe. Immer gewohnt, sich ihrer selbst bewusst zu sein, sich selbst zu gebieten, ward es ihr auch jetzt nicht schwer, durch ernste Betrachtung sich dem erwünschten Gleichgewichte zu nähern; ja sie musste über sich selbst lächeln, indem sie des wunderlichen Nachtbesuches gedachte. Doch schnell ergriff sie eine seltsame Ahnung, ein freudig bängliches Erzittern, das in fromme Wünsche und Hoffnungen sich auflöste. Gerührt kniete sie nieder, sie wiederholte den Schwur, den sie Eduarden vor dem Altar getan. Freundschaft, Neigung, Entsagen gingen vor ihr in heitern Bildern vorüber. Sie fühlte sich innerlich wiederhergestellt. Bald ergreift sie eine süße Müdigkeit und ruhig schläft sie ein.

Um diese Szene in ihrer Bedeutung zu verstehen, müssen wir etwas von der Vorgeschichte wissen.

Die Handlung des Romans beschränkt sich im Grunde auf vier Personen: Eduard und seine Frau Charlotte, die sich in ihrer Jugend bereits liebten, aber in Folge zweier Vernunftehen erst spät heiraten konnten. Nun haben sie sich auf ein Landgut zurückgezogen, um ihre Zweisamkeit in Ruhe genießen zu können. Doch schon bald brechen zwei weitere Personen in diese Zweisamkeit ein: Der Hauptmann, ein Freund Eduards, der zur Zeit stellungslos ist und dem Eduard helfen will, auf andere Gedanken zu kommen und Ottilie, eine Pflegetochter Charlottes, die sich in dem Internat, in dem sie aufgezogen wird, nicht mehr wohlfühlt und die Charlotte wieder in ihren eigenen Wirkungsbereich holen möchte.

Bald nach der Ankunft der beiden treten Komplikationen auf: Zuerst entspinnt sich eine Romanze zwischen Eduard und Ottilie, dann verlieben sich auch der Hauptmann und Charlotte ineinander. Während Eduard seiner Leidenschaft freien Lauf lässt und bald schon auf eine Trennung und neue Verbindungen mit den anderen Partnern dringt, will Charlotte ihre Leidenschaft besiegen, um die Ehe aufrecht zu erhalten.

Im ganzen Roman spielt die Natur eine große Rolle. Eduard, Charlotte sowie der Hauptmann planen eine Reihe von Veränderungen, um die weitgehend unberührte Natur zu kultivieren und in geordnete Bahnen zu lenken. Insbesondere der zentrale Teich soll als Ort der Erholung nutzbar gemacht werden. Wie dies in Verbindung mit den Hauptfiguren steht, deutet schon eine kurze Szene zu Beginn des Romans an.

Der Gärtner entfernte sich eilig, und Eduard folgte bald. Dieser stieg nun die Terrassen hinunter, musterte im Vorbeigehen Gewächshäuser und Treibebeete, bis er ans Wasser, dann über einen Steg an den Ort kam, wo sich der Pfad nach den neuen Anlagen in zwei Arme teilte. Den einen, der über den Kirchhof ziemlich gerade nach der Felswand hinging, ließ er liegen, um den andern einzuschlagen, der sich links etwas weiter durch anmutiges Gebüsch sachte hinaufwand; da, wo beide zusammentrafen, setzte er sich für einen Augenblick auf einer wohlangebrachten Bank nieder, betrat sodann den eigentlichen Stieg und sah sich durch allerlei Treppen und Absätze auf dem schmalen, bald mehr bald weniger steilen Wege endlich zur Mooshütte geleitet. An der Türe empfing Charlotte ihren Gemahl und ließ ihn dergestalt niedersitzen, dass er durch Tür und Fenster die verschiedenen Bilder, welche die Landschaft gleichsam im Rahmen zeigten, auf einen Blick übersehen konnte. Er freute sich daran in Hoffnung, dass der Frühling bald alles noch reichlicher beleben würde. „Nur eines habe ich zu erinnern," setzte er hinzu, „die Hütte scheint mir etwas zu eng."

Eduards Bemerkung zeigt, dass er mit einer Vergrößerung der Bewohnerzahl auf dem Landsitz rechnet. Vor allem fällt aber ins Auge, in welcher Weise das Ehepaar die Natur wahrnimmt.

Wenn von „Bildern" die Rede ist, „welche die Landschaft gleichsam im Rahmen zeigen", drückt sich darin eine ausgesprochene Distanz zur Natur aus. Eduard und Charlotte nehmen die Natur nur als etwas auf, das wie durch ein Fenster von ferne zu betrachten ist und umso schöner erscheint, je mehr es durch die Fensterbegrenzung gerahmt und damit geordnet ist.

In dieser Weise umspielt der ganze Roman die Frage nach dem Verhältnis von Natürlichkeit und „Künstlichkeit" bzw. Kultur des Menschen, wobei die Leidenschaften für das natürliche Bedürfnis stehen, die Bezwingung derselben für die „Kultivierung“. Welchem der beiden Wege der Vorzug zu geben ist, bleibt offen: In dieser speziellen Situation führt keiner ins Glück der Protagonisten.

Zurück zu unserem Textbeispiel.

Obwohl sie ursprünglich zu einer gemeinsamen Kahnpartie aufgebrochen waren, lässt Eduard Charlotte und den Hauptmann allein. Beide haben sich bisher darin zurückgehalten, einander ihre Liebe einzugestehen, auch, weil ihre Erziehung und die gesellschaftlichen Konventionen sie daran hinderten. Es ist sicher kein Zufall, dass Goethe ihnen diese Gelegenheit nun gerade auf einem Teich zuschreibt.

Wasser hat in der Literatur immer einen hohen symbolischen Wert. Es steht für das Unergründliche, die Tiefe der menschlichen Seele. Jenes Unergründliche, das Menschen unter der Tiefe der ruhenden Oberfläche des Gewässers vermuten, die Gefahr, durch unterirdische Strömungen auf Nimmerwiedersehen hinuntergezogen zu werden oder die Angst davor, was aus dem dunklen und kalten Element hervorbrechen könnte, steht in enger Verbindung zu den Ängsten vor dem, was in der menschlichen Seele an Leidenschaften darauf wartet, die dünne Oberfläche der Erziehung und Bildung zu durchbrechen. Dieses Symbol kennen wir aus Sprichwörtern wie „Stille Wasser sind tief“ (und dieses Sprichwort wird gerade in Bezug auf menschliche Leidenschaft verwendet) wie auch aus den Legenden über Wesen wie das Ungeheuer von Loch Ness, die auf die menschliche Phantasie eine eigenartige Anziehungskraft entwickeln. Einem guten Schriftsteller gelingt es, mit solchen Bildern zu spielen, die dem Leser Verbindungen nahe legen, ohne dass sie ausgesprochen werden müssten.

Das zweite Erzählelement, das neben dem Wasser den beherrschenden Ton dieser Szene hervorruft, ist die zeitliche Dimension der Szene. Die Begegnung findet in der Abenddämmerung statt, in der Zeit des Zwielichts. Diese Zeit ist in unserer Vorstellung spätestens seit der Romantik, aber wie wir hier sehen auch schon früher, verbunden mit dem Gefühl, den Sehnsüchten, Träumen und Ängsten des Menschen. Das helle Sonnenlicht des Tages steht für den klaren Verstand und die deutliche Einsicht, für Sachverhalte, die unverrückbar „im hellen Licht“ dastehen und betrachtet werden können. Dagegen lässt das Zwielicht die Konturen verschwimmen, eignet sich nicht für Analysen, wohl aber für die verwandelnde Macht der Phantasie, das Harte wirkt weich, der unklare, verschwommene Blick erlaubt die kühnsten und im Tageslicht unwirklichsten Hoffnungen.

Untersuchen wir zuerst einmal die Begriffe aus dem Bereich des Wassers: Da haben wir natürlich das „schwankende Element“ – kontrastiert vom Ufer, auf das wir später zu sprechen kommen, dann das „Kreisen des Kahns“, „das Plätschern der Ruder“, dazu die „wunderbare Bewegung“ in Charlottes Innerem, den „Wasserspiegel“, das „festfahren“, aber auch das „seichte Wasser“.

Interessant ist die Verbindung von Einsamkeit, Wasser und Unabhängigkeit, die in den Worten des Hauptmanns, „es sei eine angenehme Empfindung, manchmal allein auf dem Wasser hinzuschwimmen und sein eigner Fähr- und Steuermann zu sein“ gezogen wird; bedeutsam vor allem im Blick auf Charlottes Empfindung, „Es schien ihr, der Freund führe sie weit weg, um sie auszusetzen, sie allein zu lassen.“

Das Wasser scheint eine eigene Welt darzustellen, die den Gesetzen der sonst vertrauten Welt nicht zu gehorchen scheint. Darum fährt sich der Hauptmann fest, denn er kennt sich nicht aus, deshalb hat Charlotte Angst davor, allein gelassen zu werden. Der „schwankende Grund“ spiegelt das Schwanken in den Beziehungen genauso wie Charlottes eigenes Schwanken in Bezug auf ihre Gefühle Eduard und dem Hauptmann gegenüber.

Verstärkt wird dieses Begriffsgeflecht durch das semantische Feld der Dämmerung. Die „Stille“ gehört dazu, die „Dämmerung“ selbst natürlich, aber auch die „Traurigkeit“, die in Charlotte hervorgerufen wird, der „hinschauernde Windhauch“, „das Säuseln der Rohre“, „das letzte Schweben der Vögel“, „das Blinken und Widerblinken der ersten Sterne“, das „Geisterhafte“ der „allgemeinen Stille“, die „Wehmut“, das „Dunkel“.

Die zunehmende Dunkelheit wie die wachsende Unsicherheit auf dem Wasser deuten beide in die gleiche Richtung: dass sich die Protagonisten immer weiter vom „rettenden Ufer“ der vernünftigen, „taghellen“ Entscheidung entfernen und von den sich „unter der Oberfläche“ bewegenden Leidenschaften übermannt werden.

Innere Gefühlslage und äußere Landschaft sind in dieser Szene in einen klaren Zusammenhang gerückt. Man spricht nicht selten von einer „Seelenlandschaft“, wenn die Beziehung so deutlich wird wie hier.

Den Gegensatz zur bedrohlichen Tiefe bildet das Ufer, dort, wo man sicher auf bekanntem Grund steht und „festen Boden unter den Füßen“ hat. Zwar ereignet sich das entscheidende Liebesbekenntnis, der Kuss, erst hier, doch geht er eindeutig aus der Verunsicherung der vorangehenden Szene auf dem Wasser hervor, und es wird deutlich, dass Charlotte hier wieder Herrin ihrer Gefühle wird und einen „klaren“ Kopf behält, indem sie den Hauptmann zum Verzicht auffordert. Damit versucht sie ihre Ehe zu retten und ordnet sich den Gesetzen von Anstand, Sitte und Gesellschaft unter. Das Wasser war eben doch „seicht“, das heißt, nicht tief genug, um darin von der Leidenschaft völlig überwältigt zu werden. Übrigens – das sei aber nur am Rande erwähnt – stirbt im weiteren Verlauf des Romans ein Kind, das in einer Art „geistigem Ehebruch“ gezeugt wurde, in eben diesem Teich.

Auffällig ist auch, um diesen Teil über den Einsatz der Landschaft in den „Wahlverwandtschaften“ abzuschließen, dass Charlotte unmittelbar im Anschluss an diese Szene ins eheliche Schlafzimmer zurückkehrt. Auch so wird durch einen Ort, eine „Landschaft“, ein innerer Entschluss – nämlich, die Ehe aufrecht zu erhalten – symbolisch verdeutlicht.

Die Erzähler und Romanciers des neunzehnten und beginnenden zwanzigsten Jahrhunderts waren die großen Meister der Verschränkung der Landschaft auf der einen mit den inneren Gemütszuständen ihrer Protagonisten auf der anderen Seite. Insbesondere um die Jahrhundertwende führte diese Schreibweise zu ungemein dichten und komplizierten Texten, deren ganzer Reichtum sich erst dem sehr genauen Lesen und der exakten Analyse erschloss. Als Beispiel hierfür möchte ich Ihnen einen Ausschnitt aus Hugo von Hofmannsthals „Soldatengeschichte“ vorstellen.

Im Mittelpunkt dieser Erzählung steht der Soldat Schwendar, den der Leser inmitten einer Sinn- und Lebenskrise kennen lernt. Zu seinen Kameraden hat er nur sehr oberflächliche Beziehungen, sein einziger Freund hat ihn bestohlen. Er fühlt sich einsam und beziehungslos. In dieser Situation bedrängen ihn Erinnerungen an seine Kindheit, die von dem Selbstmord seiner Tante und dem Tod seiner Mutter überschattet war. Jenes Kind von damals scheint ihm nun unendlich fern zu sein, er findet keinen Bezug mehr zu dieser Kindheit.

Von solch nachdenklicher Stimmung getrieben, macht Schwendar einen Spaziergang:

Immer tiefer trieb es ihn in den Wald hinein. Mit nachschleppendem Säbel und in den Nacken zurückgeschobenem Helm, stampfte er zwischen den Birken hin wie ein Betrunkener. Die niedrigen Zweige schlugen in sein erhitztes Gesicht, seine Füße ließen in dem moorigen Boden tiefe Spuren zurück, die sich gurgelnd mit schwarzbraunem Wasser füllten. Dieses Geräusch brachte ihm den Gedanken an den Tod so nah wie am Vormittag der Anblick des Wassereimers, und um es nicht länger zu hören, veränderte er seine Richtung und lief mehr als er ging einen Durchhau entlang, der festeren Boden hatte. Vor ihm schien der Wald sich zu lichten. Etwas Rötliches schwebte vor seinen Augen, ein rötlichblauer Schimmer zog sich quer über den Weg. Als er näher kam, waren es viele Salbeiblüten zwischen den dämmernden Büschen. Er sah sie aufmerksam an, aber wie er die Augen hob und weiterging, flog das Rötliche wieder vor ihm wie ein schwebender Schleier. Dann lag es auf dem Stamm einer vorgeneigten Birke, die halbversteckt lauernd seitwärts, wie ein roter Fleck. Dann kam es von allen Seiten ein ganzer blutroter Schleier, warf blutige große Flecken auf das kugelige Grün der dichten Büsche, auf die weißen Stämme. Lachen von Blut standen da, dort über dem dunkelnden Erdboden. Zehn Sprünge, zu deren jedem sein klopfendes Herz die Kraft verweigern zu wollen schien, brachten ihn an den Rand des Waldes. Blutend, von einem übermäßig angespannten Glanz, wie mit dem letzten Blick eines brechenden Auges starr und regungslos angeglüht lag die endlose wellenförmige Ebene vor ihm. Hinter dem großen Eisenbahndamm, bis zu welchem es 2 Stunden zu reiten war, sank die Sonne. Nur mehr der oberste Rand der nackten glühenden Scheibe blinkte über den Damm, wie das oberste eines vom Lid entblößten Auges: dann fiel auch dieses letzte funkelnde hinab, und allmählich sank der Glanz des Landes in seinen Abgrund, aus dem roter Rauch empor wehte, ins Tote. Erschöpft von Angst und Laufen hatte sich Schwendar am Rand des Waldes niedergesetzt. Als er den schweren Helm abnahm und ihn neben sich ins Gras stellte, war ihm, als träfe ihn aus dem Gebüsch von der Seite her ein kalter, aufmerksamer und doch teilnahmsloser Blick, und er fühlte seine Brust von einem Gefühl zusammengeschnürt, das mit einer fernen ganz fernen Erinnerung verknüpft sein musste. Es war die Erinnerung an jenen Tag, an welchem seine Mutter gestorben war, eine dumpfe Erinnerung des Körpers mehr als der Seele. Er fühlte das Stocken seines Atems und das Frieren im Rücken, als die Kranke sich plötzlich aufrichtete und mit einer fremden, harten und starken Stimme sagte: Es ist die heilige Jungfrau Maria, sie winkt mir mit einem Licht, und dann noch einmal, sie winkt mir mit einem Licht. Dann gingen die Blicke der Sterbenden langsam, mit einem Ausdruck von Strenge und ohne alle Teilnahme über den Knaben hin, über ihn und über alles was noch im Zimmer war, zuletzt über die Erhöhung der Bettdecke, dort wo die eigenen mageren Füße waren, und blieben endlich stehen, starr und voll gespannter mühsamer Aufmerksamkeit wie nach innen gerichtet, während in die Seele des Knaben sich lautlos das Grauen hineinschraubte über dieses Entsetzliche, dass eine Gestalt, die er nicht sehen konnte, winkte und die Mutter ihr nachgehen musste und dieser Fremden so verfallen war, dass ihre offenen Augen nichts mehr sahen, ihn nicht und nichts in der Welt. Alle diese Dinge stiegen in ihm empor und brachten eine Bitterkeit mit sich, gegen die es keine Rettung gab. Von neuem durchfühlte er das innere Erstarren des Kindes bei der Einsicht, dass so etwas geschehen konnte; jetzt aber, da es schon so lange geschehen war, sah er es in einem neuen fürchterlichen Lichte: er hasste seine Mutter dafür, dass sie sich so aus dem Leben fortgestohlen hatte mit einem kalten, leeren Blick auf ihn und alles, was sie in dieser Hölle zurückließ. Den Rasen, auf dem er saß, fühlte er als einen Teil der großen undurchdringlichen Decke, unter der die Toten sich verkrochen, um nicht mehr dabei zu sein. Wie Schläfer, die sich in den Dunst ihrer Betten einbohren und ihr Gesicht in den Polster graben, lagen sie unter ihm, und ihre Ohren waren voll Erde, dass sie sein Stöhnen nicht hören konnten und nicht achten auf seine Verlassenheit. Er sprang auf und schlug mit den Füßen gegen den Boden, dass die Sporen tiefe Risse in der Erde ließen und die streifigen Fetzen des Rasens gegen den Himmel flogen. Dann zog er den Säbel und fing an, auf die Büsche und kleinen Bäume einzuhauen, vor Wut sinnlos und berauscht vom

Gefühl des Zerstörers. Er glaubte einen schwachen Widerstand und den empörten Atem der Wesen zu spüren, die ihm unterlagen. Zerfetzte Blätter erfüllten die Luft und der Saft der verwundeten Zweige sprühte dem Soldaten auf Gesicht und Hände. Der Säbel schlug klaffende Streifen in das kühle Dunkel, das ihm wie aus Kellerlöchern entgegenquoll. Er fuhr zurück, denn diesmal berührte ihn ein starrer totenhafter Blick aus deutlicher Nähe, zu seinen Füßen schien ein elendes Wesen im Dunkel zusammengekauert, sein Säbel sauste auf einen weichen Körper nieder, und als er es herausschleuderte, war es die klägliche kleine Leiche eines verendeten Hasen, deren starre Augen jetzt mit leblosem Glotzen in das Weite des hohen kühlen Himmels schauten. Dieser erbärmliche Anblick erhöhte die dumpfe Wut des Elenden; von neuem stürzte er auf das tote Tier und schleuderte es in einem starken Bogen seitwärts, dass es klatschend gegen einen harten Stamm schlug und in der Höhe ein Schwarm erschreckter Dohlen sich jäh mit widerlichem Rufen und knarrenden Flügeln flüchtend in die stille Luft warf. Ihr Schreien zog den Blick des Soldaten aufwärts. Aus dem Gewipfel einer ungeheuren Ulme schwang der hässliche Schwarm sich weg, die auf uralten Wurzeln ruhend mit der Last einer grünen auf jähem Abhang aufgetürmten Bergstadt spielend schien. Zur Seite der Ulme aber stiegen 2 riesige Pappeln auf und drängten mit strebenden Kronen hoch ins Dämmernde empor. Die 3 Bäume waren nicht ineinander verwachsen, aber ihr grenzenlos starkes Streben schien sich aufeinander zu beziehen: Die dreifach ansetzende Wipfelmacht der Ulme nahm den kletternden Blick wie mit gewaltigen hebenden Armen mit, eine lebendige schattenerfüllte Wölbung reichte ihn der andern empor, bis ihn die letzte an die Pappeln abgab, die wie von inneren Flammen lautlosen Wettkampfes ergriffen still nebeneinander in den Raum hinaufwuchsen. Der Anblick der drei Bäume, die in der dunkelnden Stunde immer mehr ins riesenhafte wuchsen, legte sich wie ein Alp auf Schwendar: der Gedanke, mit seinem Säbel gegen diese unerschütterlichen Stämme zu schlagen, machte seinen Arm schwer, wie ein lahmes Glied. Die Macht dieser verhaltenen Riesenkräfte raubte seinem sinnlosen Spiel den trunkenen Schein von Überlegenheit, der ihn für Augenblicke über das Gefühl seiner Schwäche und Angst hinweggebracht hatte, unterband sein Blut und wies ihn ins Leere zurück. Er nahm seinen Helm mit abgewendeten Augen vom Boden auf und lief fort, quer über die offene Hutweide der Kaserne zu, den bloßen Säbel in der einen, den Helm in der andern Hand. Er hatte keinen anderen Gedanken als den, nicht länger allein zu sein: seine Angst hatte Bestimmtheit gewonnen, ihm war, als würfe sich nun bald die Last, mit der diese riesigen Bäume spielten, auf seine Seele. Schon war er ein weites Stück gelaufen, als er zwischen dem Klopfen seiner Adern die wütend schnellen Hufschläge eines Pferdes wahrnahm, das hinter ihm herjagen musste und mit jedem dumpfen Dröhnen ein Stück des trennenden Bodens hinter sich warf. Ohne Überlegung warf er sich seitwärts wie ein gehetzter Hase und stürmte in weiten Sätzen dem Walde zu. Wo die Schleuse des herrschaftlichen Karpfenteiches an den Waldrand tritt, sprang er über den trockenen Ablassgraben und lief am Teich weiter mit dem wilden Schatten seiner tollgewordenen Messnergestalt die großen dunklen Fische erschreckend, dass sie wie von einem Steinwurf getroffen im Kreis auseinander schossen und in die grünschwarze, feuchte, dunkle Tiefe verschwanden. Der junge Offizier, der ihm aus Neugierde nachgaloppiert war, parierte am Rand des Teiches den großen heftig atmenden Fuchsen und sah der unbegreiflichen Gestalt nach, die mit den Sprüngen eines Wilden, Helm und Säbel in langen Armen krampfhaft schwingend, zwischen den Bäumen herflüchtete.

Am Beginn des Textes könnte Ihnen aufgefallen sein, dass schon hier das semantische Feld der Farbe „rot" in Verbindung mit dem Wort „Blut" stark im Vordergrund steht. Zuerst würde man vermuten, dass diese Begriffshäufung in Verbindung mit der untergehenden Sonne steht, in diesem Zusammenhang ist uns die Wortwahl vertraut. Wenn Sie aber genauer analysieren, stellen Sie fest, dass die Sonne als Ursache der rötlichen Farbe erst ganz gegen Ende des Abschnitts genannt wird. Der erste Eindruck verweist auf die Farbe der Salbeiblüten, das heißt, die Färbung hat ihren Ursprung am Boden. Wir werden später noch sehen, dass auch das nicht ohne Bedeutung ist.

Dieses semantische Feld verbinden wir natürlich mit Begriffen wie Gewalt, Aggression und Tod. Es vermittelt eine Vorahnung darauf, dass die Szene nicht friedlich bleiben wird, dass ihr Gewalt folgen wird, möglicherweise ist es sogar eine Vorahnung auf den Tod der Hauptperson. Auf jeden Fall ist es Ausdruck der depressiven Stimmung Schwendars, sein Eindruck von seiner Umwelt ist deutlich geprägt durch seine eigene Seelenlage.

In das Feld der rötlichen Farbe spielt auch das des dunklen Wassers. Sprachlich ist die Verbindung sowohl durch die dunkle Farbe als auch durch die flüssige Form gegeben. Inhaltlich ist das Symbol des Wassers als Bild des Todes schon vorher eingeführt worden. Schwendars Tante ertränkte sich in einem Wasserfass, und obwohl der Vorfall sich kurz vor seiner Geburt ereignete, ist im Text an verschiedenen Stellen erwähnt, dass die Schilderung dieses Ereignisses in Schwendar großen Eindruck hinterlassen hat. Auch hier wird der Bezug wieder hergestellt über das glucksende Geräusch des Moorbodens, der vom Erzähler direkt in Zusammenhang gebracht wird zu einer früheren Szene, in der Schwendar beim Blick in einen Wassereimer an den Tod seiner Tante erinnert wurde.

Die Vorahnung der Gewalt, die durch das semantische Feld erzeugt wird, findet ihre Bestätigung in dem Ausbruch Schwendars, der später im Wald stattfindet. Seine Aggressionen richten sich gegen Pflanzen und ein totes Tier, richten daher keinen wirklichen Schaden an, aber es wird deutlich, dass diese Aggressionen tief in seinem Inneren verwurzelt sind und ohne weiteres jederzeit und gegen zufällige Ziele ausbrechen können. Wichtiger ist für uns aber der Hinweis auf die Ursache der Aggression, der in dem liegt, was der Erzähler dem Leser über Schwendars Gedanken und Gefühle mitteilt. Sein Hass gilt den Toten, die ihn – aus seiner Perspektive – verlassen haben und sich aus dem „prekären" Leben davonstahlen. Hier wird deutlich, dass das semantische Feld mehr als nur den Ausbruch von Gewalt vorbereitet, dem Schwendar sich hingibt. Es wird vielmehr bereits auf die folgende Auseinandersetzung mit dem Tod und den Toten hingewiesen und damit auf das ursprüngliche Problem des Soldaten, der anscheinend nie gelernt hat, den Tod als eine gegebene Sache hinzunehmen, sondern als persönliche Zurücksetzung seitens jener Menschen auffasst, die ihm etwas bedeuten. Nur so sind sein Hass und seine Wut verständlich, die der Sache gegenüber so unangemessen erscheinen.

Interessant ist auch die Art und Weise, in der sein Wutausbruch endet. Drei Bäume lenken seinen Blick auf sich und in die Höhe. Angesichts der großen, stillen Macht dieser Bäume erkennt Schwendar die Sinnlosigkeit seiner Auflehnung:

„... der Gedanke, mit seinem Säbel gegen diese unerschütterlichen Stämme zu schlagen, machte seinen Arm schwer, wie ein lahmes Glied. Die Macht dieser verhaltenen Riesenkräfte raubte seinem sinnlosen Spiel den trunkenen Schein von Überlegenheit, der ihn für Augenblicke über das Gefühl seiner Schwäche und Angst hinweggebracht hatte."

An dieser Stelle könnte Ihnen möglicherweise ein weiteres semantisches Feld auffallen, das mit den beiden anderen, die wir bereits entdeckten, eng verknüpft ist. Na, wissen Sie, was ich meine? Vielleicht hilft es Ihnen, wenn Sie daran denken, welche Beobachtung wir am Anfang des Textes gemacht haben und noch ein wenig zurückstellten.

Ich meine natürlich die Beobachtung, dass der Ursprung der rötlichen Farbe zu unserer Überraschung nicht von der Sonne, sondern von den Pflanzen herrührte, die sich am Boden befinden.

Richtig, es handelt sich um das semantische Feld von „oben" und „unten". Die Pflanzen, von denen die rote Farbe ausstrahlt, befinden sich unten am Boden. Ebenfalls unten befindet sich das Wasser, das Schwendar immer an die Toten erinnert, ebenso wie die Toten selbst sich „unten" befinden, unter dem Boden, auf den Schwendar deshalb auch wie verrückt eindrischt. Jene Büsche und Blumen, auf die er einschlägt, befinden sich unten, ebenso der tote Hase. Dieser erscheint wie ein Gruß der Toten, ist aber gleichzeitig auch ein Verweis auf sie.

„Oben" hingegen befindet sich das Licht, von dem in der kurzen Passage berichtet wird, die den Tod von Schwendars Mutter zum Thema hat. Sie hat ihren Tod nicht als das Elend begriffen, als das es dem Schwendar erscheint, sondern als Erlösung. Das Licht, das sie sieht, verbindet sie mit der Jungfrau Maria, es ist also der Glaube, der sie daran hindert zu verzweifeln. Oben befinden sich die Wipfel der Bäume, die Schwendars Tun Einhalt gebieten und ihn – so müssen wir es dem Text entnehmen, und wir können das tun, ohne ihn zu „überfrachten" – auf eine höhere Macht verweisen, gegen die sein Trotz und seine Auflehnung sinnlos sind.

Diese Bäume bilden gleichsam eine Verbindung von „unten" und „oben", da sie mit ihren Wurzeln im Erdreich gründen, ihre Wipfel hingegen in den Himmel erstrecken. Sie geben damit auch die Richtung vor, in die Schwendars Blick gelenkt wird: von unten nach oben. Wenn wir jetzt noch die eigenartige Anordnung der Bäume näher betrachten, dann können wir diesen Gedankengang abrunden:

„Die 3 Bäume waren nicht ineinander verwachsen, aber ihr grenzenlos starkes Streben schien sich aufeinander zu beziehen: Die dreifach ansetzende Wipfelmacht der Ulme nahm den kletternden Blick wie mit gewaltigen hebenden Armen mit, eine lebendige schattenerfüllte Wölbung reichte ihn der andern empor, bis ihn die letzte an die Pappeln abgab, die wie von inneren Flammen lautlosen Wettkampfes ergriffen still nebeneinander in den Raum hinaufwuchsen."

Wenn wir den „topographischen" (also: räumlichen) Aufbau der Szene bis hierher betrachtet und den religiösen Bezug nachvollzogen haben, der in der Bewegung von „unten" (= Reich der Toten) nach „oben" (= Himmelsreich) ebenso zu erkennen ist wie in der Gleichsetzung des Lichtes mit der Jungfrau Maria, dann ist es wohl nicht mehr zu gewagt, wenn wir diese drei Bäume mit der göttlichen Dreieinigkeit aus Vater, Sohn und Heiligem Geist gleichsetzen, die besonders in der katholischen Kirche eine große Rolle spielt. Vor allem dann, wenn wir uns bewusst machen, dass es in der Entstehungszeit der Erzählung unter den österreichischen Autoren, zu denen Hofmannsthal gehört, eine auffällig starke Hinwendung zur Religion und besonders zum Katholizismus gab.

Diese Vermutung wird durch das Ende der Erzählung bestätigt, das hier in unserem Buch nicht mit abgedruckt ist. In die Schlafstube seiner Kameraden zurückgekehrt, hat Schwendar eine zweifache Vision des Lichts (natürlich von oben, und zwar genau von dort her, wo die Wipfel der drei Bäume enden, die er aus dem Fenster heraus beobachten kann), das schon seine Mutter gesehen hatte. Wer nun aber aufgrund der Todessymbolik und des Zusammenhangs dieses Lichts mit dem Tod seiner Mutter erwartet, dass auch Schwendar sterben werde, sieht sich getäuscht. Vielmehr wird ihm dieses Licht zum göttlichen Zeichen, dass er doch nicht allein sei in der Welt. Seine verzweifelte Stimmung wird von einer stillen, heiteren Gelassenheit abgelöst, die Sinn- und Lebenskrise ist überwunden. Man mag mit dem Ende dieser Erzählung vielleicht nicht zufrieden sein, weil man sich durch die häufige Wiederkehr der Todessymbolik getäuscht sieht. Es zeigt jedoch, dass der Hinweis auf die göttliche Dreieinigkeit im Zusammenhang mit den drei Bäumen nicht zu weit hergeholt ist.

Allerdings sollte man sich diesen Gedanken als Warnung an den Schriftsteller bewahren: Wenn man die Natur als Spiegel der inneren und äußeren Geschehen einsetzt, muss man sich dessen bewusst sein und planen, wohin dieses Mittel führen soll. Der Leser sieht sich nicht gerne in seinen Annahmen getäuscht, wenn diese Annahmen im Text nahegelegt wurden. Wer Hinweise gibt, muss darauf achten, dass und wie sie eingelöst werden. Dies darf, ja soll sogar auf überraschende Weise geschehen, dergestalt, dass der Leser nicht mit dieser Einlösung rechnet. Aber sie darf nicht völlig unter den Tisch fallen und muss zumindest im Nachhinein erkennbar sein; so, wie wir in einem guten Kriminalroman den Täter zwar nicht vorher identifizieren können, hinterher aber in der Lage sein wollen, uns an den Kopf fassen und sagen zu können: „Natürlich, es lag doch völlig auf der Hand!"

Wir haben uns auf den letzten Seiten – wie schon oft in diesem Buch – sehr intensiv mit Literatur auseinandergesetzt. Denken Sie bitte immer daran, dass es nichts Verwerfliches ist, sich an dem zu orientieren, was Schriftsteller bereits geleistet haben. Wir befinden uns in einem Dschungel auf der Suche nach Eldorado und es kann kein Fehler sein, all jene, die uns begegnen, nach ihren Wegen zu befragen, nach ihren Irrtümern und Erfolgen. Von Zeit zu Zeit säumt ein Gescheiterter unsere Route, der sein hohes Ziel nicht erreichte. Auch von ihm konnen wir lernen: Welche Tücken der Weg vor uns bereit hält, vor welchen Gefahren wir uns in acht nehmen müssen. Andere haben Werkzeuge entwickelt, sich den Marsch durch den Urwald zu erleichtern. Wenn wir die Konstruktion dieser Instrumente studieren und einige davon nachbauen, weil sie unsere Suche erleichtern können, heißt das noch nicht, dass wir damit den gleichen Weg gehen, den ein anderer schon vor uns einschlug.

Die Beschreibung von Personen und der Aufbau bestimmter Situationen unterscheidet sich in den wesentlichen Punkten kaum von der Beschreibung von Landschaften. Auch hier gilt, besonders in den literarischen Kurzformen, dass jedes Wort exakt gesetzt sein muss, man im Auge behält, wie der Fortgang der Erzählung beschaffen ist und welche ferneren Absichten man mit einer bestimmten Situation oder einer Hauptperson noch hat. In der Kleidung, dem Verhalten, in Gestik und Mimik deutet sich bereits an, was vielleicht zu einem späteren Zeitpunkt erst wichtig und klar wird. Metaphern und Symbole, die der späteren Deutung der Charaktere dienen, werden schon frühzeitig, meist bereits beim ersten Auftauchen einer Person, eingeführt.

Allerdings gibt es auch eine Reihe von Dingen, die man bei der Beschreibung einer Situation oder einer Person beachten muss, in denen diese sich von Landschaftsbeschreibungen deutlich unterscheiden.

Ein wunderschönes Beispiel für eine Gefahr, die es bei der Beschreibung von Situationen zu vermeiden gilt, finden wir wiederum bei Sten Nadolny, der Ihnen ja bereits ein Begriff ist.

Dazu ein Beispiel, das ich mir selbst ausgedacht habe und das sie besser nicht zu ernst nehmen – aber ich wollte nicht in der Literatur herumsuchen und schon gar nicht in der, die ich als schlecht empfinde, und dann müsste ich auch noch sagen, wer es geschrieben hat – nein, dann lieber schon ich selbst!

„Mit dem Ruf „Hab' ich dich endlich!" drang der aus Rheinland-Pfalz gebürtige vierzigjährige Familienvater in die mit Gebrauchtmöbeln ausgestattete, bescheidene, aber saubere Wohnung des fünfundzwanzigjährigen ledigen Metallhoblers ein, der, als er das Messer sah, sofort den versteckten Revolver holte und schoss." Also ich habe übertrieben – so schreibt kein Mensch, nicht einmal auf der Lokalseite. Aber es würde nichts nützen, dieses Sammelsurium von Epitheta auf mehrere Sätze zu verteilen, der chaotische Eindruck bliebe. Die Sprache folgt, wenn man sie nicht schiebt und peinigt und belastet und drückt, der inne-

ren und äußeren Wahrnehmung, und man merkt es sofort, wenn ihr so nebenbei noch andere Besorgungen auferlegt werden.

Ich erinnere mich daran, dass ich es zum Beispiel als Kind gehasst habe, wenn meine Mutter mich fragte – ich wollte gerade das Fahrrad nehmen und irgendwo hinfahren – „Kommst du zufällig an der Molkerei vorbei?" Man kommt nie zufällig an der Molkerei vorbei! Garantiert nicht! Und so kommt auch die Sprache nicht zufällig an rheinland-pfälzischen Gebrauchtmöbeln oder so etwas vorbei und nimmt sie gerade mal mit. Man muss sich dafür entscheiden, durch wessen Kopf hindurch man die Dinge sieht und – schreibt. Und in einem Kopf passiert alles in einem relativ klaren Nacheinander des Interesses: Was durch die Netzhaut hereinkommt, was einem einfällt, was gedacht und gefragt wird – in einer bestimmten Reihenfolge.

Ich versuche es jetzt abermals – ich muss ja auch einmal etwas Aufbauendes liefern. Derselbe Vorgang, anders beschrieben: „Er zog das Messer, drückte auf den Klingelknopf. Sekundenlang die Hoffnung, dass der Rivale nicht zu Hause sein könnte. Aber die Tür öffnete sich. „Hab' ich dich endlich!" Der andere wich zurück. Hermann T. wusste nicht weiter. Er konnte aber nicht anders als hineingehen, denn wenn er jetzt umkehrte, fragten alle nach einer Erklärung. Seine Wut war verschwunden, er wollte nur Ordnung. Zögernd ging er einige Schritte vorwärts, hörte einen Schuss, sah als letztes einen Teppich in verblüffender Nähe."

Ich weiß nicht, ob man das so schreiben kann, es kommt auf die Stimmung an, die man vermitteln will, es klingt ein bisschen salopp. Ich will aber damit etwas sagen: Es kommt hier nur das vor, was dieser Mann sieht, fühlt, denkt, und genau in der naheliegendsten Reihenfolge, und es gibt keine Zusatzlasten. (Ich würde sogar noch den „Rivalen" herausnehmen – denn er ist überflüssig. Die Geschichte von der Rivalität wurde entweder bereits erzählt, oder sie muss noch kommen, und dann ausführlicher. Also den Mann „Mann" nennen und nicht „Rivalen" – Überflüssiges belastet sofort, und es geht im Kopf des Lesers eine Warnlampe an. Und dann: Vielleicht lasse ich ihn auch nicht auf den Knopf drücken, sondern nur den Knopf.) Je mehr man einen Text entschlackt und alles herausnimmt, was nicht unbedingt nötig ist, desto mehr ist auch etwas möglich, was ich oft wie eine Probe betrachte: Der Text lässt sich vorlesen!

Es ist für uns immer ein echter Glücksfall, wenn Autoren aus ihrer Werkstatt plaudern. Natürlich müssen wir zwischen allgemeingültigen Richtlinien, deren Nichtbeachtung einen Text unweigerlich zerstört und den persönlichen Vorlieben und stilistischen Eigenheiten dieses Autors trennen.

Ein wichtiges Stichwort ist der Bezug auf die Frage, „durch wessen Kopf hindurch man die Dinge sieht." In der Fachsprache ist dies die Frage nach der Erzählperspektive, mit der wir uns im Zusammenhang mit dem Roman noch intensiv auseinandersetzen werden.

An dieser Stelle soll der Hinweis genügen, dass es einen großen Unterschied macht, ob ich als Erzähler in der Perspektive eines Außenstehenden erzähle oder gleichsam in den Kopf der Hauptperson herein schaue. Im zweiten Fall muss ich mich sehr eng darauf beschränken, zu erzählen, wie diese Person die sich gerade ereignende Situation sieht, empfindet und wertet. Das ist manchmal eine schwierige Aufgabe. Ein simples Beispiel: Wenn die Hauptfigur meines Romans ein ungebildeter junger Mann vom Land ist, der das erste Mal in seinem Leben einen Besuch in einer Großstadt macht, wird er diese Großstadt anders wahrnehmen als ein Straßenjunge, der in der Stadt nicht nur groß geworden ist, sondern darin auch seinen täglichen Überlebenskampf durchsteht, und auch anders als ein Politiker oder Wissenschaftler, der sich mit den Problemen von Stadtentwicklung und Stadtplanung beschäftigt. Als Autor muss ich strikt die Perspektive desjenigen einhalten, der mein „Vehikel" ist.

Wenn ich aber eine Erzählperspektive wähle, die mich nicht so eng mit der Hauptperson verknüpft, kann ich Überlegungen, Betrachtungen, wissenschaftliche Anmerkungen und Beobachtungen einführen, die meiner Hauptperson völlig fern liegen und dies sogar als Mittel verwenden, um mich von ihr ironisch zu distanzieren. Thomas Mann ist berühmt dafür, dass er gerade dieses Mittel in besonderer Weise beherrscht hat.

Natürlich muss auch in diesem Fall darauf geachtet werden, dass die Beschreibung in einem angemessenen Verhältnis zur jeweiligen Situation steht. Bezogen auf unser Beispiel von Nadolny sind die Angaben zu Herkunft und Alter der Hauptperson sowie zur Ausstattung der Wohnung völlig überzogen, unabhängig von der Erzählperspektive.

Jeder Leser würde sich über eine solche Stelle ärgern, weil die Beschreibung zusammenhanglos innerhalb eines Satzgefüges in eine laufende Handlung eingeblendet wird. Etwas anderes ist es, wenn eine Beschreibung als sogenanntes „retardierendes" Element eingebunden ist. Mit diesem Ausdruck bezeichnet man Einfügungen, die eine Handlung unterbrechen, um die Spannung zu erhöhen. Sie kennen das aus dem Filmgenre: Der Mörder hebt das Messer, gleich wird er zustechen. In diesem Augenblick wird die Szene geschnitten, der Zuschauer befindet sich plötzlich in einem anderen Zusammenhang wieder und erfährt erst später, ob sich der Mord tatsächlich zugetragen hat oder vielleicht noch verhindert wurde.

Ein solches retardierendes Element hätte man in der oben beschriebenen Szene zum Beispiel an der Stelle einfügen können, als der Klingelknopf gedrückt wird: Blende – und der Erzähler teilt uns ausführlich mit, woher der Klingelnde stammt, welche Lebensgeschichte er hat und warum er nun vor dieser Tür steht. Das Hereinquetschen der Information in die laufende Handlung hingegen würde beim Film einer Kameraführung entsprechen, die eine ausgedehnte Parklandschaft in aller Ruhe vorführt, während sich irgendwo in diesem Park ein Diebstahl ereignet. Der Zuschauer hört was vorgeht, sieht vielleicht auch Ausschnitte am Rande der Kameraführung und ärgert sich, weil er das Gefühl hat, durch das Ungeschick des Regisseurs nutzlos an der Nase herumgeführt zu werden.

Die Sprache kommt nie zufällig an etwas vorbei, bemerkt Nadolny. Man könnte auch sagen, dass die Sprache nicht zu sehr mit Ballast befrachtet werden darf, wenn sie „leichtfüßig" erscheinen soll.

Nadolny sagt zwar auch, dass es nichts nützen würde, seinen gedrängten Beispielsatz auf mehrere Sätze zu verteilen. Das ginge schon, nur müsste für den Leser klar sein, warum an dieser Stelle die Erzählung „Atem holt". Es darf sich eben nicht um „Besorgungen" nebenbei handeln, sondern um klare Trennung: hier Handlung, hier Beobachtung, hier Überlegung. Ein schönes Beispiel für eine solche „retardierende" Unterbrechung finden wir in Herbert Rosendorfers Erzählung: „Das Anti-Newton-Institut":

Als wir, nachdem die Straße den Albaner See hinter sich gelassen hatte, an die Abzweigung nach Ariccia kamen, fiel mir ein, was mir Dr. Kappa von dieser Straße erzählt hatte.

„Fahre einmal da hinein, nach rechts", sagte ich. P. drehte am Lenkrad, so gut es mit angezogenen Knien ging.

Es kann sich, um diese Feststellung gleich einmal vorweg zu schicken, nur um eine optische Täuschung handeln. Anderes ist nicht denkbar. Es gibt keinen isolierten Punkt der Welt, an dem die Naturgesetze nicht oder auch nur partiell nicht gelten. Die Schwerkraft ist überall gleich, auch in den Castelli Romani, auch auf dem, zugegeben, vulkanisch-mysteriösen, von uralten Sagen sibyllinisch umraunten Höhenrücken zwischen dem Albaner und dem Nemi-See. Die Schwerkraft oder Gravitation ist die „zwischen jeglicher Materie wirkende Anziehungskraft, speziell die zwischen der Erde und den in ihrer Nähe befindlichen Körpern", so Meyers „Enzyklopädisches Lexikon", das dann mit schönen und imponierenden Formeln fortfährt, die: „$K = G \times m_1 \times m_2 / r^2$" oder „$d^2r / dt^2 = -g$" lauten. Man hat sich die Sache so vorzustellen, dass jeder Körper um sich ein sogenanntes „Feld" (besser gesagt wäre: eine kugelige Hülle) aufweist, das den Raum und alles, was sich darin befindet, zu durchdringen oder eher: zu durchwirken vermag und – so wieder Meyer – „in seiner zur Masse des erzeugenden Körpers proportionalen Stärke mit dem Quadrat des Abstandes von ihm abnimmt." Was aber die Schwerkraft eigentlich ist, weiß kein Mensch. Sie ist – außer dem Phänomen Zeit – die rätselhafteste Naturerscheinung und wie die Zeit unaufhaltsam und nicht ablenkbar. Jede andere Kraft oder Welle oder was immer; ob Licht, Schall, Magnetismus, Röntgenstrahlen, kann aufgehalten oder umgeleitet werden: die Schwerkraft nicht. Die Schwerkraft ist sozusagen unerbittlich, so unerbittlich wie die Zeit, und daher meine ich, was aber natürlich ein völlig unphysikalischer Standpunkt ist, dass Zeit und Gravitation irgendwie auf der Hinterseite des Teppichs Kosmos verknüpft sind. Jedenfalls bewirkt die Gravitation, dass ein Körper, den man auslässt, zur Erde fällt, und zwar überall auf der Welt mit der Beschleunigung $g = 9{,}81\ m/s^2$, und insbesondere, was für die Geschichte hier von Bedeutung ist, dass ein Auto, so klein es auch sein mag, wenn der Motor ausgeschaltet, der Gang herausgenommen worden und die Hand- sowie Fußbremse gelöst ist und niemand das Auto festhält (das von uns gemietete Auto war so klein, dass jeder von uns beiden es mit einer Hand über einen Abgrund hätte halten können), dass dieses Auto eine abschüssige Straße hinunterrollt.

Es rollte hinauf.

Dieser Handlungsteil der Erzählung beginnt mit der ungewöhnlichen Unterbrechung einer Autofahrt. Der Erzähler bittet den Fahrer, einen Seitenweg zu nehmen, weil ihm über diese Straße etwas bekannt ist, was der Leser noch nicht weiß. Statt nun zu erzählen, was es damit auf sich habe, wird der Leser im Unklaren gelassen. Viel schlimmer: Er wird mit einer längeren Passage über einen naturwissenschaftlichen Sachverhalt konfrontiert, die in keinem Zusammenhang mit der momentanen Situation zu stehen scheint. Umso überraschender die lakonische Feststellung am Ende dieses Abschnitts: „Es rollte hinauf."

Durch die scheinbar sinnlose Bemerkung zur Gravitation, die dennoch im Zusammenhang mit dem Satz, es müsste sich um eine optische Täuschung handeln, ihren Stellenwert hat, ist der Leser darauf eingestellt, dass ihm gleich etwas „Unerhörtes" begegnen müsse, so wie wir stets mit Erstaunlichem rechnen, wenn jemand, der uns etwas Wichtiges mitteilen möchte, lange „herumdruckst" und uns mit diversen Einleitungen auf die Folter spannt. Sie können die Probe aufs Exempel machen, indem Sie sich den Teil über die Gravitation im abgedruckten Text einfach wegdenken. Die unerhörte Begebenheit verliert sofort viel von ihrem Reiz, weil der Satz über das den Berg heraufrollende Auto zu unvermittelt auftaucht. In gewisser Weise hat Nadolny also auch unrecht: Nicht immer richtet sich die Aufmerksamkeit des Lesers und des Erzählers ausschließlich darauf, was gerade passiert. Das Satzgefüge darf nur nicht mit Informationen überladen und der Einschub muss zumindest im nachhinein in seiner Funktion und Stellung erkennbar sein.

Die gleichen Regeln gelten natürlich auch für die Beschreibung von Personen.

Wir wollen uns hier nicht mit der Frage aufhalten, wie Sie zu Ihren Figuren kommen, wie sich die Personen Ihrer Erzählung oder Ihres Romans in Ihnen entwickeln und eigene Konturen bekommen, darüber werden wir nachdenken, wenn wir uns mit dem Aufbau des Romans beschäftigen. Hier sei nur grundsätzlich angemerkt: Achten Sie bei der Beschreibung von Personen besonders darauf, dass diese sich für das Auge des Lesers organisch in den Text einfügt. Gerade bei Personen ist es besonders wichtig, dass die Beschreibung nicht aus der Erzählung hervorsticht. Der Leser soll so wenig wie möglich merken, dass ihm eine Person beschrieben wird. Figuren entstehen in der Vorstellungskraft des Lesers, und jeder Leser wird unangenehm berührt sein, wenn er merkt, auf welche Weise seine Phantasie manipuliert wird. Andererseits braucht der Leser ein paar Hinweise, um nicht auf eine falsche Fährte zu gelangen. Es verwirrt, wenn sich die Vorstellung des Lesers nicht mit späteren, genaueren Angaben des Autors deckt, also der vermeintlich kleine, schmächtige Protagonist in seiner Jugend etliche Preise als Schwergewichtsboxer errungen hat.

Auch hier gilt: Führen Sie nur ein, was für die Geschichte wirklich von Bedeutung ist. Weniger ist mehr. Ein eisernes Gesetz besagt, dass der Erzähler alles wissen kann, aber nicht alles sagen muss. Behalten Sie Ihr Geheimnis. Konstruieren Sie Ihre Figur so, dass Sie eine genaue Vorstellung aller ihrer Wünsche, Träume und Erfahrungen haben. Diese bildet den Hintergrund für das, was Sie auswählen, um es dem Leser mitzuteilen. Ein Beispiel für eine gleichzeitig nur andeutende und doch umfassende Vorstellung einer Hauptfigur finden wir in Heinrich Manns Untertan:

Diederich Heßling war ein weiches Kind, das am liebsten träumte, sich vor allem fürchtete und viel an den Ohren litt. Ungern verließ er im Winter die warme Stube, im Sommer den engen Garten, der nach den Lumpen der Papierfabrik roch und über dessen Goldregen- und Fliederbäumen das hölzerne Fachwerk der alten Häuser stand. Wenn Diederich vom Märchenbuch, dem geliebten Märchenbuch, aufsah, erschrak er manchmal sehr. Neben ihm auf der Bank hatte ganz deutlich eine Kröte gesessen, halb so groß wie er selbst! Oder an der Mauer dort drüben stak bis zum Bauch in der Erde ein Gnom und schielte her!

Fürchterlicher als Gnom und Kröte war der Vater, und obendrein sollte man ihn lieben. Diederich liebte ihn. Wenn er genascht oder gelogen hatte, drückte er sich so lange schmatzend und scheu wedelnd am Schreibpult umher, bis Herr Heßling etwas merkte und den Stock von der Wand nahm. Jede nicht herausgekommene Untat mischte in Diederichs Ergebenheit und Vertrauen einen

Zweifel. Als der Vater einmal mit seinem invaliden Bein die Treppe herunterfiel, klatschte der Sohn wie toll in die Hände – worauf er weglief.

Kam er nach einer Abstrafung mit gedunsenem Gesicht und unter Geheul an der Werkstätte vorbei, dann lachten die Arbeiter. Sofort aber streckte Diederich nach ihnen die Zunge aus und stampfte. Er war sich bewusst: „Ich habe Prügel bekommen, aber von meinem Papa. Ihr wäret froh, wenn ihr auch Prügel von ihm bekommen könntet. Aber dafür seid ihr viel zu wenig."

Er bewegte sich zwischen ihnen wie ein launenhafter Pascha; drohte ihnen bald, es dem Vater zu melden, dass sie sich Bier holten, und bald ließ er kokett aus sich die Stunde herausschmeicheln, zu der Herr Heßling zurückkehren sollte.

Ohne Beschreibung des Äußeren bekommen wir dennoch einen genauen Eindruck von Diederich Heßling. Eher schwammig als drahtig, die Haare wahrscheinlich sehr kurz geschoren, mit dicker, warmer Kleidung und einem unsteten Blick, so ersteht er in unserer Phantasie. Natürlich kann das eine oder andere später revidiert werden, aber den Grundtypus wird sich jeder Leser so vorstellen, wie er ihn mit Personen verbindet, mit denen er ähnliche Erfahrungen gemacht hat.

Scheuen Sie sich also nicht, die äußerliche Beschreibung von Personen zumindest teilweise durch Beschreibungen des Charakters zu ersetzen. Und wenn Sie Ihre Figuren doch über das äußere Erscheinungsbild beschreiben, dann achten Sie wie bei der symbolischen Beschreibung von Landschaften darauf, dass Kleidung und Aussehen zur Handlungsweise der Person passen und ein Spiegelbild ihres Charakters darstellen.

Diese Anleitung scheint natürlich noch ein wenig blutleer, aber vertrauen Sie darauf, dass Sie in Verbindung mit den Überlegungen, die wir in den Kapiteln über den Roman noch anstellen werden, schon bald in der Lage sein werden, Figuren zu erschaffen, die Sie selbst gerne kennen lernen würden – oder denen Sie nicht im Dunklen begegnen möchten. Denn das ist letztlich das einzig wirklich Wichtige bei der Beschreibung von Personen: Dass der Leser den Wunsch hat, diese kennen zu lernen oder gar glaubt, sie bereits zu kennen – weil sie lebendig sind.

V. Kapitel, in dem es um Kochtöpfe und Bratpfannen geht und darum, welcher Zweck welche Mittel heiligt

Mit den grundsätzlichen Fragen haben wir uns beschäftigt, mit den einzelnen Elementen der Sprache, den Wörtern, mit der Gestaltung von Dialogen und Beschreibungen.

In diesem Kapitel wollen wir uns mit einem weiteren Grundgedanken der Literatur auseinander setzen, die wie keine andere von den Schriftstellern und Literaturtheoretikern aller Zeiten diskutiert wurde: Der Frage, warum Spiegeleier nicht in Kochtöpfen zubereitet werden.

Idiotische Frage? Völlig unsinnige Diskussion, die mal wieder typisch für Schriftsteller ist? Ich gebe Ihnen völlig Recht. Zumindest, solange man die Frage nur in dieser Form stehen lässt. Niemand von Ihnen käme auf die Idee, Spiegeleier in einem Kochtopf zu braten – weil es nicht funktioniert; man braucht eine Pfanne. Jedes Gerät hat seinen speziellen Zweck, seine Aufgabe und ist eigens dafür hergestellt.

Während man notfalls einen Bierkrug verwenden kann, um Blumen hinein zu stellen, würde niemand seinen Gästen Bier in einer Blumenvase anbieten. Bei den Alltagsgegenständen fällt es uns leicht, alles richtig zu machen, weil wir mit ihnen vertraut sind und den Zweck jedes Dings kennen. Bei komplizierteren Gegenständen ist das schon nicht mehr ganz so einfach: Ist diese Computerkonfiguration geeignet, um E-Mails zu versenden? Passt jener Adapter auf meine Videokamera? Ganz hilflos sind wir, wenn wir einen Gegenstand zum ersten Mal sehen und ihn nicht einordnen können: Wozu ist dieser grüne Hebel? Fliegt alles in die Luft, wenn ich den roten Knopf drücke? Kann ich mit diesem Gerät Kaffee kochen oder ist es zum Wäsche bügeln geeignet?

Die Frage, die wir täglich beantworten müssen, lautet: Welchem Zweck dient welches Mittel? Wenn ich etwas tun oder erreichen möchte – welches Hilfsmittel ist dafür geeignet, welches nicht?

Diese Frage gibt es natürlich auch in der Literatur. Es ist die Frage nach dem Inhalt und der Form.

Wenn ich einen bestimmten Inhalt dem Leser vermitteln will – welche Form ist dafür zweckmäßig? Welche Literaturgattung wähle ich als Basis? Welche stilistischen Mittel setze ich ein? Welche literarische Technik ist zweckmäßig?

Die Geschichte der Literatur ist die Geschichte der Eroberung solcher Techniken. Wann immer eine Zeit ein völlig neues Thema, ein neues Lebensgefühl ausdrücken wollte, hat sie sich neue Formen von Literatur erobert, die dem Gegenstand, dem Inhalt, angemessen waren.

Wir wollen nicht die historische Entwicklung der Formen verfolgen, das wäre Literaturwissenschaft. Sie sollen aber einige grundlegende Formen kennen lernen und verstehen, für welchen Inhalt diese geeignet oder nicht geeignet sind. Dabei beschränken wir uns auf jene Formen, die heute bei Schriftstellern noch beliebt sind, die geschrieben und veröffentlicht werden. Ihren Weg in die Buchhandlungen finden vor allem Romane, aber auch verschiedene Kurzformen, eben Prosatexte. Lyrik zwar ist nach wie vor bei den Autoren sehr beliebt, wird heutzutage aber nur noch selten verkauft und unterscheidet sich erheblich von den Prosatexten. Das Drama – Theaterstücke also – sparen wir hier ebenso aus, denn ich glaube nicht, dass sich unter den Lesern dieses Buches viele finden, die Interesse daran haben, Theaterstücke zu schreiben.

Aber vielleicht sollten wir erst einmal klären, worin die Unterschiede zwischen den einzelnen Gattungen bestehen.

Wir haben es uns angewöhnt, die Zuordnung eines Werkes nach seinem äußeren Eindruck zu leisten. Das Buch ist sehr dick? Also ist es ein Roman. Nur wenige Seiten? Kurzgeschichte. Irgendwo zwischendrin? Da werden wir schon unsicherer. Novelle? Erzählung? Glücklicherweise sind die Verleger dazu übergegangen, auf dem Umschlag zu vermerken, womit wir zu rechnen haben, wobei die Ursache der Zuordnung manchmal dem interessierten Laien ein Geheimnis bleibt.

In seiner „Kleine(n) deutsche(n) Versschule" schreibt Wolfgang Kayser ebenso scheinbar objektiv wie hintergründig boshaft:

Unser Auge sagt uns schnell, was Verse sind. Wenn auf einer Seite um das Gedruckte herum viel weißer Raum ist, dann haben wir es gewiss mit Versen zu tun.

Scheinbar objektiv ist dieser Satz, weil er natürlich einen wahren Kern hat: Gerade Gedichte – wie auch Theaterstücke – lassen sich aufgrund ihrer Textgestalt recht schnell schon vom optischen Eindruck her einordnen. Hintergründig boshaft ist er, weil dies allein nicht genügen kann: Selbst wenn wir den Text dieses Buches in Gedichtform drucken würden, würde es sich bei meinen Worten noch lange nicht um Verse handeln. Allerdings gibt es gerade im Bereich der modernen Lyrik Autoren, die der Auffassung zu sein scheinen, es genüge, einen beliebigen Prosatext mit viel weißem Raum darum herum zu drucken, schon sei es ein Gedicht.

Über dieses Urteil nach dem Augenschein müssen wir hinweg kommen. Nicht der Umfang macht den Roman oder die Kurzgeschichte, es gibt ausgesprochen lange Erzählungen und sehr kurze Romane. Dabei handelt es sich zwar um eine Minderheit, aber das liegt daran, dass die Gegenstände und die Form des Romans zumeist mehr und ausführlicheres Erzählen benötigen als Gegenstand und Form der Erzählung. Die Länge eines Werkes ergibt sich möglicherweise aus den inneren Gesetzen der Gattung, aber sie ist nicht entscheidend für die Bestimmung der Gattung.

Ein Beispiel: Dass ein Auto in der Regel vier Räder hat, ergibt sich aus den inneren Gesetzen der Gattung Auto. Vier Räder haben sich als praktisch erwiesen, um auf dem Boden genügend Haftung zu haben. Wir können aber nicht die vier Räder zur Definition des Autos verwenden, denn es gab auch schon Autos, die mit drei Rädern ausgekommen sind und doch unzweifelhaft Autos waren.

So auch beim Roman: Eine gewisse Länge hat sich als praktisch erwiesen, um die Ziele des Romans zu verwirklichen, aber sie ist denkbar ungeeignet, die Definition der Gattung zu leisten.

Einen zweiten Punkt sollten wir uns noch klar machen, bevor wir uns die Gattungen näher betrachten, nämlich die Frage, wie diese überhaupt entstehen. Es wäre naiv anzunehmen, dass irgendjemand eine Definition einer Gattung in den Raum stellt und die Autoren versuchen, diese Definition zu erfüllen.

Erst wenn sich eine bestimmte Form durchgesetzt hat, weil sie eine Reihe von Schriftstellern über einen längeren Zeitraum hinweg verwendet hat, finden sich Literaturwissenschaftler und -theoretiker, die versuchen, das Gemeinsame einer überwiegenden Zahl der Werke herauszufinden, um auf dieser Basis so etwas wie eine Definition der neuen Form zu wagen. Dabei werden die wenigsten Werke diese mustergültig erfüllen: Eben weil sie noch nicht existierte, als der Autor seinen Text verfasste. Aber auch später fühlen sich gute Autoren nicht verpflichtet, sich an die Überlegungen der Literaturwissenschaft zu halten und die „Vorgaben" zu erfüllen; sonst könnte nichts Neues entstehen. Daraus folgt, dass ein großer Teil Literatur sich irgendwo an den Rändern der Gattungsdefinition bewegt, einige Merkmale der jeweiligen Gattung erfüllt, andere nicht. So ist es sehr schwierig, den Begriff der Novelle klar abzugrenzen, und in einer Gattung mit einer sehr langen Geschichte wie dem Drama hat sich die Auffassung davon, was ein gutes Drama leisten müsse, im Laufe der Jahrhunderte stark verändert.

Dennoch ist die Beschäftigung mit den Formen nicht müßig, denn nur, wenn ich meine Werkzeuge kenne, kann ich wirklich wählen, welche ich davon verwenden möchte und welche nicht. Auch hier gilt: Der Maßstab dafür, welche Mittel angewendet werden, sind Sie selbst.

Machen Sie sich klar, was Sie zu sagen haben und wählen Sie dann die dafür notwendigen Mittel.

Bei der genauen Betrachtung des Romans müssen wir einen Schnitt machen, der ungefähr zu Beginn des zwanzigsten Jahrhunderts ansetzt. Im achtzehnten und neunzehnten Jahrhundert haben wir es mit der klassischen Gestalt des Romans zu tun. Zu Beginn des zwanzigsten Jahrhunderts entwickeln sich unabhängig voneinander in verschiedenen Ländern neue Schreibweisen, die wir unter dem Oberbegriff des „modernen Romans" zusammenfassen. Aber auch hier gilt: Die historische Einordnung ist nur sehr grob. Natürlich gibt es auch im zwanzigsten Jahrhundert Romane, die in klassischer

Schreibweise verfasst sind, ebenso gab es im neunzehnten Jahrhundert durchaus schon Vorläufer, die in ihrer Schreibweise modern anmuten. Wir wollen uns der klassischen Schreibweise anhand von zwei Beispielen nähern, die aus den extremsten historischen Polen stammen: Dem 1554 in Spanien und 1617 in deutscher Übersetzung veröffentlichten „Leben und Wandel des Lazaril von Tormes“ und dem großen Bestseller von 1985, Patrick Süßkinds „Das Parfüm“. Betrachten wir zuerst das „Parfüm“:

Im achtzehnten Jahrhundert lebte in Frankreich ein Mann, der zu den genialsten und abscheulichsten Gestalten dieser an genialen und abscheulichen Gestalten nicht armen Epoche gehörte. Seine Geschichte soll hier erzählt werden. Er hieß Jean-Baptiste Grenouille, und wenn sein Name im Gegensatz zu den Namen anderer genialer Scheusale, wie etwa de Sades, Saint-Justs, Fouches, Bonapartes usw., heute in Vergessenheit geraten ist, so sicher nicht deshalb, weil Grenouille diesen berühmteren Finstermännern an Selbstüberhebung, Menschenverachtung, Immoralität, kurz an Gottlosigkeit nachgestanden hätte, sondern weil sich sein Genie und sein einziger Ehrgeiz auf ein Gebiet beschränkte, welches in der Geschichte keine Spuren hinterlässt: auf das flüchtige Reich der Gerüche. Zu der Zeit, von der wir reden, herrschte in den Städten ein für uns moderne Menschen kaum vorstellbarer Gestank. Es stanken die Straßen nach Mist, es stanken die Hinterhöfe nach Urin, es stanken die Treppenhäuser nach fauligem Holz und nach Rattendreck, die Küchen nach verdorbenem Kohl und Hammelfett; die ungelüfteten Stuben stanken nach muffigem Staub, die Schlafzimmer nach fettigen Laken, nach feuchten Federbetten und nach dem stechend süßen Duft der Nachttöpfe.

Aus den Kaminen stank der Schwefel, aus den Gerbereien stanken die ätzenden Laugen, aus den Schlachthöfen stank das geronnene Blut. Die Menschen stanken nach Schweiß und nach ungewaschenen Kleidern; aus dem Mund stanken sie nach verrotteten Zähnen, aus ihren Mägen nach Zwiebelsaft und an den Körpern, wenn sie nicht mehr ganz jung waren, nach altem Käse und nach saurer Milch und nach Geschwulstkrankheiten. Es stanken die Flüsse, es stanken die Plätze, es stanken die Kirchen, es stank unter den Brücken und in den Palästen. Der Bauer stank wie der Priester, der Handwerksgeselle wie die Meistersfrau, es stank der gesamte Adel, ja sogar der König stank, wie ein Raubtier stank er, und die Königin wie eine alte Ziege, sommers wie winters.

Denn der zersetzenden Aktivität der Bakterien war im achtzehnten Jahrhundert noch keine Grenze gesetzt, und so gab es keine menschliche Tätigkeit, keine aufbauende und keine zerstörende, keine Äußerung des aufkeimenden oder verfallenden Lebens, die nicht von Gestank begleitet gewesen wäre.

Und natürlich war in Paris der Gestank am größten, denn Paris war die größte Stadt Frankreichs. Und innerhalb von Paris wiederum gab es einen Ort, an dem der Gestank ganz besonders infernalisch herrschte, zwischen der Rue aux Fers und der Rue de la Ferronnene, nämlich den Cimeue're des Innocents. Achthundert Jahre lang hatte man hierher die Toten des Krankenhauses HotelDieu und der umliegenden Pfarrgemeinden verbracht, achthundert Jahre lang Tag für Tag die Kadaver zu Dutzenden herbeigekarrt und in lange Gräben geschüttet, achthundert Jahre lang in den Grüften und Beinhäusern Knöchelchen auf Knöchelchen geschichtet. Und erst später, am Vorabend der Französischen Revolution, nachdem einige der Leichengräben gefährlich eingestürzt waren und der Gestank des überquellenden Friedhofs die Anwohner nicht mehr zu bloßen Protesten, sondern zu wahren Aufständen trieb, wurde er endlich geschlossen und aufgelassen, wurden die Millionen Knochen und Schädel in die Katakomben von Montmartre geschaufelt, und man errichtete an seiner Stelle einen Marktplatz für Viktualien. Hier nun, am allerstinkendsten Ort des gesamten Königreichs, wurde am 17. Juli 1738 Jean-Baptiste Grenouille geboren. Es war einer der heißesten Tage des Jahres. Die Hitze lag wie Blei über dem Friedhof und quetschte den nach einer Mischung aus fauligen Melonen und verbranntem Horn riechenden Verwesungsbrodem in die benachbarten Gassen. Grenouilles Mutter stand, als die Wehen einsetzten, an einer Fischbude in der Rue aux Fers und schuppte Weißlinge, die sie zuvor ausgenommen hatte. Die Fische, angeblich erst am Morgen aus der Seine gezogen, stanken bereits so sehr, dass ihr Geruch den Leichengeruch überdeckte. Grenouilles Mutter aber nahm weder den Fisch- noch den Leichengeruch wahr, denn ihre Nase war gegen Gerüche im höchsten Maße abgestumpft, und außerdem schmerzte ihr Leib, und der Schmerz tötete alle Empfänglichkeit für äußere Sinneseindrücke.

Die Industrie plant, in wenigen Jahren die Übertragung von Gerüchen per Computer möglich zu machen – seien wir angesichts dieses Beispiels von Süßkind froh darüber, dass uns das auf dem Feld der Literatur voraussichtlich noch lange erspart bleiben wird.

Unser Textauszug zeigt den Anfang des Romans. Gerade an den Anfängen kann man vieles lernen, darum sollten Sie den Anfang Ihrer Texte immer besonders gut überdenken. Bevor wir aber diesen Anfang analysieren, erst noch das andere Beispiel.

Der Herr muss vor allen Dingen wissen, dass man mich Lazaro von Tormes nennet, mein Vater hat Thomas Goncales geheißen, und die Mutter Antonia Perezin, beide bürtig von Tejares, einem Dörflin nicht weit von Salamanca. Ich bin aber in dem Fluss Tormes geboren worden; dessentwegen ich dann auch diesen Zunamen bekommen habe. Und das ist also zugangen: Mein Vater, dem Gott genädig sei, hat eine Mühle gehalten, die zu einem Gut gehöret, das hart an demselbigen Fluss lieget. Daselbst ist er über die fünfzehen Jahr Müller gewesen: und wie meine Mutter nun ist mit mir schwanger gegangen, da fängt sie einmal in der Nacht an zu kreisten, und hatte mich also auf die Welt gebracht, dass ich also mit Wahrheit sagen kann, ich sei in dem Flusse drinnen geboren.

Wie ich nun ein Bube von acht Jahren war, da hat man meinem Vatern beschuldiget, er hätte denselben Säcken etwas zu harte geschrepfet, welche die Mühlgäste hingebracht hatten: darumb man ihn dann auch eingezogen; und er hat bekannt, und nicht geleugnet; und hat Verfolgung gelitten wegen der Gerechtigkeit. Ich hoffe aber zu Gott, er werde itzt in der ewigen Seligkeit sein; sintemal dieselben Leute im Evangelio selig genennet werden. Zur selben Zeit hat man etliche Schiff ausgerüstet wider die Mohren, da hat sich mein Vater auch brauchen lassen, der ebendaselbst des Landes verwiesen war, wegen desselben Unglücks, davon ich schon gesagt habe; und er hat einem Cavalier seine Maulesel gewartet; und ist also als ein getreuer Diener mit samt seinem Herren allda blieben.

Wie meine Mutter nun siehet, dass sie eine Witwen ist, und hat sich auf niemande gar sehr zuverlassen, und weil sie sonst ein guts Weib gewesen, da meinet sie sie müsse etwa sehen, wie sie bei guten Leuten ihren Aufenthalt hätte: begibet sich also in die Stadt, mütet ein Häuslin, und fänget an etlichen Studenten umbs Lohn zukochen …

Wenn Sie genau gelesen haben, dann werden Ihnen in der Bauform des Textes einige Dinge aufgefallen sein.

Beide Romananfänge stellen zuerst die Hauptperson vor, um die es geht. Lazaro von Tormes heißt die Figur in dem Roman aus dem

16. Jahrhundert, die sich uns persönlich vorstellt, über sich selbst berichtet. Jean-Baptiste Grenouille ist der Protagonist in Süßkinds Werk. Über ihn wird berichtet, wobei uns nicht ganz klar wird, wer denn eigentlich derjenige ist, der uns mit dem Schicksal des Grenouille vertraut macht.

Neben den Namen der Figuren erfahren wir ferner etwas über ihre Familiengeschichte. Tormes berichtet uns von seinen Eltern, ihre Namen und ihren Wohnort, ferner ihre Berufe und einige wenige Details ihrer Lebensumstände.

Bei Süßkind lesen wir lediglich etwas über die Mutter, auch im weiteren Verlauf des Buches wird der Vater nicht weiter erwähnt. Wir hören einiges über die Lebensumstände: Dass seine Mutter in Paris lebt und sie offensichtlich als Fischverkäuferin auf dem Marktplatz arbeitet. Etwas jenseits der Stelle, die ich hier zitiert habe, erfährt der Leser auch noch, wie alt Grenouilles Mutter bei der Geburt Jean-Baptistes war:

So sollte es auch heute sein, und Grenouilles Mutter, die noch eine junge Frau war, gerade Mitte zwanzig, die noch ganz hübsch aussah und noch fast alle Zähne im Munde hatte und auf dem Kopf noch etwas Haar und außer der Gicht und der Syphilis und einer leichten Schwindsucht keine ernsthafte Krankheit; die noch hoffte, lange zu leben, vielleicht fünf oder zehn Jahre lang, und vielleicht sogar einmal zu heiraten und wirkliche Kinder zu bekommen als ehrenwerte Frau eines verwitweten Handwerkers oder so …

In dieser kleinen Passage teilt uns der Autor viel mehr mit als nur das, was oberflächlich sofort erkennbar ist: Er berichtet, dass die Menschen zur Zeit der Handlung offensichtlich nur eine sehr kurze Lebenserwartung haben, Grenouilles Mutter ihn nicht als „wirkliches" Kind betrachtet, Krankheiten weit verbreitet sind und die Menschen lange vor ihrer Zeit altern.

Auch vorher schon stimmt uns Süßkind auf das ein, was uns im Verlauf des Romans noch erwartet. Die lange Passage über die stinkende Stadt Paris scheint auf den ersten Blick der überbordenden Erzähllust des Autors geschuldet zu sein. Später kann der Leser aber feststellen, dass Gerüche die bestimmende Rolle im Leben der

Hauptfigur spielen und ihn zu unvorstellbaren Verbrechen treiben, so dass der Abschnitt über den Geruch der Stadt Paris einen höheren Sinn erhält.

Auch aus der Lebensgeschichte des Vaters von Lazaro erfahren wir einiges über die Zeit, etwa in den Passagen über die harte Strafe für den Mühlbetrug oder den Einzug des Vaters in den Krieg; ebenso wie aus der Beschreibung der Lebensumstände der Mutter, nachdem der Vater eingezogen ist, die noch etwas über den zitierten Text hinausgeht.

Wir haben somit ein Motiv entdeckt, das für den traditionellen Roman typisch ist: Die genaue Beschreibung der Lebensumstände und der Situation des Protagonisten bei seiner (oder ihrer) Geburt sowie die Vorstellung der Grundmotive des Romans.

Noch ein weiteres Beispiel:

Im Norden der Grafschaft Ruppin, hart an der mecklenburgischen Grenze, zieht sich von dem Städtchen Gransee bis nach Rheinsberg hin (und noch darüber hinaus) eine mehrere Meilen lange Seenkette durch eine menschenarme, nur hie und da mit ein paar alten Dörfern, sonst aber ausschließlich mit Förstereien, *Glas- und Teeröfen besetzte Waldung. Einer der Seen, die diese Seenkette bilden, heißt „der Stechlin". Zwischen flachen, nur an einer einzigen Stelle steil und kaiartig ansteigenden Ufern liegt er da, rundum von alten Buchen eingefasst, deren Zweige, von ihrer eigenen Schwere nach unten gezogen, den See mit ihrer Spitze berühren.*

Hie und da wächst ein weniges von Schilf und Binsen auf, aber kein Kahn zieht seine Furchen, kein Vogel singt, und nur selten, dass ein Habicht drüber hinfliegt und seinen Schatten auf die Spiegelfläche wirft. Alles still hier. Und doch, von Zeit zu Zeit wird es an eben dieser Stelle lebendig. Das ist, wenn es weit draußen in der Welt, sei's auf Island, sei's auf Java zu rollen und zu grollen beginnt oder gar der Aschenregen der hawaiischen Vulkane bis weit auf die Südsee hinausgetrieben wird. Dann regt sich's auch hier, und ein Wasserstrahl springt auf und sinkt wieder in die Tiefe. Das wissen alle, die den Stechlin umwohnen, und wenn sie davon sprechen, so setzen sie wohl auch hinzu: „Das mit dem Wasserstrahl, das ist nur das Kleine, das beinah Alltägliche; wenn's aber draußen was Großes gibt, wie vor hundert Jahren in Lissabon, dann brodelts hier nicht bloß und sprudelt und strudelt, dann steigt statt des Wasserstrahls ein roter Hahn auf und kräht laut in die Lande hinein."

Das ist der Stechlin, der See Stechlin.

Aber nicht nur der See führt diesen Namen, auch der Wald, der ihn umschließt. Und Stechlin heißt ebenso das langgestreckte Dorf, das sich, den Windungen des Sees folgend, um seine Südspitze herumzieht. Etwa hundert Häuser und Hütten bilden hier eine lange, schmale Gasse, die sich nur da, wo eine von Kloster Wutz her heranführende Kastanienallee die Gasse durchschneidet, platzartig erweitert. An eben dieser Stelle findet sich denn auch die ganze Herrlichkeit von Dorf Stechlin zusammen: das Pfarrhaus, die Schule, das Schulzenamt, der Krug, dieser letztere zugleich ein Eck- und Kramladen mit einem kleinen Mohren und einer Girlande von Schwefelfäden in seinem Schaufenster. Dieser Ecke schräg gegenüber, unmittelbar hinter dem Pfarrhause, steigt der Kirchhof lehnan, auf ihm, so ziemlich in seiner Mitte, die frühmittelalterliche Feldsteinkirche mit einem aus dem vorigen Jahrhundert stammenden Dachreiter und einem zur Seite des alten Rundbogenportals angebrachten Holzarm, dran eine Glocke hängt. Neben diesem Kirchhof samt Kirche setzt sich dann die von Kloster Wutz her heranführende Kastanienallee noch eine kleine Strecke weiter fort, bis sie vor einer über einen sumpfigen Graben sich hinziehenden und von zwei riesigen Findlingsblöcken flankierten Bohlenbrücke Halt macht. Diese Brücke ist sehr primitiv. Jenseits derselben aber steigt das Herrenhaus auf, ein gelbgetünchter Bau mit hohem Dach und zwei Blitzableitern.

Auch dieses Herrenhaus heißt Stechlin. Schloss Stechlin.

Es lohnt sich, diesen Anfang des Romans „Der Stechlin" von Theodor Fontane sehr genau zu lesen. Was auf den ersten Blick eine eher weitschweifige Naturbeschreibung zu sein scheint, entpuppt sich beim genauen Lesen als meisterhafte Einführung in einen Roman und sein Thema. Es sollte Sie nicht irritieren, dass wir hier im Gegensatz zu unseren ersten beiden Beispielen keine Informationen über die Hauptpersonen erhalten. Schon auf den nächsten Seiten des Romans werden uns die Figuren und ihre Geschichte eingehend vorgestellt.

Fontane konzentriert sich zuerst auf die Landschaft, weil die Personen, die in seinem Roman wichtige Rollen spielen, von dieser Landschaft in besonderem Maße geprägt sind.

Vielleicht gehen Sie den Text noch einmal durch und stellen sich dabei einen Film vor: Achten Sie auf die „Kameraführung".

Zuerst wird unser Blick von ganz oben auf die Seenkette gelenkt, die „mehrere Meilen" lang ist. Dann verengt sich der Blick der Kamera, der See wird „herangezoomt". Er bildet den zentralen Mittelpunkt der Handlung, das konstante Element im Vergleich zum veränderlichen – und sich massiv verändernden – Leben der Menschen. Aber schon hier wird dem Leser deutlich gemacht, dass der See und die damit verbundenen Menschen, selbst wenn sie hier noch gar nicht vorkommen – nicht isoliert in der Welt stehen. Unsichtbar, unter der Oberfläche tief verborgen, gibt es Verbindungen zu der Welt „da draußen" und Erschütterungen in dieser Welt ziehen Kreise in dem verborgenen Winkel. Der „Wasserstrahl" und die Unruhe des Sees, der ferne Erdbeben registriert, sind ein Sinnbild für die Menschen, die den „gesellschaftlichen" Erdstößen ausgesetzt sind.

Immer weiter verengt sich der Blick der Kamera: Über den Wald werden wir zum Dorf Stechlin geführt, das sich um die Südspitze des Sees herum windet und schließlich zum Schloss Stechlin. Schließlich sind wir beim eigentlichen Ort der Handlung angekommen. Im Weiteren erfahren wir, wer dieses Schloss erbaut hat und zum Zeitpunkt der Romanhandlung darin wohnt – und da sind wir bei den Menschen, um die es geht.

Auch hier werden wir also – eher umständlich – in das Motiv des Romans eingeführt: gesellschaftliche Veränderungen und ihr Einfluss auf eine kleine, abgeschiedene Gemeinschaft. Später, wie gesagt, werden uns noch die eigentlichen Handlungsträger vorgestellt. Ähnlich wie bei Süßkind oder Tormes steht aber eines im Vordergrund: Die Geschichte beginnt am Anfang: mit der Vorstellung der Protagonisten und der sie beeinflussenden Umgebung.

Dass eine Geschichte am Anfang beginnt, scheint selbstverständlich, aber wie so oft nur auf den ersten Blick. Sie werden im Weiteren sehen, dass es eine ganze Menge Alternativen dazu gibt, mit dem Anfang zu beginnen. Vorher aber müssen wir noch eine andere Frage beantworten:

Mit dem Anfang von *was* beginnt ein Roman eigentlich?

Um diese Frage beantworten zu können, ist es sinnvoll, einen Blick auf das Ende der Romane zu werfen. So gewinnt man einen Überblick darauf, was sich zwischen Anfang und Ende abspielt. Beginnen wir wieder mit Süßkind. Unsere Hauptfigur, Grenouille, ist inzwischen zum vielfachen Mörder geworden, unter anderem auch deshalb, weil er aus dem Duft unschuldiger Mädchen ein besonderes Parfüm hergestellt hat, das die Fähigkeit besitzt, bei Menschen ein außergewöhnliches Gefühl der Beliebtheit und des Begehrens hervorzurufen. Nun aber ist Grenouille auf dem Höhepunkt seiner Kunst müde geworden. Zu einem Zeitpunkt, da es unmöglich geworden ist ihn zu verurteilen, weil alle Zeugen unter dem Einfluss seines Parfüms abschwören und ihm somit keine Gefahr droht, wählt er eine ebenso subtile wie passende Weise, um freiwillig aus dieser Welt zu scheiden. Dazu sucht er sich einen Ort aus, an dem sich bekanntermaßen der Abschaum der Stadt trifft. Lesen Sie selbst:

Als Grenouille aus den Arkaden kam und sich unter diese Menschen mischte, nahmen sie ihn zunächst gar nicht wahr. Er konnte unbehelligt an ihr Feuer treten, als sei er einer von ihnen. Das bestärkte sie später in der Meinung, es müsse sich bei ihm um einen Geist oder einen Engel oder sonst etwas Übernatürliches gehandelt haben. Denn üblicherweise reagierten sie höchst empfindlich auf die Nähe eines Fremden.

Der kleine Mann in seinem blauen Rock aber sei plötzlich einfach da gewesen, wie aus dem Boden herausgewachsen, mit einem kleinen Fläschchen in der Hand, das er entstöpselte. Dies war das erste, woran sich alle erinnern konnten: dass da einer stand und ein Fläschchen entstöpselte. Und dann habe er sich mit dem Inhalt dieses Fläschchens über und über besprenkelt und sei mit einem Mal von Schönheit übergossen gewesen wie von strahlendem Feuer.

Fur einen Moment wichen sie zurück aus Ehrfurcht und bassem Erstaunen. Aber im selben Moment spürten sie schon, dass das Zurückweichen mehr wie ein Anlaufnehmen war, dass ihre Ehrfurcht in Begehren umschlug, ihr Erstaunen in Begeisterung. Sie fühlten sich zu diesem Engelsmenschen hingezogen. Ein rabiater Sog ging von ihm aus, eine reißende Ebbe, gegen die kein Mensch sich stemmen konnte, um so weniger, als sich kein Mensch gegen sie hätte stemmen wollen, denn es war der Wille selbst, den diese Ebbe unterspülte und in ihre Richtung trieb: hin zu ihm.

Sie hatten einen Kreis um ihn gebildet, zwanzig, dreißig Personen und zogen diesen Kreis nun enger und enger. Bald fasste der Kreis sie nicht mehr alle, sie begannen zu drücken, zu schieben und zu drängeln, jeder wollte dem Zentrum am nächsten sein.

Und dann brach mit einem Schlag die letzte Hemmung in ihnen, der Kreis in sich zusammen. Sie stürzten sich auf den Engel, fielen über ihn her, rissen ihn zu Boden. Jeder wollte ihn berühren, jeder wollte einen Teil von ihm haben, ein Federchen, ein Flügelchen, einen Funken seines wunderbaren Feuers. Sie rissen ihm die Kleider, die Haare, die Haut vom Leibe, sie zerrupften ihn, sie schlugen ihre Krallen und Zähne in sein Fleisch, wie die Hyänen fielen sie über ihn her.

Aber so ein Menschenkörper ist ja zäh und lässt sich nicht so einfach auseinanderreißen, selbst Pferde haben da die größte Mühe. Und so blitzten bald die Dolche auf und stießen zu und schlitzten auf, und Äxte und Schlagmesser sausten auf die Gelenke herab, zerhieben krachend die Knochen. In kürzester Zeit war der Engel in dreißig Teile zerlegt, und ein jedes Mitglied der Rotte grapschte sich ein Stück, zog sich, von wollüstiger Gier getrieben, zurück und fraß es auf. Eine halbe Stunde später war Jean-Baptiste Grenouille in jeder Faser vom Erdboden verschwunden. Als sich die Kannibalen nach gehabter Mahlzeit wieder am Feuer zusammenfanden, sprach keiner ein Wort. Der eine oder andere stieß ein wenig auf, spie ein Knöchelchen aus, schnalzte leise mit der Zunge, stupste mit dem Fuß einen übriggebliebenen Fetzen des blauen Rocks in die Flammen: Sie waren alle ein bisschen verlegen und trauten sich nicht, einander anzusehen. Einen Mord oder ein anderes niederträchtiges Verbrechen hatte jeder von ihnen, ob Mann oder Frau, schon einmal begangen. Aber einen Menschen aufgefressen? Zu so etwas Entsetzlichem, dachten sie, seien sie nie und nimmer imstande. Und sie wunderten sich, wie leicht es ihnen doch gefallen war und dass sie, bei aller Verlegenheit, nicht den geringsten Anflug von schlechtem Gewissen verspürten. Im Gegenteil! Es war ihnen, wenngleich im Magen etwas schwer, im Herzen durchaus leicht zumute. In ihren finsteren Seelen schwankte es mit einem Mal so angenehm heiter. Und auf ihren Gesichtern lag ein mädchenhafter, zarter Glanz von Glück. Daher vielleicht die Scheu, den Blick zu heben und sich gegenseitig in die Augen zu sehen.

Als sie es dann wagten, verstohlen erst und dann ganz offen, da mussten sie lächeln. Sie waren außerordentlich stolz. Sie hatten zum ersten Mal etwas aus Liebe getan.

Gleich dazu das Ende aus dem „Lazaril von Tormes“:

Aber vorwahr, wenn ich nicht wäre verheiratet gewesen, so hätte ich doch diese Gesellschaft nicht gelassen, weil es ein Volk ist gleich nach meinem Kopf und wie ichs gerne habe. Denn sie führen wohl ein schönes herrliches Leben; es sind nicht widerwärtige geschossene Narren, halten nicht viel von sich, seind nicht ekel, und haben kein Bedenken in einem Schenkhaus abzutreten; ist der Wein gut, so ziehen sie den Hut ab und stellen sich freundlich gegen den Wirt: Sie sind fein gerade heraus, haben auch Ehr und Ehrbarkeit lieb; und wissen ihren Sachen dermaßen eine Gestalt zu geben, dass ich mir wünschen wollte, Gott bescherte mir nie ärgere Gesellschaft, besonders wenn ich sehr durstig wäre. Aber weil ich mein Weib gleichwohl lieb habe, und mich nun allhier eingelassen und gesetzt, dass ich diesen Ort gleich wie für mein Vaterland halte; und wie man pflegt zu sagen; es bleibe einer nur auf seinem Mist! das hat mich zurücke gehalten: Und also bin ich in dieser Stadt verblieben; ob ich aber ziemlich unter den Leuten und Inwohnern bekannt bin, so dünkt mich doch, es sei mir gar einsam, sint dass dieselbigen meine gute Freunde hinweg sein, und der Hof fortgezogen ist. Ich bin auch ferner in dem erfreuet worden, dass mich Gott gesegnet, und mir ein schönes liebes Töchterlin gegeben hat; und mein Weib war eben zur selben Zeit danieder kommen: Ich hatte zwar ein wenig einen Argwohn; aber sie schwur gleichwohl, es wäre mein Kind. Also hab ich ziemlich gute Tage gehabt, bis dass das Glück wiederumb meiner vergessen, sich abermal gegen mir zornig, grausam und wütend erzeiget, hat mir also dieselbigen wenigen Jahr, da ich eines annehmlichen und ruhigen Lebens genossen, wieder verpfeffert, und mir so viel Kummer und Angst, ja gar den bittern Tod übern Hals geschickt. Oh du höchster Gott, wer könnte nur so ein widerwärtiges grausames Unglück genugsam beschreiben? Einen solchen traurigen bösen Fall! Wer könnte es nur enden, der nicht darüber müde werden, Schreibzeuge und Federn auch ihre Ruhe verstatten müsste!

Die Bedeutung des Endes ist bei Süßkind auf den ersten Blick klar: Der Roman schließt mit dem Tod der Hauptfigur. Wir haben sie also beobachtet von ihrer Geburt an bis zu ihrem Tod – mehr gibt es auch nicht zu berichten (und wenn doch, so ist ein Epilog dafür die richtige Form).

Lazaro ist zum Zeitpunkt, an dem wir ihn verlassen, noch nicht gestorben; doch auch für ihn ist der entscheidende Lebensabschnitt abgeschlossen. Das kleine Büchlein des Lazaril von Tormes ist ein sogenannter Schelmenroman, eine Ansammlung unglaublicher, komischer, auch tragischer Zu- und Zwischenfälle, die der Protagonist mit Witz und Bauernschläue übersteht. Nach dem Verzicht, mit seinen Freunden, Saufkumpanen und Spielgenossen erneut auf Wanderschaft zu gehen, ist es mit diesen ungeheuerlichen Erlebnissen vorbei. Lazaros Leben mündet nun in eine bürgerliche Existenz mit Frau und Kind, über die es nichts Erzählenswertes zu berichten gibt, jedenfalls nicht in dieser Form des Schelmenromans. Zwar gibt es ganz am Ende einen Hinweis auf weitere Geschehnisse, die Lazaros stilles Glück anscheinend zerstört haben, aber dies ist wohl eine andere Geschichte. Fast könnte man meinen, dass an dieser Stelle eine spätere Fortsetzung vorbereitet werden soll. In der Tat haben wir in der Literatur eine Reihe von Beispielen für Romane, die später eine Weiterführung erfahren haben. Diese Fortsetzungen lassen sich in aller Regel in drei Formen einordnen: Romane, die von vornherein als Fortsetzungen geplant waren und in sich auch keinen abgeschlossenen Eindruck machen. Als Beispiel sei Thomas Manns Roman „Joseph und seine Brüder" genannt. Die zweite Art der Fortsetzung sind solche Romane, die sich mit verschiedenen Lebensabschnitten der Hauptfigur beschäftigen. Sie können mehr oder weniger für sich alleine bestehen, ihr ganzer Sinn erschließt sich aber erst, wenn man alle Teile des Romans liest. Ein Beispiel hierfür ist Lion Feuchtwangers Josephus-Trilogie (eine zufällige Namensgleichheit, es handelt sich nicht um die gleiche Person. Manns Joseph ist der biblische Joseph, Feuchtwanger beschäftigt sich mit dem jüdischen Historiker Flavius Josephus).

Die dritte Form ist keine eigentliche Fortsetzung, sondern eher eine Aufnahme bestimmter Motive und Personen, die verschiedene Romane miteinander verbinden, aber andere Probleme und Figurenkonstellationen in den Mittelpunkt rücken. Dies kann man zum

Beispiel an Jakob Wassermanns drei Romanen „Der Fall Maurizius", „Etzel Andergast" und „Joseph Kerkhovens dritte Existenz" beobachten.

Immer aber geht es darum (und damit kommen wir zu dem wichtigsten Kriterium für Romane), dass der Roman ein abgeschlossenes Ganzes behandelt. Er bewegt sich von einem Anfang zu einem Ende. In der reinsten Form wird der Anfang durch die Geburt der Hauptfigur und das Ende durch deren Tod gesetzt. Der Roman umspannt also ein ganzes Leben mit seinen „Irrungen Wirrungen", um einen Romantitel von Theodor Fontane zu verwenden. Im 18. und auch noch im 19. Jahrhundert war besonders der Bildungsroman beliebt, z.B. der „Wilhelm Meister" von Goethe. Eine am Anfang des Romans recht unfertige Hauptfigur wird durch ihre Erlebnisse „erzogen". Schicksalsschläge, Fehler, Irrtümer sind notwendige Hindernisse auf dem Weg des „Helden", durch die dieser hindurchgehen muss, um sich in seiner Rolle als Mensch und Bürger auszubilden und schließlich zu bewähren.

Später haben die Autoren zunehmend Interesse an den negativen Helden gefunden, den Figuren, die aus ihren Fehlern nichts lernen oder deren Entwicklung eine Abwärtsspirale ist. Mit Einschränkungen kann man Alfred Döblins berühmten Roman „Berlin Alexanderplatz" so sehen, vielleicht auch Bölls „Ansichten eines Clowns". Mit Einschränkungen deshalb, weil es bei dieser Art von Figuren schwierig ist, gerecht zu bewerten, was ihr Verlust bedeutet. Bölls Clown zum Beispiel wählt sich seinen sozialen Abstieg selbst, weil er sich nicht mit einer korrupten Gesellschaft arrangieren will. Döblins Franz Biberkopf muss erkennen, dass es ihm in der anonymen modernen Gesellschaft nicht gelingen kann, anständig zu bleiben und gleichzeitig seine Vorstellungen von einem glücklichen Leben durchzusetzen. Das Scheitern dieser Figuren ist mehr eines an der Gesellschaft als ein Zerbrechen an ihren persönlichen Mängeln.

Auch hier entsteht Literatur aus der Unzufriedenheit an der Realität. Der positive Held des Bildungsromans dient als Beispiel für eine mögliche Entwicklung der Menschen. Der negative Protagonist scheitert an den Widersprüchen der Gesellschaft, um diese im Sinne einer gerechteren Ordnung zu kritisieren. Die Zerstörung eines zutiefst boshaften Menschen macht Sinn als Kritik einzelner Lebensauffassungen und Ansichten, bietet den Autoren aber offensichtlich weniger Gelegenheit, ihre Vorstellungen einer wünschenswerten Realität auszuarbeiten. Zumindest weisen die wenigen Beispiele, die wir in der Literatur dafür haben, auf einen solchen Zusammenhang hin.

Was resultiert nun aus der Vorgabe, dass der Roman die gesamte Lebensspanne eines Menschen umfasst?

Zuerst ergibt sich daraus, dass auch alle Phänomene des menschlichen Lebens im Roman Platz finden können. Es gibt keine grundsätzliche Beschränkung im Roman, die bestimmte Themen, Verhaltensweisen oder Ansichten ausschließt. Auch das Abgelegenste, Hässlichste und das moralisch Verwerflichste darf im Roman dargestellt werden, da es Teil des menschlichen Lebens ist, ebenso natürlich das Schöne, Romantische, Glück und Frieden. Wer hier aus einer künstlerischen Theorie oder seinem persönlichen Empfinden heraus Grenzen zieht, wird der vielgestaltigen Formenwelt des Romans nicht gerecht.

Zudem erscheint die Handlung nicht so zielgerichtet und geordnet wie in anderen literarischen Gattungen. Konzentriert sich dort das Geschehen in der Regel auf einige wenige, überschaubare Handlungsstränge, kann der Roman auf den Leser unübersichtlich und verwirrend wirken. Personen tauchen auf und verschwinden wieder, Ereignisse tragen sich zu, die über einen langen Zeitraum keine Aufnahme mehr finden, die Anzahl der Figuren wächst ins Unübersichtliche, manche wirken wie Statisten, die ein kurzes Gastspiel geben oder auch nur einen leeren Raum zu füllen haben, andere kommen als scheinbare Protagonisten in unser Blickfeld, um unvermittelt wieder abzutreten. Oftmals fragen wir uns Hunderte von Seiten später oder gar erst am Ende des Romans: Was ist eigentlich aus XY geworden, der auf Seite 70 doch so eine große Rolle zu spielen schien?

Dass die Handlung ungeordnet scheint, wurde oben gesagt und diese Einschränkung sollte man nicht vergessen. Wir bewerten die Qualität eines Romans unter anderem danach, wie weit die scheinbare Unordnung des Romans tatsächlich doch geordnet ist. Die meisten Romanautoren und besonders jene, die sich auf Dauer als erfolgreich erwiesen haben, legen sich für ihre Werke regelrechte Baupläne an: Welche Personen wann auftreten, welches Ereignis in Bezug zu welcher Figur und zu welchem Ereignis stehen soll. Wir werden uns später mit solchen Bauplänen noch befassen.

Wenn Sie ein Beispiel für einen in seiner Vielfalt besonders verwirrenden Roman lesen wollen, der dennoch streng konstruiert ist, dann lesen Sie von dem – zu Unrecht fast vergessenen – Autor Heimito von Doderer den Roman: „Die Strudlhofstiege".

Die Merkmale, die wir für den traditionellen Roman gefunden haben, gelten in ähnlicher Weise auch für den modernen Roman. Da wir später ausführlich auf die moderne Schreibweise eingehen, sollen die Unterschiede hier nur kurz angesprochen werden. Einer dieser Unterschiede ist der Verzicht auf einen chronologischen Handlungsablauf, das heißt, die Geschichte wird nicht in der zeitlichen Reihenfolge erzählt, in der sie sich zuträgt. Während es traditionelle Autoren vorziehen, den Gang der Ereignisse einzuhalten, arbeitet moderne Literatur gerne mit zeitlichen Sprüngen, mit Vorgriffen, Einschüben und Nachträgen. Eine Veränderung findet sich auch im Umgang mit dem Protagonisten: Zum einen wird der Held im modernen Roman gerne stärker in seiner Subjektivität dargestellt, das heißt, es wird Wert darauf gelegt, die Gedanken und Gefühle aufzuzeigen, die sich im Kopf der Hauptfigur, dem Innenraum, abspielen. Das führt beispielsweise zum häufigen Gebrauch der Ich-Perspektive gegenüber dem Erzähler, der alles zu wissen scheint und über allem schwebt. Auch treten die tatsächlichen Geschehnisse vor der Frage zurück, wie die Person diese wahrnimmt, empfindet und deutet.

Zum anderen gibt es Romane, die überhaupt keinen Helden im eigentlichen Sinne mehr kennen. Stattdessen wird der Leser mit einer Vielzahl von Personen und Schicksalen konfrontiert, die auftreten und wieder verschwinden, ohne dass sich eine zentrale Figur herauskristallisiert. Die notwendige äußere Einheit wird häufig durch einen „objektiven" Bereich gestiftet. In einigen Fällen sind dies Orte, die den Schauplatz für die Einzelschicksale der Personen bilden. Einer der ersten Romane, die das konsequent durchgeführt haben, ist „Manhattan Transfer" von John Dos Passos. Hier bildet die Stadt New York, speziell natürlich Manhattan, den zentralen Mittelpunkt, um den sich die unterschiedlichen Schicksale von Einwanderern und amerikanischen Bürgern entwickeln. Auch in Döblins „Berlin Alexanderplatz" oder in der oben schon erwähnten „Strudlhofstiege" sind es Orte, die an Stelle des Helden den zentralen Bezugspunkt der Handlung abgeben, auch wenn es in diesen beiden Romanen noch deutlich erkennbare Protagonisten gibt.

So bedeutsam diese Unterschiede zwischen traditionellem und modernem Roman sind, so sehr können wir sie im Moment für unsere Frage vernachlässigen. Für Sie als Autor ist es im Moment nur wichtig, sich eine Sache klar zu machen: Wenn Sie unter den Werkzeugen, zu denen Sie greifen können, den Roman wählen, dann haben Sie es mit der Fülle des menschlichen Lebens zu tun. Vom Roman erwartet der Leser, dass er sich mit einem großen Weltpanorama beschäftigt, menschliche Leidenschaft, menschliches Streben, Abgründe und Höhen zum Thema hat. Keine andere Gattung ist so weitläufig, so vielgestaltig und so frei in den Gegenständen ihrer Handlung.

Diese Beschäftigung mit der Welt kann ernst und tiefsinnig sein, sie kann Probleme und falsche Haltungen kritisieren, sie kann aber auch einfach nur spannend oder amüsant sein, wie in den vielen Varianten des Schelmenromans. Zwischen nachdenklich und unterhaltend ist alles denkbar, Hauptsache vielgestaltig. Wenn Sie nur ein Thema, eine Idee, eine Geschichte zu erzählen haben, die keine oder nur wenige Nebenhandlungen aufzuweisen hat, gibt es bessere Formen als den Roman.

Und noch eins: Sofern Sie ein unerfahrener Autor sind, sollten Sie sich nicht unbedingt gleich an den Roman als „Ihre" Form wagen. Gerade die Vielgestaltigkeit verlangt organisatorischen Überblick und Planung beim Schreiben, die Sie leicht überfordern könnte. Oder würden Sie jemandem, der gerade erst schwimmen gelernt hat empfehlen, sich an eine Überquerung des Ärmelkanals zu wagen?

Üben Sie sich erst einmal an Kurzformen: Aus denen kann ein Roman heraus erwachsen oder sie können zumindest die nötige

Übung für einen Roman bereitstellen, ohne dass Sie sich überfordert fühlen und möglicherweise den Mut verlieren.

Dazu noch einmal Sten Nadolny:

Die Sprache warnt, das ist ihre größte Leistung. Leider tut sie es erst, wenn man ihr bereits viel Zeit geopfert hat. Man schreibt und schreibt, und was dabei herauskommt, ist schließlich eine Warnung. Sie sagt mir: „Du glaubst da an einen Zusammenhang, hättest ihn gern mit mir zusammen hergestellt – aber er ist noch nicht da.

Du kannst gern noch länger so weiterschreiben, ich sage dir nur: du wirst irgendwo hinkommen, wo es nicht vorwärts und nicht zurück geht, und du wirst alles wegwerfen müssen!"

Und das passiert dann auch.

Das sind zwar gerade die lichtesten Momente im Leben eines Autors, aber zu erkennen meist nur an einem Fluch, einem Fußtritt nach dem Papierkorb oder sogar einem vorübergehenden Hinwerfen der Arbeit. In einer Werkstatt geht es sowieso nicht so feierlich zu, wie man sich Schöpfungsakte gern vorstellt, im Film Doktor Schiwago etwa. Obwohl mir das immer ungeheuer imponiert hat, wie der da den Gänsekiel eintaucht und dann einen Satz zu Papier bringt, der sogar stehen bleibt, wenn ich mich richtig erinnere.

Denn die Arbeit an einem Romanstoff ist keineswegs nur das Schreiben und Korrigieren von Sprache, sondern eine Kette aufwendiger Erzählversuche, nach denen nicht der Autor die Sprache, sondern vor allem die Sprache den Autor korrigiert. Sie eröffnet ihm keinen Weg, wo die Navigation falsch war. Und er merkt an ihr, dass er sich vertan hat und umkehren muss.

Max Weber hat über Politiker gesagt, ihr Beruf sei das langsame Bohren dicker Bretter. Was das Schreiben angeht, so ist es ein langsames Graben langer Tunnel, und bekanntlich kann man so etwas nicht von außen, man muss selbst mit hindurch, bis das Licht von der anderen Seite kommt. Mir fällt gerade ein, dass Max Weber, glaube ich, nie gesagt hat, wozu die Löcher in den Brettern dienen sollten. Vielleicht wissen es die Politiker.

Natürlich gelten Nadolnys Worte vom Wegwerfen und Neubeginnen für alle Arten von Literatur. Aber ebenso normal ist der Selbstzweifel, ob es denn jemals zu einem guten Ende kommen könne mit dem Werk – bei einem Roman viel stärker als bei einer Kurzgeschichte. Auch sind die Warnzeichen einer missglückenden Sprache bei einem überschaubaren Erzählplan leichter wahrzunehmen als bei der verzwickten Romanform. Daher noch einmal: Wagen Sie sich nicht zu früh an den Roman.

Sind Lyrik und Drama aufgrund ihrer äußeren Form noch einfach zu erkennen, ist die Begriffsbestimmung beim Roman schon schwieriger. Vollends zum Problem wird sie bei der sogenannten Kurzprosa. Zwar kann man sie, und das werden wir hier tun, gut vom Roman unterscheiden, aber die Abgrenzung verschiedener Kurzprosaformen untereinander ist wesentlich problematischer. Nehmen wir uns einfach eine typische Kurzgeschichte als Beispiel:

Zuerst sah er ihren Mann. Er sah ihn allein heraustreten aus dem flachen, schilfgedeckten Haus hinter dem Deich, den Riesen mit dem traurigen Gesicht, der wieder seine hohen Wasserstiefel trug und die schwere Joppe mit dem Pelzkragen. Er beobachtete vom Fenster aus, wie ihr Mann den Pelzkragen hochschlug, gebeugt hinaufstieg auf den Deich und oben im Wind stehen blieb und über das leere und ruhige Watt blickte, bis zum Horizont, wo die Hallig lag, ein schwacher Hügel hinter der schweigenden Einöde des Watts. Und während er noch hinüberblickte zur Hallig, stieg er den Deich hinab zur andern Seite, verschwand einen Augenblick hinter der grünen Böschung und tauchte wieder unten neben der tangbewachsenen eisernen Spundwand auf, die sie weit hinausgebaut und mit einem Steinhaufen an der Spitze gesichert hatten. Der Mann ging in die Hocke, rutschte das schräge Steinufer hinab und landete auf dem weichen, grauen Wattboden, der geriffelt war von zurückweichendem Wasser, durchzogen von den scharfen Spuren der Schlickwürmer; und jetzt schritt er über den weichen Wattboden, über das Land, das dem Meer gehörte; schritt an einem unbewegten Priel entlang, einem schwarzen Wasserarm, der wie zur Erinnerung für die Flut dalag, nach sechs Stunden wieder zurückzukehren und ihn aufzunehmen mit steigender Strömung. Er schritt durch den Geruch von Tang und Fäulnis, hinter Seevögeln her, die knapp zu den Prielen abwinkelten und suchend und schnell pickend voraustrippelten; immer weiter entfernte er sich vom Ufer, in Richtung auf die Hallig unter dem Horizont, wurde kleiner, wie an jedem Tag, wenn er seinen Wattgang zur Hallig machte, allein, ohne seine Frau. Zuletzt war er nur noch ein wandernder Punkt in der dunklen Ebene des Watts, unter dem großen und grauen Himmel hier oben: er hatte Zeit bis zur

Flut ... Und jetzt sah er von seinem Fenster aus die Frau. Sie trug einen langen Schal und Schuhe mit hohen Absätzen; sie kam unter dem Deich auf das Haus zu, in dem er wartete, und sie winkte zu seinem Fenster hinauf. Dann hörte er sie auf der Treppe, hörte, wie sie die Tür öffnete, zögernd von hinten näher kam, und jetzt wandte er sich um und sah sie an.

„Tom", sagte sie, „oh, Tom", und sie versuchte dabei zu lächeln und ging mit erhobenen Armen auf ihn zu.

„Warum hast du ihn nicht begleitet?" fragte er.

Sie ließ die Arme sinken und schwieg; und er fragte wieder:

„Warum bist du mit deinem Mann nicht rübergegangen zur Hallig? Du wolltest einmal mit ihm rübergehen. Du hattest es mir versprochen."

„Ich konnte nicht", sagte sie. „Ich habe es versucht, aber ich konnte es nicht."

Er blickte zu dem Punkt in der Verlorenheit des Watts, die Hände am Fensterkreuz, die Knie gegen die Mauer gedrückt, und er spürte den Wind am Fenster vorbeiziehen und wartete. Er merkte, wie die Frau sich hinter ihm in den alten Korbstuhl setzte, es knisterte leicht, ruckte und knisterte, dann war sie still, nicht einmal ihr Atem war zu hören. Plötzlich drehte er sich um, blieb am Fenster stehen und beobachtete sie; starrte auf das braune Haar, das vom Wind versträhnt war, auf das müde Gesicht und die in ruhiger Verachtung herabgezogenen Lippen, und er sah auf ihren Nacken und die Arme hinunter bis zu ihrer schwarzen, kleinen Handtasche, die sie gegen ein Bein des alten Korbstuhls gelehnt hatte ...

„Warum hast du ihn nicht begleitet?" fragte er.

„Es ist zu spät", sagte sie. „Ich kann nicht mehr mit ihm zusammen sein. Ich kann nicht allein sein mit ihm."

„Aber du bist mit ihm hier raufgekommen", sagte er.

„Ja", sagte sie. „Ich bin mit ihm auf die Insel gekommen, weil er glaubte, es ließe sich hier alles vergessen. Aber hier ist es noch weniger zu vergessen als zu Hause. Hier ist es noch schlimmer."

„Hast du ihm gesagt, wohin du gehst, wenn er fort ist?" „Ich brauche es ihm nicht zu sagen, Tom. Er kann zufrieden sein, dass ich überhaupt mitgefahren bin. Quäl mich nicht." „Ich will dich nicht quälen", sagte er, „aber es wäre gut gewesen, wenn du ihn heute begleitet hättest. Ich habe ihm nachgesehen, wie er hinausging, ich stand die ganze Zeit am Fenster und beobachtete ihn draußen im Watt. Ich glaube, er tat mir leid." „Ich weiß, dass er dir leid tut", sagte sie, „darum musste ich dir auch versprechen, ihn heute zu begleiten. Ich wollte es

deinetwegen tun; aber ich konnte es nicht. Ich werde es nie können, Tom. – Gib mir eine Zigarette."

Der Mann zündete eine Zigarette an und gab sie ihr, und nach dem ersten Zug lächelte sie und zog die Finger durch das braune, versträhnte Haar.

„Wie sehe ich aus, Tom?" fragte sie. „Sehe ich sehr verwildert aus?"

„Er tut mir leid", sagte der Mann.

Sie hob ihr Gesicht, das müde Gesicht, auf dem wieder der Ausdruck einer sehr alten und ruhigen Verachtung erschien, und dann sagte sie: „Hör auf damit, Tom. Hör auf, ihn zu bemitleiden. Du weißt nicht, was gewesen ist. Du kannst nicht urteilen. "

„Entschuldige", sagte der Mann. „Ich bin froh, dass du gekommen bist", und er ging auf sie zu und nahm ihr die Zigarette aus der Hand. Er drückte sie unterm Fensterbrett aus, rieb die Reste der kleinen Glut herunter, wischte die Krümel weg und warf die halbe Zigarette auf eine Kommode. Die untere Seite des Fensterbretts war gesprenkelt von den schmutzigen Flecken ausgedrückter Zigaretten. Ich muss sie mal abwischen, dachte er; wenn sie weg ist, werde ich die Flecken abwischen, und jetzt trat er neben den alten Korbstuhl, fasste ihn mit beiden Händen oben an der Lehne und zog ihn weit hintenüber.

„Tom", sagte sie, „oh, Tom, nicht weiter, bitte, nicht weiter, ich falle sonst, Tom, du kannst das nicht halten." Und es war eine glückliche Angst in ihrem Gesicht und eine erwartungsvolle Abwehr ...

„Lass uns hier weggehen, Tom", sagte sie danach, „irgendwohin. Bleib noch bei mir."

„Ich muss mal hinaussehen", sagte er, „einen Augenblick."

Er ging zum Fenster und sah über die Einsamkeit und Trübnis des Watts; er suchte den wandernden Punkt in der Einöde draußen, zwischen den fern blinkenden Prielen, aber er konnte ihn nicht mehr entdecken.

„Wir haben Zeit bis zur Flut", sagte er. „Warum sagst du das nicht? Du bist immer nur zu mir gekommen, wenn er seinen Wattgang machte zur Hallig raus. Sag doch, daß wir Zeit haben für uns bis zur Flut. Sag es doch."

„Ich weiß nicht, was mit dir los ist, Tom", sagte sie, „warum du so gereizt bist. Du warst es nicht in den letzten zehn Tagen. In den letzten zehn Tagen hast du mich auf der Treppe begrüßt."

„Er ist dein Mann", sagte er gegen das Fenster. „Er ist noch immer dein Mann, und ich hatte dich gebeten, heute mit ihm zu gehen." „Ist es dir heute eingefallen, dass er mein Mann ist? Es ist dir spät eingefallen, Tom", sagte sie,

und ihre Stimme war müde und ohne Bitternis. „Vielleicht ist es dir zu spät eingefallen. Aber du kannst beruhigt sein: er hat aufgehört, mein Mann zu sein, seitdem er aus Dharan zurück ist. Seit zwei Jahren, Tom, ist er nicht mehr mein Mann. Du weißt, was ich von ihm halte." „Ja", sagte er, „du hast es mir oft genug erzählt. Aber du hast dich nicht von ihm getrennt; du bist bei ihm geblieben, zwei Jahre, du hast es ausgehalten."

„Bis zum heutigen Tag", sagte sie, und sie sagte es so leise, dass er sich vom Fenster abstieß und sich umdrehte und erschrocken in ihr Gesicht sah, in das müde Gesicht, über das jetzt eine Spur heftiger Verachtung lief.

„Ist etwas geschehen?" fragte er schnell.

„Was geschehen ist, geschah vor zwei Jahren."

„Warum hast du ihn nicht begleitet?"

„Ich konnte nicht", sagte sie, „und jetzt werde ich es nie mehr brauchen."

„Was hast du getan?" fragte er.

„Ich habe versucht zu vergessen, Tom. Weiter nichts, seit zwei Jahren habe ich nichts anderes versucht. Aber ich konnte es nicht."

„Und du bist bei ihm geblieben und hast dich nicht getrennt von ihm", sagte er. „Ich möchte wissen, warum du es ausgehalten hast."

„Tom", sagte sie, und es klang wie eine letzte, resignierte Warnung, „hör mal zu, Tom. Er war mein Mann, bis sie ihm den Auftrag in Dharan gaben und er fortging für sechs Monate. So lange war er es, und als er zurückkam, war es aus. Und weil du dein Mitleid für ihn entdeckt hast heute, und weil du wohl erst jetzt bemerkt hast, dass er mein Mann ist, will ich dir sagen, was war. Er kam krank zurück, Tom. Er hat sich in Dharan etwas geholt, und er wusste es. Er war sechs Monate fort, Tom, sechs Monate sind eine Menge Zeit, und es gibt viele, die es verstehen, wenn so etwas passiert. Vielleicht hätte ich es auch verstanden, Tom. Aber er war zu feige, es mir zu sagen. Er hat mir kein Wort gesagt."

Der Mann hörte ihr zu, ohne sie anzusehen; er stand mit dem Rücken zu ihr und sah hinaus, sah den grünen Wulst des Deiches entlang, der in weitem Bogen zum Horizont lief. Ein Schwarm von Seevögeln kam von den Prielen draußen im Watt zurück, segelte knapp über den Deich und fiel in jähem Sturz in das Schilf bei den Torfteichen ein. Sein Blick lief suchend über das Watt zur Hallig, wo sich jetzt der wandernde Punkt lösen musste; jetzt musste er die Rückwanderung antreten, um vor der Flut auf dem Deich zu sein: er war nicht zu erkennen.

„Und du bist zwei Jahre bei ihm geblieben", sagte der Mann. „So lange hast du es ausgehalten und nichts getan."

„Ich habe zwei Jahre gebraucht, um zu begreifen, was passiert ist. Bis heute morgen hat es gedauert. Als ich ihn begleiten sollte, habe ich es gemerkt, Tom, und du hast mir geholfen dabei, ohne dass du es wolltest. Du hast aus Mitleid oder aus schlechtem Gewissen verlangt, dass ich ihn begleiten sollte." „Er ist immer noch nicht zu sehen", sagte der Mann. „Wenn er vor der Flut hier sein will, müsste er jetzt zu erkennen sein."

Er öffnete das Fenster, befestigte es gegen den Widerstand des Windes mit eisernen Haken und blickte über das Watt.

„Tom", sagte sie, „oh, Tom. Lass uns weggehen von hier, irgendwohin. Lass uns etwas tun, Tom. Ich habe so lange gewartet."

„Du hast dir lange etwas vorgemacht", sagte er, „du hast versucht, etwas zu vergessen, und dabei hast du gewusst, dass du es nie vergessen kannst."

„Ja", sagte sie, „ja, Tom. So etwas kann kein Mensch vergessen. Wenn er es mir gleich gesagt hätte, als er zurückkam, wäre alles leichter gewesen. Ich hätte ihn verstanden, vielleicht, wenn er nur ein Wort gesagt hätte."

„Gib mir das Fernglas", sagte er.

Die Frau zog das Fernglas vom Bettpfosten, gab es ihm mit dem ledernen Etui, und er öffnete es, hob das Glas und suchte schweigend das Watt ab.

„Ich kann ihn nicht finden", sagte der Mann, „und im Westen kommt die Flut."

Er sah die Flut in langen Stößen von Westen herankommen, flach und kraftvoll über das Watt hin ziehend; sie rollte vor, verhielt einen Augenblick, als ob sie Atem schöpfe, und stürzte sich in Rinnen und Priele, und kam dann wieder schäumend aus ihnen hervor, bis sie die eiserne Spundwand erreichte, sich sammelte und hochstieg an ihr und unmittelbar neben dem schrägen Steinufer weiterzog, so dass die dunkle Fläche des Watts gegen Osten hin abgeschnitten wurde.

„Die Flut ist pünktlich", sagte er. „Auch dein Mann war pünktlich bisher, aber ich kann ihn jetzt nicht sehen."

„Lass uns weggehen von hier, Tom, irgendwohin."

„Er kann es nicht mehr schaffen! Hörst du, was ich sage? Er ist abgeschnitten von der Flut, weißt du das?"

„Ja, Tom."

„Er war jeden Tag pünktlich zurück, lange vor der Flut. Warum ist er noch nicht da? Warum?“

„Seine Uhr, Tom“, sagte sie, „seine Uhr geht heute nach.“

Der Text „Die Flut ist pünktlich“ stammt von Siegfried Lenz, einem der Meister der deutschen Kurzgeschichte nach 1945, und wir können an ihr eine Reihe von Merkmalen beobachten, die für Kurzgeschichten typisch sind. Wenn Sie diese Merkmale mit Romanen und Lyrik vergleichen, werden Sie es vielleicht überraschend finden, dass die formale Ähnlichkeit mit der Lyrik größer ist als die mit dem Roman. Natürlich handelt es sich – das ist auf den ersten Blick erkennbar – um Prosa, um einen Text also, der nicht in Versen geschrieben ist wie die Lyrik und nicht in reiner Dialogform wie das Drama. Von daher sind wir geneigt, die Kurzformen vorschnell mit dem Roman in Verbindung zu bringen. Ein genauerer Blick enthüllt uns aber eine andere Verwandtschaft.

Übrigens, und das nur als kleine Randnotiz: Es ist kein Zufall, dass wir einen genauen Blick brauchen, um in der Literatur etwas zu *ent*hüllen. Denn vorher ist uns etwas *ver*hüllt worden. Die Verbindung des Wortes Text mit dem lateinischen textum, von dem auch unsere Textilien abstammen, ist nicht zufällig. Ursprünglich ist damit wohl gemeint, dass ein Text etwas ist, was aus vielen Worten kunstvoll wie ein Kleid gewoben wird, und die einzelnen Erzählfäden sind ebenso ineinander verschlungen wie die der Textilie – je mehr, desto haltbarer. Man könnte behaupten – und nicht nur böse Zungen tun das – dass Schriftsteller viele Worte machen, um uns etwas versteckt nahe zu bringen, was auch einfach zu sagen wäre. Aber: Der verhüllte Körper mit dem Geheimnis, das wir entdecken wollen, ist unendlich reizvoller als die „nackte“ Wahrheit.

Nehmen wir uns zuerst den Inhalt der Geschichte vor: Wir erleben im Wesentlichen das Gespräch zwischen zwei Menschen, die sich offensichtlich nicht fremd sind. Aus mehreren Andeutungen im Text erfahren wir, dass es sich um eine Frau und ihren Liebhaber handelt. Abgesehen davon, dass es in der Unterhaltung immer wieder um den Ehemann der Frau geht, den sie verlassen will, haben wir auch verschiedene Andeutungen in der Beschreibung der Situation selbst. Ich möchte Sie vor allem auf folgende Stelle aufmerksam machen: „Und es war eine glückliche Angst in ihrem Gesicht und eine erwartungsvolle Abwehr ...“ Lass uns hier weggehen, Tom“, sagte sie danach, „irgendwohin“.

Meine Schüler befrage ich an dieser Stelle gerne, wie viel Zeit sie für den Verlauf dieser Geschichte wohl veranschlagen. Sie beginnt zu dem Zeitpunkt, da die Flut gerade gegangen ist und endet, als diese soeben wiederkehrt. Wir können also etwa fünf bis sechs Stunden veranschlagen. Der Text gibt diese fünf Stunden aber nicht her. Erst in Verbindung mit der Frage, was eigentlich mit jenem „danach“ gemeint ist, kommt man der „verlorenen Zeit“ auf die Spur. Vorsichtig durch die drei Punkte angedeutet (Sie merken, dass uns der Autor einiges nur verhüllt mitteilt?), werden wir „Zeugen“ des Liebesspiels der Frau und ihres Geliebten, um den es sich also unzweifelhaft handelt.

Ansonsten erscheint in der Geschichte nur noch der Mann jener Frau, und das auch nicht mit einem persönlichen Auftritt, sondern nur als Gegenstand des Gesprächs. Das Personal ist also äußerst reduziert. Dieser Mann, so erfahren wir, hat einen längeren Aufenthalt im Ausland hinter sich und ist krank zurückgekehrt. Die Erbitterung der Frau ist durch eine normale Krankheit nicht erklärbar. Wenn wir aber vermuten, dass es sich um eine Geschlechtskrankheit handelt (übrigens nicht Aids, woran man denken könnte, aber die Geschichte wurde geschrieben, lange bevor diese Krankheit bei uns bekannt wurde), wird sie verständlich: Der Ehemann scheint fremd gegangen zu sein, und wenn seine Frau dafür möglicherweise sogar Verständnis gehabt hätte, so ist sie durch sein langes Schweigen tief verletzt. Aus dieser Kränkung und aus der Tatsache heraus, dass sie einen Geliebten hat, mit dem sie ein neues Leben beginnen möchte, fasst sie einen ungeheuerlichen Entschluss, den wir allerdings erst zum Ende der Geschichte erfahren: Den Entschluss, ihren Mann zu töten. Die Ausführung dieses Plans wird uns geradezu nebenbei mitgeteilt, und sie ist ebenso einfach wie genial: Die Frau verstellt die Uhr ihres Mannes, so dass dieser den Zeitpunkt für die rechtzeitige Rückkehr aus dem Watt verpasst.

Im Blick auf unseren Vergleich mit dem Roman ist das, was uns nicht mitgeteilt wird, noch interessanter als das, was wir erfahren.

Wir wissen praktisch nichts über den Geliebten der Frau, sein Vorname, Tom, wird genannt, nicht aber sein Beruf, seine Herkunft, seine Denkweise - er bleibt ein Name. Vielleicht, so ließe sich vermuten, ist das so, weil er nur Staffage ist, eine Nebenfigur, die lediglich die Aufgabe hat, uns mit den Gedanken der Hauptperson vertraut zu machen. Aber auch die Protagonistin bleibt seltsam verschwommen. Nicht einmal ihren Namen erfahren wir; sie bleibt im Text einfach „Die Frau". Hat sie ihren Mann einmal geliebt oder handelte es sich eher um eine Geldehe – oder vielleicht sogar um eine Ehe, die sein musste, weil ein Kind erwartet wurde? Wie ist sie aufgewachsen, was band sie an ihren Mann, warum empfindet sie seinen Vertrauensbruch als so kränkend, gibt es eine Vorgeschichte? Warum befreit sie sich von ihm mit einem Mord, statt sich einfach scheiden zu lassen oder ihn zu verlassen? Spielt Geld vielleicht doch eine Rolle oder lassen die gesellschaftlichen Spielregeln keine Scheidung zu? Schon diese kurz angerissenen Fragen zeigen auf, wie wenig wir eigentlich erfahren. Noch schwerer als der verschwiegene Hintergrund wiegt allerdings, dass uns die Geschichte auch nicht über den weiteren Verlauf informiert. Notfalls könnten wir uns zwar damit zufrieden geben, dass vor dieser Tat eben nichts Berichtenswertes geschah, aber eine Entwicklung müsste doch erkennbar sein. Zuerst wüsste der Leser gerne, ob der Mord überhaupt geglückt ist. Viele Dinge könnten dazwischen gekommen sein. Sollte der Mann, der diesen Spaziergang jeden Tag macht, wirklich nicht gemerkt haben, dass er heute länger verweilt, ist seine „innere Uhr" so falsch eingestellt? Aber auch dieser Punkt tritt vor der alles beherrschenden Frage in den Hintergrund, die der Autor nicht hätte ignorieren dürfen, wenn er uns romangewohnte Leser zufrieden stellen will: Da baut er seitenlang ein psychologisches Spiel zwischen der Frau, die ihren Partner töten will und dem Geliebten auf, der mit ihrem Mann Mitleid hat und zu seinem Fürsprecher wird. Und dann will dieser Erzähler uns verschweigen, wie der Liebhaber auf den Mord, den er ja nicht mehr verhindern kann, reagiert?

Wird er die Frau der Polizei ausliefern oder sich zumindest von ihr trennen, da ein gemeinsames Leben auf dieser Basis unmöglich erscheint? Möglicherweise lernt sie etwas daraus, ändert sich, wie wir das von den Bildungsromanen gewöhnt sind, bildet sich zu einem besseren Menschen? Aber nichts von alledem.

Vergleichen wir das Ergebnis unserer Überlegungen mit dem, was wir von der Gattung Roman erwarten, dann erhalten wir eine Ahnung davon, wieweit Kurzgeschichte und Roman in ihren Absichten voneinander entfernt sind. Während der Roman ein ganzes Leben umspannt, beschäftigt sich die Kurzgeschichte mit einem kurzen, prägnanten Ausschnitt, einer Situation, einer Begebenheit. Daher, nicht von der Seitenzahl, hat sie ihren Namen, und hier liegt auch die Wurzel der großen Nähe zur Lyrik, die sich ebenso das einzelne Geschehen, die einzelne Situation herausgreift, wenn auch gefühlsbetonter, handlungsärmer. Eine Handlung hat die Kurzgeschichte, aber eine konzentrierte, der die Sache wichtig ist, nicht ihre Ursachen und Folgen.

Daher kommt die Kurzgeschichte auch mit einem reduzierten Personal aus. Sie verzichtet auf den umfangreichen Figurenaufmarsch des Romans, den sie nicht benötigt, weil ihre Handlung wesentlich facettenärmer ist. Um verschiedene Charaktere, Meinungen und Handlungsweisen aufzuzeigen, benötige ich verschiedene Personen, weil ich die Differenzen nicht bruchlos in einer Figur vereinigen kann. Es gibt in der Literatur zwar gebrochene, widersprüchliche Figuren, aber auch diese müssen glaubhaft bleiben. Um einen Charakter, ein Ereignis zu zeigen, reicht eine Person, zwei, wenn ich einen Widerpart brauche, vier oder fünf, wenn ich Statisten für die Handlung nötig habe. Mehr Personen werden uns in Kurzgeschichten selten begegnen.

Die Beschränkung auf einen kurzen, typischen Ausschnitt des Lebens führt dazu, dass Kurzgeschichten plötzlich und unvermittelt einsetzen. Die Szene blendet unvermutet an einem Punkt auf, der es dem Leser nicht immer einfach macht, sich sofort im Geschehen zurechtzufinden. Während der Roman seine Ereignisse gründlich vorbereitet und Personen und Handlungsorte sorgfältig vorstellt, bleiben sie dem Leser der Kurzgeschichte anfänglich unbekannt.

Manchmal werden sie im Verlauf der Geschichte genauer ausgestaltet, sehr häufig jedoch nicht, wie in unserem Beispiel der Geliebte der Frau, über den wir bis zum Ende nichts erfahren. Oftmals benötigt der Leser diese Informationen auch nicht, weil sich die Kurzgeschichte mit typischen, verallgemeinerbaren Situationen beschäftigt, mit allen Formen von Beziehungen, mit kleinen Randbeobachtungen, menschlichen Verhaltensweisen, die nicht an eine bestimmte Gesellschaft gebunden sein müssen und daher auch keine Informationen über den zeitlichen und geographischen Rahmen brauchen, in dem sie spielen. Auch hierin ist sie näher an der Lyrik als am Roman, von dem wir gesagt hatten, dass er die einzelne Person oder Personengruppe in Beziehung zu ihrer jeweiligen Gesellschaft zeigt.

Ebenso wie das plötzliche Einsetzen der Handlung hat sich in den letzten Jahrzehnten zunehmend das offene Ende durchgesetzt, wenn es auch eine Menge Kurzgeschichten gibt, die darauf verzichten. Bezogen auf die Lebenssituation von Menschen ist es realistisch, dass einzelne Handlungen prinzipiell keinen Anfang und kein Ende haben. Jedes menschliche Handeln wird von den gemachten Erfahrungen bestimmt und es hat Folgen, die sich über das Ende der einzelnen Handlung hinaus fortsetzen. Wenn der Autor also eine einzelne Handlung herausgreift, tut er gut daran, nicht so zu tun, als stünde diese für sich. Lenz hat in „Die Flut ist pünktlich" kein offenes Ende im eigentlichen Sinne gelassen: Wir lesen, dass die Frau – vermutlich mit Erfolg -versucht hat, ihren Mann zu töten. Insofern findet diese spezielle Situation ein Ende. Was allerdings aus ihr und ihrer Lebenssituation wird, erfährt der Leser nicht. Es gibt andere Geschichten, die überhaupt nicht den Eindruck hinterlassen, dass es ein in irgendeiner Hinsicht abschließendes Ende gabe. Es ist, als wenn sich im Hause gegenüber, das wir gerade beobachten, ein Rollladen öffnet: Wir beobachten einen Ausschnitt des Lebens, das sich dort abspielt, vielleicht einen Ehestreit, vielleicht den liebevollen Umgang einer Mutter mit ihren Kindern, vielleicht eine Feier. Dann wird der Rollladen genauso unvermittelt geschlossen und wir verlassen die Szene wieder. Natürlich wählt der Autor seinen Ausschnitt nicht so zufällig. Er glaubt, in diesem Ausschnitt ein bestimmtes Verhalten von Menschen zeigen zu können, ein psychologisches Problem oder eine andere elementare, also grundlegende Situation.

Unerfahrene Leser haben oft damit Schwierigkeiten, dass diese Schreibweise mehr Fragen stellt als Antworten zu geben, denn sie erwarten von der Literatur Antworten. Für den Liebhaber ist aber gerade das offene Ende eine besondere Herausforderung, denn hier wird der Leser aufgefordert, selbst zum Autor zu werden. Es ist die Aufgabe des Lesers, die Geschichte im Kopf weiter zu schreiben, sich damit zu beschäftigen, wie es „wohl ausgeht", was mit den Personen geschieht, nachdem der „Rollladen" wieder heruntergelassen wurde. Dies sind die Bücher, die der Leser nach der Lektüre zwar zuklappt, aber dann nicht aufsteht, sondern gedankenversunken in seinem Sessel sitzen bleibt und lange, lange nachdenkt über das, was ihm da begegnet ist. Von Walter Benjamin, einem Philosophen und Kulturkritiker der Weimarer Republik, gibt es in anderem Zusammenhang einen wunderschönen Text, der das Gemeinte genau wiedergibt:

LESENDES KIND.

Aus der Schülerbibliothek bekommt man ein Buch. In den unteren Klassen wird ausgeteilt. Nur hin und wieder wagt man einen Wunsch. Oft sieht man neidisch ersehnte Bücher in andere Hände gelangen. Endlich bekam man das seine. Für eine Woche war man gänzlich dem Treiben des Textes anheim gegeben, das mild und heimlich, dicht und unablässig, wie Schneeflocken einen umfing. Dahinein trat man mit grenzenlosem Vertrauen. Stille des Buches, die weiter und weiter lockte! Dessen Inhalt war gar nicht so wichtig. Denn die Lektüre fiel noch in die Zeit, da man selber Geschichten im Bett sich ausdachte. Ihren halbverwehten Wegen spürt das Kind nach. Beim Lesen hält es sich die Ohren zu; sein Buch liegt auf dem viel zu hohen Tisch und eine Hand liegt immer auf dem Blatt. Ihm sind die Abenteuer des Helden noch im Wirbel der Lettern zu lesen wie Figur und Botschaft im Treiben der Flocken. Sein Atem steht in der Luft der Geschehnisse und alle Figuren hauchen es an. Es ist viel näher unter die Gestalten gemischt als der Erwachsene. Es ist unsäglich betroffen von dem Geschehen und den gewechselten Worten und wenn es aufsteht, ist es über und über beschneit vom Gelesenen.

Benjamin redet hier nicht von Kurzgeschichten, sondern von einer Erfahrung seiner Kindheit mit der wundervollen Welt der Bücher und der Verallgemeinerung dieser Erfahrung. Für das Kind, so Benjamin, ist die Welt der Bücher noch ein zutiefst geheimnisvolles Reich. Der Inhalt ist nicht so wichtig, sondern die Bücher bilden Anknüpfungspunkte für die Phantasie, die Geschichten mit einem eigenen Leben ausstattet und fortspinnt. Dadurch sinkt das Kind in das Geschehen immer tiefer ein wie in eine Schneewehe, bis es in die Geschichte eingeht und mehr dort existiert als in der realen Welt. (Ein alter Traum der Schriftsteller. Kennen Sie Michael Endes „Unendliche Geschichte"? Dort wurde genau dieser Traum in eine Erzählung umgesetzt.)

Mit dem offenen Ende will der Autor erreichen, dass sich der Leser so weit in das Leben der Figuren hineindenkt, dass er „über und über beschneit vom Gelesenen" ist, wenn er wieder auftaucht. Sie werden diesen Zustand nicht so leicht erreichen, wenn sie keinen Raum mehr für die Phantasie des Lesers lassen. Damit sind wir übrigens bei einem der großen Geheimnisse angelangt, die Schriftstellergenerationen sich von Mund zu Ohr weitergeben, und die der Tradition gemäß nur vom Vater auf die Tochter und von der Mutter auf den Sohn überliefert werden (fragen Sie nicht, warum das so ist, alte Traditionen bestehen unter eigenen Gesetzen). Aber wir sind ja unter uns: Ein guter Schriftsteller wird man nicht durch das, was man sagt, sondern durch das, was man zu verschweigen versteht. Das, was der Schriftsteller auslässt – nicht, weil er es vergisst, sondern weil er darauf verzichtet, es zu sagen – sind die Türen im Gebäude der Erzählung, durch die der Leser in das Innere des Baus eindringen kann. Und ganz besonders die Kurzgeschichte arbeitet mit solchen „Türen".

Um den „sanften Zwang" zum Nachdenken noch zu verstärken, wird in vielen Kurzgeschichten ein Wendemoment eingebaut, ein Augenblick, in dem etwas geschieht, das den Leser überrascht und ein ganz neues Licht auf den Text wirft. Sehr häufig findet sich dieser Wendepunkt am Ende, so dass der Effekt nicht verpufft, sondern den Leser in dem Moment ereilt, in dem er mit der offenen Geschichte alleine gelassen wird. Die Wende darf allerdings nicht völlig aus der Luft gegriffen sein, sonst wirkt sie unglaubwürdig. Lenz liefert uns auch dafür ein anschauliches Beispiel: Mit dem letzten Satz informiert er uns über den Mordanschlag der Frau, und besonders die Art und Weise wirkt überraschend. Wissen wir aber erst einmal, was sich zugetragen hat, können wir viele versteckte Zeichen im Text deuten. Schon der Titel: „Die Flut ist pünktlich" weist uns auf das kommende Ende hin.

Vergleichen wir das Ergebnis unserer Analyse noch mit einer anderen Kurzgeschichte, um den Blick für das Wichtige zu schärfen. Ich habe dafür die 1976 erschienene Geschichte „Katrin" von Angelika Mechtel gewählt.

Ich habe seine Kinder geboren. Ich habe mich eingeordnet. Ich habe versucht, ihn zu sehen, wie ich sah, dass meine Mutter ihren Mann gesehen hatte. Ich habe gelernt, Windeln zu waschen, Kinder zu trösten und Ordnung zu halten.

Ich habe einmal Mathematik und Latein gelernt, Physik und Französisch. Ich war eine mittelmäßige Schülerin. Ich habe mich streicheln lassen und schlagen. Ich habe zurückgeschlagen; habe gelernt, dass er mir überlegen ist.

Ich habe meinen Leib beobachtet, wie er anschwoll. Ich habe die Geburten überstanden; habe mir gesagt, dafür bist du eine Frau. Ich habe mir zugeredet, ich wollte glücklich sein. Ich habe ihn zur Arbeit geschickt und das Essen gekocht.

Ich habe seine Angst gesehen, als ich im Fieber lag, und seine Ungeduld, wenn das Baby schrie.

Ich habe zugelassen, dass er meine Mutter fortschickte, weil sie in der Ein-Zimmer-Wohnung die Windeln am Ofen trocknete und die Milch vors Fenster stellte. Ich habe gelernt, dass er sagen durfte, was er dachte: Was sollen die Leute von uns denken? Ich habe nichts begriffen. Ich habe mich eingelebt.

Ich habe nach seinem Ärger gefragt. Ich habe ihm zugehört; habe seinen Chef begrüßt, Kollegen bewirtet.

Ich habe mich von seiner Mutter belehren lassen. Ich war freundlich zu ihr. Ich habe von ihr gelernt, wie er gewohnt war zu leben und was er am liebsten aß. Ich habe mich darauf eingestellt. Ich habe mir sagen lassen, wie sie ihre Kinder erzogen hat. Ich habe meinen Kindern beigebracht, bitte zu sagen und danke, einen Knicks zu machen oder einen Diener, die schöne Hand zu geben und

Weihnachtslieder zu singen. Ich habe ihren Sohn kennen gelernt. Ich habe Angst gehabt.

Ich habe versucht, verständig zu sein und Nachsicht zu üben. Ich habe die Fehler bei mir gesucht. Ich habe immer gehofft, dass er auch mein großer Bruder sein könnte. Davon habe ich ihm nie etwas gesagt.

Ich habe ihm gesagt, dass ich ihn liebe. Ich habe Zärtlichkeit gelernt; habe die Kinder in Schutz genommen, wenn er wütend war; habe gelernt, dass er wütend sein durfte. Ich habe es mir erklären können. Ich bin nicht verzweifelt. Ich habe mir gesagt, dass ich glücklich bin.

Ich war glücklich, wenn er mich in seinen Armen begrub, wenn er freundlich war. Ich habe ihn trösten können, habe ihm Mut zugesprochen. Ich hatte mir einen sanften Mann gewünscht. Ich habe in geschlossenen Räumen geweint. Ich habe gewusst, dass Depressionen krankhaft sind. Ich habe gesehen, wie meine Hände den Händen meiner Mutter ähnlich wurden; habe mir gesagt, dass die täglichen Niederlagen nichts sind gegen meine Zuneigung. Ich habe mich nicht gefragt.

Wir haben die Anfänge überstanden. Ich habe gelernt, mit seinen Ängsten zu leben. Ich habe ihn geweckt, wenn er nachts in seinen Träumen schrie, habe ihm gesagt: Ich bin es. Ich habe mir seine Träume erzählen lassen. Ich habe zugehört. Ich habe gelernt, auch seine Schwester zu sein. Ich habe mir sagen lassen, dass ich eine mütterliche Ausstrahlung hätte. Ich habe mir gedacht, du musst warm und weich sein wie ein Muttertier; du musst eine Höhle sein. Ich habe unsere Kinder geliebt. Zuflucht, habe ich gedacht. Ich habe mich preisgeben wollen, aber ich habe es nicht gekonnt. Ich habe mich schuldig gefühlt.

Ich habe mir vorgestellt, dass es vorübergeht, dass wir älter werden und ruhiger. Ich habe gelernt, dass ich einen Mann nicht mehr ändern kann. Ich habe mich nicht daran gehalten.

Ich habe gelernt, Latein zu vergessen und die höhere Mathematik.

Ich habe ihm Mut zugesprochen, als er arbeitslos wurde. Ich habe gelernt, Umzüge zu organisieren, Wohnungen einzurichten und mit dem Geld auszukommen. Ich habe die Krankheiten unserer Kinder überstanden. Ich habe Träume gehabt.

Ich habe Tabletten geschluckt gegen Kopfschmerzen, Tabletten gegen Schlaflosigkeit; ich habe Rückenschmerzen behandeln lassen und Blutarmut. Ich war eine Schlafwandlerin. Ich habe streiten gelernt; habe Grabenkämpfe geführt. Ich bin in die Verweigerung gegangen, ich habe kein Wort mehr mit ihm gespro-

chen. Ich bin wütend geworden, wenn er wütend war. Ich habe mir gewünscht, dass die Kinder schnell groß werden.

Ich habe kapituliert, habe mir die Pulsadern aufgeschnitten, aber ich habe nicht sterben wollen. Ich habe es zugelassen, dass er mir den Arm abband; dass er für den Hausarzt einen Unfall erfand. Ich habe gehofft, dass einer fragen würde.

Ich habe mich selbst gefragt.

Wir haben es überstanden. Ich habe ihm den beruflichen Erfolg gewünscht. Ich habe um zwei Kindergartenplätze gekämpft; habe die Oberschwester mit Geschenken bestochen. Ich habe die Pille genommen. Ich habe mir gesagt: Du kannst keine Angst mehr haben. Ich habe meine Gefühle abgewehrt; ich habe eine Grenze gezogen. Ich habe nicht mehr zugelassen, dass mich einer verletzt.

Ich habe Schreibmaschine schreiben gelernt und Stenografie. Ich habe eine Arbeit angenommen. Ich habe Selbstvertrauen gewinnen wollen. Ich habe Geld nach Hause gebracht. Zu Weihnachten habe ich einen Kreislaufkollaps überwunden.

Ich habe halbtags gearbeitet wegen der Kinder. Wir haben uns Urlaub leisten können und Anschaffungen. Wir sind vorangekommen. Ich habe nicht auf die Zeit geschaut. Ich habe gesagt: Die Neunzig-Stunden-Woche bringt mich nicht um.

Meine Hoffnungen habe ich nicht aufgegeben, ich habe sie verschüttet.

Wir haben ein Haus gebaut; haben die Kinder aufs Gymnasium geschickt. Wir sind dem Elternbeirat beigetreten. Wir haben uns engagiert, wo wir selbst betroffen waren. Wir haben es vermieden, Erinnerungen nachzuhängen. Ich habe mich arrangiert; habe gelernt, mit seinem Temperament umzugehen. Ich bin nicht untergegangen. Ich habe wieder Latein und Mathematik gelernt, als die Kinder es lernten. Ich habe es nicht aufgegeben, mich von meinem Glück zu überzeugen. Ich bin hartnäckig gewesen. Ich habe es für mich behalten. Unsere Tochter habe ich zum Protest erzogen.

Ich habe gelernt, allein zu sein.

Gestern habe ich meine Tochter in Begleitung eines jungen Mannes gesehen. Ich habe ihm davon erzählt. Ich habe gesagt: Sie ist dir ähnlicher als mir. Ich habe mich gefragt, ob das eine Chance ist.

Einige Elemente, die wir oben benannt haben, finden wir mühelos wieder. Auch diese Geschichte beginnt unvermittelt, ohne dass der

Leser mehr über den Hintergrund der Hauptperson erfährt. Allerdings werden im Laufe des Textes weitere Informationen nachgeliefert, das Bild, das in uns von Katrin entsteht, wirkt wesentlich schärfer und umfassender als jenes der namenlosen Frau in Lenz' „Die Flut ist pünktlich". Dies hat seinen guten Grund, denn offensichtlich sind es gerade das Innenleben und die Entwicklung der Hauptperson, die den Inhalt der Geschichte bilden.

Das Ende ist nicht im eigentlichen Sinn offen, sondern es bildet einen deutlichen Abschluss. Trotzdem wird sich auch hier der Leser mit der Frage auseinandersetzen, wie es wohl mit Katrin, ihrer Ehe und ihrer Tochter weitergeht. Im Gegensatz zum Roman bildet der Text keinen Schlusspunkt, der mit einem Schlusspunkt im Leben des Helden identisch ist. Katrin stirbt nicht und zieht sich nicht aus einem ereignisreichen Leben ins Private zurück. Der Ausschnitt des Lebens, über den berichtet wird, ist nicht so kurz und abgegrenzt wie dies bei Lenz der Fall ist. Und doch ist es ein klar definierter Ausschnitt, wie wir in einer genaueren Untersuchung noch feststellen werden. Auch eine überraschende Wendung am Ende lässt sich feststellen, die den Leser noch einmal zur Beschäftigung mit dem Text drängt. Katrin, die in der Erinnerung an den Verlauf ihrer Ehe klar erkennt, wie sehr ihr Mann sie ausgenutzt hat und wie weit sie sich ihm anpasste, stellt fest, dass ihre Tochter eher dem Mann ähnelt. Sie deutet an, dass es sich dabei um eine Chance handelt. Das ist überraschend, denn es wäre zu erwarten gewesen, dass sie eine solche Entwicklung ihrer Tochter mit Unbehagen sieht.

Natürlich gibt es auch eine Reihe von Unterschieden zu dem Text von Lenz (sonst wäre Literatur langweilig und vorhersehbar).

Der auffälligste Unterschied ist ein stilistischer: Während Lenz noch in sehr herkömmlicher Weise beschreibend erzählt, wird in „Katrin" überhaupt nicht mehr in klassischer Weise erzählt. Vielmehr nehmen wir an den Gedanken der Hauptperson teil als seien es unsere eigenen. Zwei Dinge werden damit angestrebt (und auch erreicht): Zum einen wird die Nähe des Lesers zum Erzähler sehr viel größer, der Leser rückt enger an das Geschehen heran. Es ist ebenfalls typisch für die Kurzgeschichte, dass sie Einblick in das Innenleben der Personen geben will, sich mit dem beschäftigt, was die literarische Figur antreibt. Zum anderen wird deutlich gemacht, dass die Beurteilung des Geschehens vom subjektiven Standpunkt der Hauptfigur vorgenommen wird. Wir haben keinen distanzierten Erzähler, der dafür bürgt, dass alles so ist, wie es geschrieben steht, sondern müssen mit der Möglichkeit rechnen, dass Katrins Mann die Vorgänge ganz anders sieht und bewertet.

Als weiterer Punkt, der auffällt und von großer Bedeutung für die Form der Kurzgeschichte ist, gilt die sorgfältig durchgearbeitete Struktur, der Bauplan der Geschichte. Auch dies ist, ähnlich wie bei lyrischen Texten, eine ganz typische Erscheinung der Kurzgeschichte. Gerade weil das Geschehen sehr konzentriert und gerafft erzählt wird, ist es notwendig, den Aufbau sorgfältig zu organisieren. Diese Planung schauen wir uns etwas näher an.

Die erste Frage an jeden Text lautet: Was ist das Thema? Die Antwort scheint hier nahe zu liegen: Die Geschichte einer Ehe. Wenn Sie allerdings den ersten Satz und den letzten Abschnitt betrachten, kommen Sie zu einer anderen Antwort (nehmen Sie sich dafür jetzt ruhig etwas Zeit, es ist wichtig, dass Sie die „verborgenen" Elemente des Aufbaus nachvollziehen können, weil Sie so eine Menge darüber lernen, wie Sie Ihre eigenen Geschichten aufbauen müssen, um die erhoffte Wirkung zu erzielen). Lesen Sie bitte erst weiter, wenn Sie sich mit dem Anfang und dem Ende beschäftigt haben.

Worauf bezieht sich der erste Satz? Auf die Geburt der gemeinsamen Kinder. Wovon berichtet der letzte Satz? Davon, dass die Tochter mit einem jungen Mann gesehen wird, sich also in einer Phase der Ablösung vom Elternhaus befindet. Wenn man, von diesen Eckpunkten ausgehend, „Katrin" noch einmal liest, stellt man schnell fest, dass der Leser nichts über diese Ehe vor der Geburt erfährt, etwa wie Katrin und ihr Mann sich kennen gelernt oder warum sie geheiratet haben. Es geht weniger um die Geschichte einer Ehe als um eine Lebensphase, die von Geburt und Sorge um die Kinder geprägt ist.

Haben Sie sich beim Lesen vielleicht gefragt, warum Katrin bei ihrem Mann geblieben ist und ihn nicht verließ? Hier haben Sie die

Antwort: Weil sie sich den Kindern gegenüber verantwortlich fühlte, die Ehe aufrecht zu erhalten, was mit einer großen Anpassung verbunden war.

Der nächste Schritt besteht darin, dass wir ausgehend von unserer Erkenntnis versuchen müssen, den auf den ersten Blick sehr unorganisierten Text zu sortieren. Bleiben wir also bei den Kindern, die den inhaltlichen Mittelpunkt bilden.

Bemerkenswert sind die Artikel, mit denen die Kinder versehen werden. An einigen Stellen wird sehr distanziert von ihnen berichtet: die Kinder, bzw. das Baby. Der reine Artikel „die“ oder „das“ wird zum Beispiel verwendet, wenn das Baby schreit oder die Mutter bemerkt, dass die Kinder groß werden; Momente, in denen sich Katrin von ihren Kindern distanziert oder ihnen zumindest weniger nahe steht. Schwerwiegender ist der Gebrauch der Personalpronomen (meiner, deiner, ihre etc.). Schon im ersten Satz: „Ich habe seine Kinder geboren“ erleben wir eine außerordentliche Distanz zu den Kindern; anscheinend war es nicht Katrins Wunsch, schwanger zu werden, sondern der ihres Mannes. Darin scheint der Kern des Problems zu liegen: Dass er ihr die Kinder überlassen und von ihr den Verzicht auf Beruf und eigenständiges Leben verlangt hat, zu dem sie nicht bereit war.

Schon bald werden aus „seinen“ Kindern „meine Kinder“. Katrin hat also ihre Ablehnung aufgegeben und sie innerlich angenommen. Gleichzeitig sind es nicht mehr die Kinder ihres Mannes, sicherlich deshalb, weil er das Interesse an ihnen verloren hat, sie mit ihnen allein lässt. Der Satz, der sich auf ihre Schwiegermutter bezieht: „Ich habe ihren Sohn kennen gelernt. Ich habe Angst gehabt“, deutet an, dass sie nun erst das wahre Gesicht ihres Mannes einschätzen kann und dieses eine Enttäuschung, sogar eine Bedrohung für sie ist.

Von Zeit zu Zeit redet sie aber auch von „unseren“ Kindern, was darauf hindeutet, dass in diesen Phasen die Gemeinsamkeit größer ist oder zumindest von ihr stärker empfunden wird, möglicherweise auch, weil Katrin sich bemüht, den an sie gestellten Erwartungen gerecht zu werden.

Ist uns auf diesem Weg klar geworden, dass es sich bei der erzählten Geschichte nicht um eine Zustandsbeschreibung handelt, sondern um einen Prozess, in dessen Verlauf sich vieles verändert, können wir diese Entwicklung auch in anderen Bereichen feststellen.

Der erste Teil – bis etwa zur Hälfte – ist ein Bericht über die ständig zunehmende Entmündigung Katrins, die von ihr mit Angst, Ärger, aber auch mit großen Selbstzweifeln wahrgenommen wird. Ihre eigene Mutter wird vom Ehemann „fortgeschickt“, während sich dessen Mutter auf unerträgliche Weise in den Haushalt einschaltet und Katrin bevormundet. Während der Mann eine ganze Reihe von Verhaltensweisen für sich beansprucht („Ich habe gelernt, dass er sagen durfte, was er dachte“, „habe gelernt, dass er wütend sein durfte“), scheint ihr dieses Verhalten nicht erlaubt zu sein („Ich habe in geschlossenen Räumen geweint“).

Mehr und mehr passt sie sich seinen Wünschen an. Während sie ihr eigenes Leben zunehmend verliert („Ich habe mir gedacht, du musst warm und weich sein wie ein Muttertier“, „Ich habe gelernt, Latein zu vergessen und die höhere Mathematik“), bemüht sie sich, an seinem teilzuhaben.

Dann gibt es einen Bruch, ungefähr dort, wo sie beginnt, von „unseren“ Kindern zu reden: Der Mann wird arbeitslos. Aber statt sich in dieser Situation stärker am gemeinsamen Leben zu beteiligen, fällt der Mann in eine völlig passive Haltung, die sich wiederum am deutlichsten an den Kindern zeigt, wenn sie sagt: „Ich habe die Krankheiten unserer Kinder überstanden“. Das ist für eine normale Beziehung ein merkwürdiger Satz und offenbart die ganze Einsamkeit der jungen Frau. Zwar gewinnt sie andere Gestaltungsmöglichkeiten, wird durch ihre neue Rolle im Haushalt zur starken Persönlichkeit, aber zugleich führt sie die Belastung zuerst zur Tabletteneinnahme und dann zum Selbstmordversuch. Ihr neues Selbstbewusstsein mündet in Befreiungsversuchen, sie wehrt sich gegen ihren Mann, zuerst mit Worten, dann mit dem Hilferuf, der Kapitulation, wie sie es nennt. Doch wieder reagiert der Ehemann unsensibel und sorgt sich nur um seinen Ruf, den Schein, der nach außen gewahrt bleiben muss, nicht um das, was in seiner Frau vorgeht.

Dennoch markiert dieser Hilferuf erneut einen Einschnitt: Der Mann findet eine andere Stelle, ist wieder erfolgreich; sie lässt sich nicht in ihre alte Rolle zurückdrängen, sondern sucht sich ebenfalls Arbeit. Doch auch der relative materielle Wohlstand bringt keine Veränderung der Situation. Wieder wird sie mit den Kindern allein gelassen und bricht unter der Doppelbelastung zusammen, während sich ihr Mann alleine auf seinen Beruf konzentriert. Das Äußerste, was Katrin erreicht, ist ein Arrangement mit ihrem Mann, letztlich resigniert sie. Sie kann ihre Situation nicht verändern, aber sie fügt sich – da die Kinder nun unabhängiger werden – halbwegs in ihr Schicksal. Ihre Hoffnungen gingen dabei verloren, nur für die Tochter kann sie wünschen, dass diese nicht in ihre Situation kommen möge.

„Katrin" ist die Geschichte eines Versagens, eines Scheiterns. Katrin erleidet nicht durch eigene Fehler Schiffbruch. In dem kurzen Text sind nahezu alle Handlungsmöglichkeiten zwischen Anpassung und Widerstand durchgespielt worden. Sie scheitert an einem Rollenverständnis, das ihr als Frau ein anderes Verhalten vorschreibt als ihrem Mann. Alle anderen erwarten von ihr Anpassung – das wird besonders deutlich in den Passagen über Katrins Schwiegermutter – und tolerieren das egoistische Verhalten ihres Mannes. Ihr fehlt die notwendige Unterstützung, um aus dieser Zumutung auszubrechen, sie war darauf nicht vorbereitet, wie die Anfangspassagen mit ihren Selbstzweifeln belegen.

Katrin hat versucht, ihre Tochter zum Widerspruch zu erziehen. Das ist kein Zufall, sondern die logische Konsequenz ihrer eigenen Erfahrung. Es ist nun auch klar, warum es eine Chance sein mag, dass die Tochter eher dem Vater ähnelt. Nur mit dem Egoismus, der Skrupellosigkeit oder – positiv formuliert – dem Selbstbewusstsein des Vaters ist es denkbar, dass Katrins Tochter sich nicht in ähnlicher Weise durch die Denkmuster ihrer Umgebung unterdrücken lassen wird, sich rechtzeitig gegen einen Mann wehrt, der ihre Persönlichkeit verbiegen will.

Sie sehen im Vergleich der beiden Kurzgeschichten, dass diese Form ganz verschiedene Ausprägungen haben kann und sehr flexibel ist. Sicher ist es diesem Umstand zu verdanken, dass in unserem Jahrhundert keine Form der Literatur größere Beliebtheit sowohl beim lesenden Publikum als auch bei den Autoren erreichte. Konkurrieren kann damit nur noch der Roman, bei dem wir eine ähnliche Flexibilität festgestellt haben, der aber vom Leser eine wesentlich intensivere Konzentration fordert und an den Autor höchste Ansprüche in bezug auf die Organisation und Planung des Stoffes stellt.

Wir dürfen die Frage nicht aus dem Auge verlieren, für welchen Gebrauch das Werkzeug „Kurzgeschichte" geeignet ist. Kurzgeschichten gelten als ideale „Fingerübungen" für angehende Autoren, weil sie überschaubar bleiben, viele stilistische Elemente und Experimente ermöglichen, die auch für den Romanautor wichtig sind und in ihren Formgesetzen nicht so streng sind wie Gedichte. Andererseits sind sie eine bedeutende Stilform. Einige der besten deutschen Schriftsteller sind Meister und Liebhaber der Kurzgeschichte, wie eben zum Beispiel Siegfried Lenz oder auch Heinrich Böll, ganz zu schweigen von den angelsächsischen Ländern, aus denen die Kurzgeschichte in ihrer oben beschriebenen Form eigentlich erst zu uns gekommen ist. Berühmte Namen wie Hemingway und Faulkner sind hier zu nennen, und auch unter den zeitgenössischen britischen und amerikanischen Autoren erfreut sich die Kurzgeschichte außerordentlicher Beliebtheit.

Sie ist – und damit hat sich noch einmal bestätigt, was wir oben schon gesagt haben – immer dann die richtige Form, wenn man nicht vorhat, die ganz großen gesellschaftlichen Konstellationen zu behandeln, sondern die kleinen, alltäglichen Probleme, die aber natürlich anhand des Einzelfalls immer auch gesellschaftliche Probleme durchscheinen lassen. Nehmen Sie zum Beispiel „Katrin": Behandelt wird nicht etwa das Schicksal von Frauen, die sich über Jahrzehnte in der Frauenbewegung engagieren mit all den Verstrickungen und psychologischen Feinheiten und Unterschieden, die dabei sicher zu beachten wären. Gezeigt wird nur das Beispiel einer einzigen Frau aus ihrer persönlichen Sicht. Aber dahinter wird für den Leser ein Problem erkennbar, das viele Frauen in einer bestimmten Gesellschaftsform betrifft.

Ein anderes Beispiel: Seit Jahren erwarten Kritiker ein Buch, das die Probleme aufzeigt, die durch das Zusammenwachsen von Ost- und Westdeutschland entstanden und immer noch entstehen. Wenn dieses Buch jemals geschrieben wird, kann es nur ein Roman sein. Allein der Roman bietet die Möglichkeit, die Vielfalt von Personen und Beziehungen auszubreiten, die dem Thema gerecht werden würde. Wenn Sie sich also berufen fühlen sollten, diese Forderung der Kritiker zu erfüllen, bleibt Ihnen nur die Wahl der Form des Romans (aber Vorsicht: Die Kritiker fordern meistens Bücher, die nicht geschrieben werden und zeigen sich zutiefst überrascht von den Büchern, die geschrieben werden. Kritiker sind schlechte Propheten, und ich persönlich bin überzeugt, dass die großen Romane der nächsten – na, sagen wir zwanzig Jahre – ganz andere Themen haben werden.) Das heißt aber nicht, dass Sie nicht einfach eine Kurzgeschichte schreiben können, die am Beispiel eines Einzelschicksals einer bestimmten Person auch das oben beschriebene Problem aufgreifen kann. Ich könnte mir zum Beispiel Kurzgeschichten oder auch Erzählungen vorstellen, die Beziehungsprobleme zwischen west- und ostdeutschen Paaren, Verwandten, Freunden oder was auch immer darstellen. Es gibt es einen „Roman" von Monika Maron, „Animal Triste", der sich mit einer solchen Beziehung beschäftigt – ich würde ihn aber eher als Erzählung bezeichnen.

Wenn Sie sich für die Kurzform entscheiden, können Sie ein interessantes äußeres Ereignis (Lenz: „Die Flut ist pünktlich") genauso wählen wie eine psychologische Studie, deren „Ereignisse" nur im Inneren stattfinden („Katrin"). Sie können eine komplette Geschichte erzählen oder nur einen kurzen, prägnanten Ausschnitt aus größeren Zusammenhängen. In der Kurzgeschichte sind Sie an den offenen Anfang gebunden. Wenn Sie den Leser tiefer in die Zusammenhänge einbinden wollen, können Sie die umfassendere Form der Erzählung verwenden. Wählen Sie ein offenes Ende oder setzen Sie eine überraschende Pointe ans Ende der Geschichte. Sie müssen sich in den Kurzformen auf eine geringe Personenzahl beschränken und dürfen die Handlung nicht in mehrere, mehr oder weniger voneinander unabhängige Handlungen zerteilen. Sie werden in Kurzgeschichten aufgrund der gedrängten, konzentrierten Form viel mit Symbolen und Metaphern arbeiten und, ähnlich wie in Gedichten, das Stilelement der Wiederholung mit leichten Abänderungen verwenden (z.B. in „Katrin“: „Ich war glücklich ... habe mir eingeredet, glücklich zu sein“).

In wenigen Worten gesagt: Wenn Sie eine Idee haben, einen Eindruck, ein Gefühl, eine Episode, die Ihnen nicht aus dem Kopf geht und die Sie gestalten wollen, dann wählen Sie eine der Kurzformen, abhängig davon, wie Sie die Idee gestalten wollen. Wenn Sie Ihre Sicht der Gesellschaft, der Welt, der Menschen vermitteln wollen und Lust haben am Fabulieren, wenn ganze Kontinente in Ihnen ruhen und Sie eine Vielzahl von Gestalten durch eine Unmenge an Orten dirigieren wollen, wenn sich Ihnen die Ereignisse geradezu aufdrängen, dann ist der Roman die richtige Form für Sie.

Der Bauweise und den Eigenheiten dieser schwierigen Form sollen unsere letzten beiden Kapitel gewidmet sein.

VI. Kapitel,
in welchem Ihnen der Autor ein sehr persönliches Geständnis macht und von ferne bereits die Glocken läuten

Setzen Sie sich doch ein wenig zu mir, ich habe es mir gerade recht gemütlich gemacht und das sollten Sie auch tun. Haben Sie einen Kamin in Ihrer Wohnung? Dann ist es jetzt Zeit, ihn zu entzünden. Wenn Sie diese Einleitung vielleicht an einem warmen Sommertag lesen, dann sollten Sie zumindest die Rollläden vor den Fenstern schließen, ein gedämpftes Licht entzünden, ein Glas Wein bereit stellen und es sich in Ihrem Lieblingssessel bequem machen.

Wir sind unter Freunden, und ich habe Ihnen ein Geständnis zu machen, das doch ein wenig persönlich ist, da sollten wir schon die richtige Atmosphäre schaffen. Ach ja: Haben Sie das Telefon abgestellt? Wir wollen doch jetzt nicht gestört werden, oder?

Also, wie soll ich es sagen? Ich will Ihnen nun von meiner großen Liebe berichten.

Sie ist vielseitig und wandelbar. An jedem neuen Tag begegnet sie mir anders – manchmal leise, verträumt und melancholisch gestimmt, mal laut und lärmend, geradezu hektisch, manchmal verwirrt sie mich mit vielen kleinen Einzelheiten, die ich an ihr zu beobachten habe. Oft ist sie – nun ja, es bleibt unter uns, Sie wissen ja, Liebende sind empfindlich – etwas „beleibt", ab und zu von wirklich erschreckendem Umfang, an anderen Tagen wiederum kommt sie rank und schlank daher, dass man um sie fürchtet, so zerbrechlich liegt sie in der Hand, meine große Liebe.

Sie ist schon in allen Ländern gewesen und aus allen Zeiten weiß sie zu berichten. Von unzähligen Menschen ist sie umgeben, die skurrilen und traurigen, fröhlichen und durchschnittlichen Gestalten scheinen ihr nie auszugehen, gute Menschen sind darunter und boshafte, manchmal gar zutiefst böse. Eine eifersüchtige Geliebte ist sie, das muss ich sagen: Immer will sie mit mir allein sein. So anschaulich sie von der großen Menge zu erzählen weiß, so wenig liebt sie es, sich in dieser großen Menge aufzuhalten. Meine Zeit beansprucht sie ganz und gar, schon morgens, wenn ich aufstehe, lockt sie mich, nach ihr zu greifen, gehe ich meiner täglichen Arbeit nach, so tut sie alles, dass ich sie nicht darüber vergesse, und auch wenn ich mich abends, müde vom Tagwerk, ins Bett lege, erwartet sie von mir Aufmerksamkeit. Fernsehen duldet sie nicht, Gespräche mit Freunden verbietet sie, sofern sie nicht im Mittelpunkt steht, Zerstreuungen unterschiedlichster Art lehnt sie ab und allenfalls ein wenig Musik, leise und im Hintergrund, will sie mir gestatten.

Woher dann meine große Liebe zu ihr, fragen Sie? Mit Recht! Weil sie mir die Zerstreuungen ersetzt, ich sie mit meinen Freunden gerne teile (darf ich das hier gestehen?) und sie mein Leben bunter und schillernder macht als jede Fernsehsendung das könnte. Sie wissen natürlich längst, wer meine große Liebe ist, oder?

Es ist der Roman, natürlich.

Lange Zeit galt er ein wenig als das ungeliebte, weil formlosere Stiefkind der Literatur. Allenfalls sein großer Urahn, das griechische Epos, war anerkannt. Erst in unserem Jahrhundert hat sich der Roman als die vorherrschende literarische Gattung durchgesetzt. Vielen gilt bis heute die Lyrik als die „Königsgattung", obwohl Lyrik heute kaum mehr große Auflagenzahlen erreicht. Es ist wie in allen Lebensbereichen: Was wir wirklich schätzen und was sich in der Gesellschaft großer Anerkennung erfreut, sind zwei Paar Schuhe. Für mich persönlich ist der Roman die Krone der Literatur – gerade weil er so überraschend, unvorhersehbar, chaotisch ist, gerade weil seine Formgesetze weniger streng und pedantisch sind.

Trotzdem hat auch der Roman seine Konstruktionsregeln. Mit diesen werden wir uns nun ausführlich beschäftigen. Was ist beim Plan eines Romans zu berücksichtigen? Welche Aufgaben hat der Held? Welche Perspektiven stehen uns zur Verfügung, oder, wie Thomas Mann es in einem Romananfang formulierte, von dem Sie noch lesen werden: „Wer läutet die Glocken?".

Eine Reihe wichtiger Unterschiede zwischen dem Roman und anderen literarischen Gattungen haben Sie bereits kennen gelernt.

Noch einmal zur Erinnerung: Der traditionelle Roman beschreibt eine längere, abgeschlossene Sequenz aus dem Leben eines oder mehrerer Helden, in der Idealform ist dies die Zeitspanne vom Leben bis zum Tod. Die handelnden Figuren werden ausführlich vorgestellt, der Roman kennt in der Regel weder offenen Anfang noch offenes Ende wie zum Beispiel die Kurzgeschichte.

Im Roman können sich eine Reihe von Handlungen gegenseitig ablösen und auf vielfältige Weise miteinander verbunden sein, eine große Zahl von Figuren darf auf- und abtreten und zu Handlungsträgern werden und der Stoff ist grundsätzlich unbegrenzt, das heißt, es gibt kein Thema, das nicht im Roman abgehandelt werden könnte.

Diese Voraussetzung bedeutet, dass der Autor besondere Mühe darauf verwenden muss, nicht die Übersicht über das Geschehen zu verlieren. Zum einen braucht er einen klaren Plan, wohin sein Roman ihn führen soll, was nicht bedeutet, dass das Ende und die Entwicklung der Hauptfiguren von vorne herein feststehen müssen. Viele Autoren berichten über ihren Schreibprozess, dass Handlung und Personen während des Schreibens eine Art „eigenständiges Leben" entwickelt haben. Dieses Phänomen ist leicht zu verstehen, wenn man daran denkt, dass in der Entwicklung einer Figur eine gewisse Logik besteht, eine Regelmäßigkeit menschlichen Verhaltens. Ein Autor kann feststellen, dass das Verhalten, das er seiner Person in einer gewissen Situation zuschreiben wollte, nach dem, was sie vorher gesagt oder getan hat, nicht mehr passt, dass aus dem bisherigen Verhalten der Figur ein anderes Vorgehen notwendig wird als ursprünglich geplant.

Die Möglichkeit, dass Pläne korrigiert werden und Romane sich während des Schreibens verändern, entbindet einen Autor aber nicht davon, sich vor dem Schreiben einen Entwurf zu machen, wohin die Reise gehen soll. Um ein Beispiel zu nennen: Es kann geschehen, dass Sie während einer Urlaubsreise einen Ihnen vorher unbekannten Ort entdecken, an dem Sie verweilen möchten. Sie ändern Ihre Vorstellungen und bleiben länger als erwartet. Um an diesen Punkt zu gelangen, müssen Sie vorher überhaupt erst eine Reise geplant haben: Sie müssen Ihr Auto betanken, für jemanden sorgen, der die Blumen gießt, den Kater füttert und sich zumindest für eine Himmelsrichtung entschieden haben, in die Sie fahren wollen.

Außerdem kann die Planung eines Romans später auch deshalb eine große Hilfe sein, weil Sie wahrscheinlich in eine Phase kommen werden, in der der Schreibprozess stockt – über solche Phasen berichten die meisten Autoren. Wenn Sie „ins Blaue" geschrieben haben, dann sind Sie in diesem Moment in der großen Gefahr, Ihren Roman liegen zu lassen und so lange vor ihm zu „flüchten", bis ein Neuanfang immer schwieriger wird und Sie ihn irgendwann endgültig begraben. Haben Sie jedoch vorher einen Entwurf gestaltet, der Ihnen den ungefähren Ablauf der Handlung skizziert, können Sie sich über solche schwierigen Phasen hinweghelfen, indem Sie das Pensum des Plans „uninspiriert" weiterverfolgen. Sie werden auf diesem Weg die unerwartet aufgetauchte Schwierigkeit überwinden können. Sollten sich in der Zwischenphase tatsächlich missglückte Passagen eingeschlichen haben, ist es nicht allzu schwer, diese wieder zu überarbeiten.

Wie gelangen wir nun aber an einen solchen Plan?

Zuerst müssen wir uns bewusst machen, dass die Struktur, der Aufbau eines Romans aus drei verschiedenen Elementen besteht: der Fabel, dem Geschehen und der Geschichte. Diese drei Elemente wollen wir uns jetzt ausführlich anschauen.

Die kleinste Einheit der Romanstruktur ist die Fabel. Den Begriff Fabel kennen Sie als literarische Gattung, wo er kürzere, in der Regel moralisch geprägte und stark symbolhaltige Erzählungen bezeichnet, die unter „vermenschlichten" Tieren spielen und menschliche Eigenarten und Verhaltensweisen karikieren.

Mit dieser Fabel hat unser Begriff nichts zu tun und Sie müssen an dieser Stelle umdenken. In der Romantheorie bezeichnet der Begriff „Fabel" das Gerüst der Handlung, die Kernpunkte, das, „worum es in dem Roman geht". Die Fabel wird häufig in den Klappentexten von Büchern wiedergegeben, ohne dass das Ende dort verraten würde, weil der Leser neugierig werden soll.

Wenn Sie sich einen beliebigen Roman nehmen und versuchen, einem Freund zu berichten, worum es in diesem Roman geht, Sie dabei alles streichen, was für den eigentlichen Kern der Handlung überflüssig ist, alle Nebenfiguren und -ereignisse wie in einem kurzen Sachbericht für die Zeitung, haben Sie die Fabel des Romans.

In Bezug auf Thomas Manns Josephsroman, den wir uns als Beispiel vornehmen, ist es recht einfach, sich einen Überblick über die Fabel zu verschaffen. Haben Sie in Ihrem Haushalt eine Bibel zur Hand? Schlagen Sie bitte das Erste Buch Mose (Genesis) auf, das Kapitel 37 – Sie finden es ganz am Anfang, im sogenannten „Alten Testament". Dort wird die Geschichte des jungen Joseph erzählt. Sie endet mit dem Kapitel 50, das gleichzeitig das Ende des Buches Genesis ist. In meiner Ausgabe handelt es sich um vierzehn Seiten, das kann je nach Ausgabe unterschiedlich sein.

Dies ist die Geschichte, die Thomas Mann in seinem „Josephsroman" nacherzählt; genau genommen beginnt die Geschichte Manns noch etwas früher, beim Vater Josephs, Jakob, in der Bibel etwa ab Genesis 25, womit sich die Zahl der Seiten in meiner Ausgabe auf 26 erhöht.

Thomas Mann benötigt für diese Geschichte ungefähr 1800 Seiten. An der Fabel hat sich nichts geändert, sie ist in der biblischen Erzählung die gleiche wie bei Thomas Mann.

Ein junger Mann, Joseph, wird von seinem Vater besonders geliebt und den Brüdern gegenüber bevorzugt. Diese fürchten um ihr angestammtes Recht als Erstgeborene und fühlen sich zurückgesetzt. Nach einer besonders anmaßenden Demütigung seitens Josephs beschließen sie, sich des ungeliebten Bruders zu entledigen. Da sie nicht wagen, ihn eigenhändig zu töten, werfen sie ihn in einen ausgetrockneten Brunnen und überlassen ihn dort sich selbst. Joseph wird aber von fahrenden Händlern entdeckt und als Sklave nach Ägypten verkauft. Dort macht er sich seine Zuverlässigkeit, Begabung und die von Gott geschenkte Gabe der Traumdeutung zunutze, um einen Aufstieg sondergleichen zu vollziehen: Vom Sklaven schafft er es bis zum Berater des Pharao, dem höchsten Amt am Hofe.

Durch die Deutung eines Traumes bewahrt er das Volk des Pharao vor einer gewaltigen Hungerkatastrophe und stärkt zugleich Macht und Einfluss seines Herrschers. Diese Hungerkatastrophe, die auch außerhalb Ägyptens die Völker plagt, treibt viele an den

Hof des Pharao, um dort um Hilfe nachzusuchen, so auch die Brüder des Joseph. Dieser hegt keinen Groll mehr gegen sie, sondern nimmt sie mit großer Bruderliebe und einem kleinen Verwirrspiel wieder als Brüder an und sorgt mit seinem Einfluss dafür, dass sie sich mit ihrem gesamten Besitz und ihren Familien im Lande des Pharao ansiedeln und dort besondere Rechte in Anspruch nehmen können.

Soweit der Inhalt. Für die Fabel ist uns das aber nicht kurz und übersichtlich genug. Darum reduzieren wir noch weiter: Ein junger Mann wird zu Hause bevorzugt und hat Neider – er kommt in die Fremde – dort macht er sein Glück – und kehrt als erfolgreicher Mann und Held zu seinem Volk zurück (in unserem Fall kehrt er nicht zurück, sondern das Volk kommt zu ihm – aber erlauben Sie mir bitte diese kleine Ungenauigkeit. Dadurch wird deutlicher, was wir mit dieser Fabel im Sinn haben).

Wenn Sie sich unsere Fabel jetzt genau ansehen, werden Sie wahrscheinlich feststellen, dass Sie Ihnen bekannt vorkommt, auch wenn Sie vorher von der Geschichte Josephs noch nichts gehört haben sollten. Eine Fabel bildet häufig ein Muster, das von zahlreichen Autoren auf unterschiedliche Weise ausgeführt wird. Unter Experten herrscht Einigkeit darüber, dass wir in der Literatur eine sehr begrenzte Anzahl von Fabeln zur Verfügung haben, die sich nur – aber was heißt „nur"! – in der Ausgestaltung unterscheiden.

Wenn Sie einen Roman auf seine Fabel reduzieren, werden Sie fast immer feststellen, dass Ihnen auf Anhieb eine Menge Romane einfallen, die sich der gleichen Fabel bedienen. Aus der kunstvollen Anspielung auf andere berühmte literarische Produkte, welche die gleiche Fabel zum Hintergrund haben, kann ein guter Autor sehr interessante Fingerzeige geben, warum ihm gerade dieses Thema wichtig ist, worin sich seine Erfahrungen oder seine Zeit oder sein Held von jenen vorangegangenen Bearbeitungen unterscheiden oder er kann Parallelen ziehen zwischen anderen Zeiten oder anderen gesellschaftlichen Situationen.

Um ein Beispiel aus dem Alltag heranzuziehen: Wie viele verschiedene Gerichte können wir herstellen, die sich alle auf das Grundnahrungsmittel „Kartoffel" stützen. Der Ausgangsstoff ist stets der gleiche, und immer wieder wird er mehr oder weniger raffiniert abgewandelt. Wenn wir bei großen Festen Jahr für Jahr das gleiche Gericht auf den Tisch bringen wie die berühmte Gans an Weihnachten, tun wir das, um uns in eine bestimmte Tradition einzureihen und diese aufrecht zu erhalten. Dieser Brauch kann helfen, uns vergangene Zeiten ins Gedächtnis zu rufen, Erinnerungen heraufzubeschwören und mit der Gegenwart zu vergleichen. Bezeichnenderweise beginnt der berühmte Roman „Auf der Suche nach der verlorenen Zeit“ von Marcel Proust mit einer Speise, deren Duft den Autor an die vergangenen Kindertage erinnert – mein Beispiel ist also nicht soweit hergeholt, wie es erscheinen mag.

Wir versuchen einmal, die Fabel graphisch darzustellen:

Die Linie steht für den gesamten Roman in seiner Entwicklung vom Anfang bis zum Ende, die vier Quadrate für die Schritte, die gemeinsam die Fabel bilden: Der junge Mann, der in der Heimat verwöhnt lebt, seine Vertreibung in die Fremde, sein Aufstieg dort, seine Rückkehr als erfolgreicher Mann und die Aussöhnung mit der Familie.

Diese Fabel bildet sozusagen das Skelett der Handlung. Mit einem Skelett ist aber noch nicht viel Staat zu machen. Was den Roman erst richtig interessant macht, ist das Fleisch und Blut, das Leben. Dieses Leben besteht in der Literatur aus den vielen kleinen Erlebnissen und Ereignissen, die dem Protagonisten oder den Hauptfiguren auf ihrem Weg durch den Roman zustoßen. Sie unterscheiden Romane voneinander, die von der gleichen Fabel ausgehen. Wir reden vom sogenannten „Geschehen“.

Das Geschehen kann erfunden sein oder erlebt, es kann eine Variation vorgefundener Ereignisse sein, Vorfälle, die aus der Zeitung herausgelesen wurden oder was auch immer.

Wenn Sie einen Roman schreiben wollen, tun Sie gut daran, frühzeitig einen Katalog solcher Ereignisse anzulegen und im Voraus zu planen, welches Geschehen den Figuren auf ihrem Weg durch die Fabel zustoßen soll. Eine solche Liste könnte beinhalten: Einen Banküberfall – eine romantische Liebesnacht – einen Flug in die USA – ein Gespräch mit dem Chef – eine Begegnung mit den Eltern – einen Traum. Sie können diese Liste beliebig erweitern.

Auch in der biblischen Josephs-Geschichte finden Sie eine Reihe solcher Geschehnisse. Nehmen Sie sich noch einmal die Bibel zur Hand und versuchen Sie, einige solcher Geschehen zu finden.

Je nach Ausgabe werden Sie die Lösung unserer kleinen Aufgabe vielleicht schon in den Überschriften über den einzelnen Kapiteln gefunden haben, denn in vielen Ausgaben ist dort bereits das jeweilige Geschehnis in kurzen Worten wiedergegeben, etwa: Joseph im Brunnen – Joseph im Gefängnis – der Traum des Pharao – die sieben fetten Jahre – die Brüder melden Jakob den Tod Josephs.

Sie werden ohne Mühe noch weitere Geschehnisse in diesem Text ausfindig machen können. Erweitern wir also unsere kleine Skizze von oben um die Geschehnisse. Das könnte in etwa so aussehen:

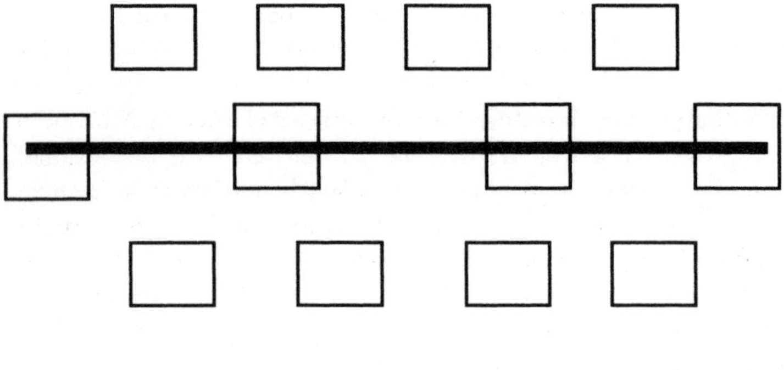

Der Roman ist durch die verschiedenen Ereignisse schon wesentlich reichhaltiger geworden. Natürlich können beliebig viele Geschehnisse in ihn eingegliedert werden. Viele Autoren arbeiten so, dass sie erst eine Reihe von Ereignissen einzeln gestalten und diese erst später zu einem Ganzen zusammenfügen. Hier kommen die berühmten Notizbücher zu ihrem Recht, in die sich Autoren Dinge notieren, die ihnen in ihrem Alltag begegnen und die sie später in einem Roman verarbeiten; manchmal wachsen sich diese Notizbücher zu regelrechten Karteien mit Stichwortverzeichnissen aus: Eine wahre Freude für jeden Nachwuchsgermanisten, der davon träumt, einmal in seinem Leben die Hinterlassenschaft eines berühmten Autors untersuchen und veröffentlichen zu dürfen.

Oft greifen Autoren auch auf Ereignisse zurück, die sie vorher schon einmal gestaltet hatten, manche Motive kehren so in unterschiedlicher Gestalt in verschiedenen Büchern eines Autors wieder. Sie erinnern sich an die Erzählung „Vor dem Gesetz“ von Franz Kafka? Diese ist Bestandteil des Romans „Der Prozess“, wo sie ausführlich diskutiert wird, wir hatten diesen Ausschnitt in unserem Kapitel über den Dialog. Sie ist aber auch als Einzeltext von Kafka veröffentlicht worden, in einem Band mit Erzählungen, in dem sie ohne den erläuternden Kommentar zu finden ist.

Zurück zu Thomas Mann und dem Josephsroman. Leihen Sie sich diesen Roman, so Sie ihn nicht besitzen oder sich anschaffen wollen, in der Leihbibliothek Ihres Vertrauens aus und vergleichen Sie die Szene, in welcher Joseph seinen Brüdern von seinem Traum erzählt, in beiden Fassungen, der der Bibel und der des Romans.

Interessant ist, dass die erzählende Neuaufnahme eines bekannten – fiktiven oder tatsächlichen – Geschehens in beide Richtungen befruchtend wirkt. Naturlich hat sich Mann durch die biblische Geschichte dazu inspirieren lassen, das zu sagen, was ihm als Autor wichtig war. Aber auch umgekehrt beginnen wir nun, die biblische Geschichte mit anderen Augen zu lesen als vorher. War der gewaltige Hass der Brüder vorher verurteilenswert, so beginnt er nun, verständlich zu werden. Und die Kritik an der Eitelkeit Josephs wird auf einmal so deutlich, dass wir anfangen uns zu fragen, ob sie nicht

bereits in dem biblischen Urtext gestanden hat, ob nicht auch darin schon eine gehörige Distanz zum erwählten Joseph steckt, der einen weiten Weg zu gehen hat, bis ihn sein Schicksal zu dem Menschen formt, der von Gott gemeint war. Lesen Sie den biblischen Text daraufhin noch einmal: Erscheint Joseph jetzt nicht schon weniger strahlend? Sind seine Brüder jetzt nicht schon weniger böse?
Es ist das Aufregende an Literatur, dass Texte aus verschiedenen Jahrhunderten und Generationen miteinander korrespondieren können und sich wechselseitig beeinflussen. Natürlich werden die Texte der Vergangenheit nicht wirklich beeinflusst, sie stehen unverrückbar geschrieben. Aber auf die Art und Weise, wie sie sich auf uns auswirken, welche Reaktion sie bei uns erzeugen, wird eingewirkt. Deshalb gibt es nichts Abgeschlossenes in der Literatur, Vergangenheit im Sinne eines ein für allemal beendeten Geschehens kennt die Kunst nicht – ist das nicht wunderbar? Viele Menschen bemühen sich darum, durch Spiritismus Kontakt zu Verstorbenen zu erlangen – und dabei reden Tausende von ihnen täglich durch die Kunst zu uns und warten auf unsere Antwort.

Ich habe mich in den letzten Zeilen etwas hinreißen lassen, oder mit anderen Worten: Pegasus ist mit mir durchgegangen. Was erwarten Sie? Wir reden über Literatur und noch dazu – Sie erinnern sich – über meine große Liebe. Zügeln wir Pegasus und kehren zum Thema zurück.

Sie haben in der Szene von Thomas Mann ein Beispiel dafür, wie ein Geschehen gestaltet werden kann. Es wäre denkbar, dass Mann diesen Part geschrieben hat, bevor andere Teile fertiggestellt waren, die zeitlich davor liegen – eine Eintragung in dem berühmten Notizbuch zum Beispiel. Aber eine Ansammlung von Geschehnissen macht noch keine Geschichte. Um zu zeigen, was dazu noch fehlt, vervollständige ich die schematische Zeichnung, die ich oben begonnen habe:

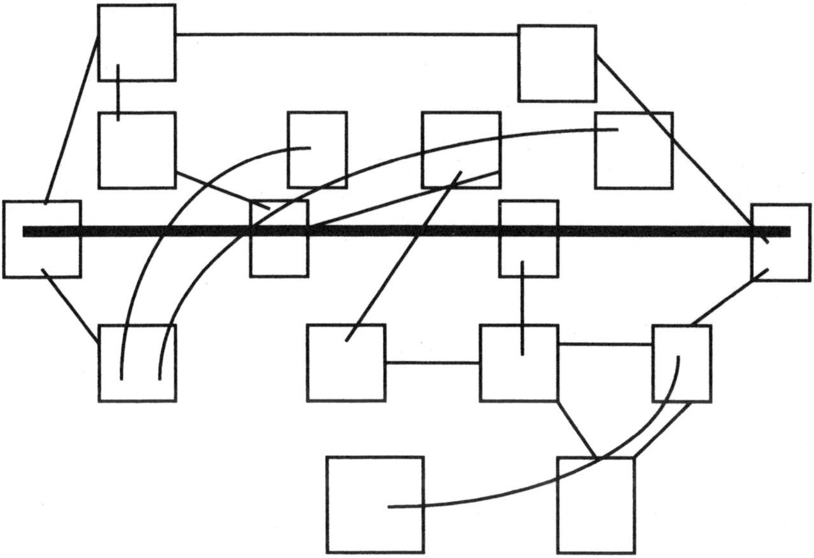

Die grafische Darstellung eines Romanaufbaus

Sieht verwirrend aus, oder? Lassen Sie sich nicht ins Bockshorn jagen. Da es sich hier nur um ein Beispiel handelt, ist es nicht wichtig, wo welche Linien entlang führen.

Die Linien sollen lediglich zeigen, was den Unterschied zwischen einer Sammlung von Geschehnissen und einer Geschichte ausmacht. In einer Geschichte sind die einzelnen Geschehen miteinander verknüpft, beziehen sich aufeinander, sind in ihrem Sinn nur im Zusammenhang mit den anderen Geschehnissen zu verstehen und bleiben für sich allein genommen sinnlos. Denken Sie an unsere Liste von Ereignissen, die wir anfangs aufgestellt haben: Ein Banküberfall – eine romantische Liebesnacht – ein Flug in die USA – ein Gespräch mit dem Chef – eine Begegnung mit den Eltern – ein Traum.

Das sind die möglichen Elemente eines Romans, den wir schreiben wollen (natürlich würden diese Geschehen erst einen recht kurzen Roman ergeben, aber wir belassen es der Übersicht halber dabei).

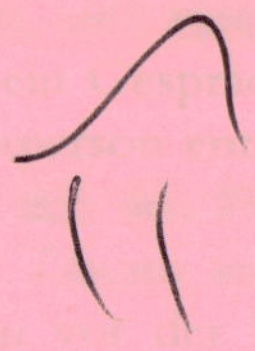

Die Geschichte würde sich jetzt daraus ergeben, wie diese Ereignisse miteinander in Beziehung stehen: Was hat der Banküberfall mit dem Gespräch beim Chef zu tun? Regt die romantische Liebesnacht zum Flug in die USA an oder findet sie dort statt? Oder ereignet sie sich gerade [illegible] USA muss? Eventuell um dort ein Gespräch mit dem [illegible] zu führen? Vielleicht [illegible] und dieser muss einen Banküberfall [illegible] USA zu seiner Geliebten lei[illegible] vielleicht von seine[illegible] von der Liebesnacht [illegible] wollen? Oder findet dieses Traumgespräch nach der [illegible] und warnt ihn vor dem Flug?

Schon mit diesen wenigen Elementen könnten wir also beliebige Kombinationen herstellen. Wichtig ist nicht nur der logische Zusammenhang der Geschehnisse, der ist relativ leicht und schnell hergestellt. Viel wichtiger für einen guten Roman ist die Stimmigkeit des psychologischen Zusammenhangs. Auch hierfür ein einfaches Beispiel, wie wir es in jedem Groschenroman finden können.

Schwester Melanie von der Intensivstation verliebt sich in den gutaussehenden Chefarzt der Inneren Medizin, der als Playboy bekannt ist. Sie lässt sich jedoch von seinem schlechten Ruf nicht abschrecken, hilft ihm vorbildlich bei einem medizinischen Notfall und wird mit ewiger Liebe und Treue belohnt. Am Ende heiraten sie und bekommen sieben wunderschöne Kinder (wobei die Fortsetzung von der dramatischen Geburt des ersten Kindes handeln könnte, bei der das Leben der Mutter nur durch den beherzten Einsatz der Chefin der gynäkologischen Abteilung gerettet werden kann, die ihre eigenen privaten Interessen am Chef der Inneren Medizin zurückstellt oder aber eine böse Intrige spinnt, um ihn, der einen Seitensprung weit von sich weist, aber unter der Anspannung fast nachgibt, doch noch für sich zu gewinnen).

Ich gebe zu, ich habe hier sehr dick aufgetragen. Das ganze Szenario wirkt so schrecklich, weil den Figuren jedes Leben, jeder Charakter, jede Glaubwürdigkeit fehlt. Abgesehen davon, dass es keine gutaussehenden, unverheirateten Chefärzte gibt, die sich in Krankenschwestern verlieben, würde ein solcher sich in der beschriebenen Situation vielleicht über die gute Arbeit der Schwester freuen (wahrscheinlich aber würde er sie nicht einmal bemerken), deshalb aber noch lange keine Liebesaffäre beginnen. Und warum sollte der stadtbekannte Playboy plötzlich den unwiderstehlichen Drang verspüren zu heiraten? Ist es nicht realistischer, dass er die junge Dame auch so verführen könnte und sie dann fallen lässt? Wenn sie nicht vielleicht sowieso einen netten Freund und nicht das geringste Interesse an Chefärzten hat. Die berufliche Atmosphäre ist zwar vielleicht einem Flirt zuträglich, aber nicht einer dauerhaften Liebesbeziehung, das lehrt uns ein einfacher Blick in den Arbeitsalltag.

Natürlich bilden Chefarzt und Krankenschwester eine so abgegriffene Verbindung, dass man sich besser ganz davor hütet. Aber wenn man sie schon unbedingt zum Personal seines Romans machen will, muss man sie glaubwürdig zeichnen. Der Leser will verstehen, warum es zu dieser Beziehung kommen kann, was geschehen ist, was den Hintergrund der Personen bildet. Denn selbst wenn wir all die unglaubwürdigen Voraussetzungen von oben annehmen würden: Warum sollen wir uns das erzählen lassen? Was ist daran interessant? Zwei kriegen sich, na und? Als Autor müssen Sie uns Lesern Ihre Figuren so vorstellen, dass wir an ihrem Schicksal Anteil nehmen, dass wir etwas daran entdecken, was für uns von Wichtigkeit sein könnte, es einen Bezug zu unserem Leben und Erfahrungen und Problemen hat. Wenn Sie also diese Liebesgeschichte psychologisch so begründen, dass wir daran etwas erkennen, was unsere eigene Sicht auf Menschen und Beziehungen zwischen Menschen verändert, dann nehmen wir Ihnen auch Chefarzt und Krankenschwester ab. Aber schaffen Sie bitte keine Figuren, die nur als zweidimensionale Abziehbilder durch den Roman laufen.

Joseph und seine Brüder zum Beispiel könnten uns völlig gleichgültig lassen, und Träume, die von Gott geschickt werden, interessieren die meisten Leser heute auch nicht mehr. Aber dieser kleine Streber, den uns Thomas Mann vorstellt, seine Eitelkeit und die Art und Weise, wie er andere Menschen verletzt, kränkt und deshalb auch auf die Nase fällt – die kennen wir, das haben wir schon hundert Mal erlebt und vielleicht finden wir uns sogar selbst darin wieder. Manns ironische Erzählweise hilft uns nicht nur, den Streber zu erkennen – das wäre noch recht wenig – sondern lässt ihn auch verständlich werden, so dass wir für dieses Schlitzohr Sympathie und Anteilnahme verspüren. (Übrigens entwickeln wir für Heinrich Manns „Untertan" keine Anteilnahme, aber die Figur ist so entlarvend beschrieben, dass wir alleine aus dem Wiedererkennen großen Gewinn ziehen. Vielleicht können wir sogar daraus lernen, unsere eigenen Kinder nicht zu solchen „Untertanen" zu erziehen.)

Bei der Betrachtung der schematischen Zeichnung ist Ihnen vielleicht aufgefallen, dass jeweils in der obersten und untersten Reihe noch mehr von jenen Kästchen aufgetaucht sind, die die Geschehnisse symbolisieren. Damit soll angezeigt werden, dass zur Geschichte im Unterschied zu den Geschehnissen auch eine Reihe von Bezügen gehören, die nicht im Zusammenhang des eigentlichen Romans stehen, sondern bekannte Motive aus anderen Quellen aufgreifen und verarbeiten. Ein schönes Beispiel für einen solchen Bezug nach außen und die Dimensionen, die man dem Leser damit eröffnen kann, finden wir ebenfalls im Josephsroman. Es handelt sich um die Stelle, in der das Verhalten Jaakobs beschrieben wird, nachdem seine Söhne ihm mitgeteilt haben, dass Joseph von wilden Tieren zerrissen worden sei. Vielleicht suchen Sie sich auch diese Stelle heraus, wenn Sie den Roman zur Hand haben. Greifen Sie doch bitte ebenfalls noch einmal zur Bibel und lesen Sie darin das Buch Hiob.

Auch dort haben wir eine ähnliche Situation: Hiob hat Frau und Kinder verloren, ebenso alles Hab und Gut und ist mit einer schweren Krankheit geschlagen worden. Seine Freunde versuchen ihn zu trösten, indem sie ihm vorhalten, dass Gott nicht ungerecht sei und Hiob wahrscheinlich für eine schwere Sünde gestraft oder durch Gott geprüft werde. Hiob weiß, dass er nichts verbrochen hat, und dem Leser ist bekannt, dass Hiobs Leid auf einer Wette zwischen Gott und dem Teufel beruht, weil Gott dem Satan zeigen will, dass seine Geschöpfe auch im Elend den Glauben an ihn behalten. Ich zitiere nur kurz die Antwort Hiobs auf diesen „Trost", wie sie in Kapitel 16 zu finden ist:

Da antwortete Ijob und sprach:
Ähnliches habe ich schon viel gehört; leidige Tröster seid ihr alle. Sind nun zu Ende die windigen Worte, oder was sonst reizt dich zum Widerspruch? Auch ich könnte reden wie ihr, wenn ihr an meiner Stelle wäret, schöne Worte über euch machen und meinen Kopf über euch schütteln.

Mann hat seinen Jaakob ganz in die Tradition des Hiob-Buches gestellt und damit einen großen Bogen geschlagen, ohne ein direktes Wort darüber zu verlieren. In diesem Bezug steckt gleichzeitig eine mehrfache Brechung. Joseph ist nicht tot und Jaakobs Klage damit unberechtigt, denn Gott ist nicht der grausame und willkürliche Herrscher, als der er Jaakob im Moment erscheint. Auch wird in manchen ironischen Zwischenbemerkungen deutlich, dass Jaakob längst nicht so ernsthaft klagt wie Hiob, weil er sich seines Anteils an dem Geschehen durchaus bewusst ist, denn er hat mit der Bevorzugung Josephs indirekt an dessen Unglück mitgewirkt. Einerseits wird also in die Diskussion um das Hiob-Buch eingegriffen, das für Gläubige in mancher Hinsicht ein Ärgernis darstellt, weil Gottes Beeinflussung des menschlichen Schicksals in der Tat sehr willkürlich erscheint, und zwar dergestalt eingegriffen, dass der leidende Hiob gegen seine Freunde recht behält. Andererseits wird die Hiob-Erzählung um eine Dimension erweitert, die klarstellt, dass eine religiöse Vorstellung, nach der der Mensch klaglos alles von Gott hinzunehmen habe, abgelöst werden muss von der Ansicht, dass es einen Bund zwischen Gott und dem Menschen gibt, der für beide Seiten verpflichtend ist und den Menschen dazu berechtigt, Gott anzuklagen. Dies ist eine zutiefst humane Vorstellung, die dem Judentum nicht allzu fremd ist und in verschiedenen jüdischen Gruppen viel präsenter war und ist als im Christentum. Dazu sollte man wissen, dass dieses Buch in der Zeit des Nationalsozialismus entstand. Die Art und Weise, wie Mann hier – auch humanistische – Ideale des Judentums aufgreift, war durchaus gegen den Zeitgeist und kann als ein – wenn auch schwer zugänglicher – Kommentar zu den inhumanen Ereignissen in Deutschland gesehen werden.

Nur am Rande, weil uns das wirklich zu weit führen würde: Mit der Bemerkung Jaakobs: „Hat Gott seinen einigen Sohn dahingeben müssen, dass er vor die Schweine kam und vor des Schweines Frischlinge aufs Lager, oder ich?" spannt Mann den Bogen über Hiob bis zur evangelischen Gestalt des Jesus von Nazareth, von dem im christlichen Glauben behauptet wird, er sei der Sohn Gottes, der für die Sünden der Menschen geopfert worden sei. Plötzlich eröffnet sich vor uns also ein weites Feld von immer wiederkehrenden Figuren und Mustern, die man nur in der jeweiligen Zeit und unterschiedlicher Gestalt wieder erkennen muss – vorrangig das Muster des erwählten Sohnes, das bei Mann noch in sehr vielen Bezügen auch zur heidnischen Götterwelt steht, die wir hier jetzt nicht nachvollziehen können.

Je mehr Bezüge dieser Art wir in einem Roman finden können, je stärker diese Bezüge ineinander verschränkt sind und sich gegenseitig erläutern, desto kunstvoller ist ein Roman. Damit man sich als Autor nicht in seinem Gefüge von verschiedenen Motiven verliert, ist es sinnvoll, sich immer eine solche „Konstruktionszeichnung" anzufertigen. Sie können damit ganz einfach beginnen, indem Sie zuerst nur die reine Fabel aufschreiben und – wie wir es oben schon angedeutet haben – gesondert die Geschehnisse auflisten. Danach sollten Sie sich erst Notizen dazu machen, wie Sie die Ereignisse zu einer Geschichte verknüpfen wollen. Von Ihren Notizen sollte bereits der gesamte Roman umfasst sein, das heißt von seinem Anfang bis zu seinem Ende. Natürlich können Sie Ihre Konstruktion während der Arbeit am Roman permanent ändern und erweitern, aber eine gewisse Vorstellung, wohin die Reise gehen soll, sollten Sie von Anfang an entwickelt haben.

Den Bereich von Fabel, Geschehen und Geschichte haben wir damit abgedeckt. Wir sollten uns nun noch mit einer weiteren, wichtigen Komponente der Romankonstruktion beschäftigen – der Zeit.

Damit ist weniger die Zeitform gemeint. Es spielt für die Qualität eines Romans keine Rolle, ob er in der Vergangenheits- oder Gegenwartsform geschrieben ist. Die klassische Art des Erzählens verwendet die grammatische Zeit des Präteritums, der einfachen Vergangenheit. Die grammatische Gegenwart, das Präsens, wird wesentlich seltener benutzt, zumeist in kleinen Skizzen. Die Beschränkung auf die Gegenwartsform macht es schwierig, Ort und handelnde Person zu verändern, was für den komplizierten Aufbau des Romans häufig notwendig ist.

Worum es uns hier vielmehr geht, ist der Ablauf der Zeit in der erzählten Handlung.

Während die Konstruktion der Handlung eine sehr bewusste Aufgabe ist, der sich ein Autor stellen muss, ist die Verwendung der Zeit ein Mittel, welches zumeist aus dem Sinnzusammenhang entsteht und sich dem Autor ohne gezielte Planung aufdrängt.

Trotzdem sollte man sich auch hier klar machen, was man tut, um seine Mittel gezielter einsetzen zu können.

Man unterscheidet bei der Untersuchung von Prosatexten, unabhängig davon, ob es sich um Romane oder kleinere Erzählformen handelt, drei Arten der Zeitverwendung: die zeitraffende, die zeitdehnende und die zeitdeckende Erzählform.

Eines der berühmtesten Beispiele der zeitraffenden Erzählweise, das ich Ihnen gerne vorstellen möchte, stammt allerdings nicht aus einem Roman, sondern aus Hebels „Schatzkästlein des Rheinischen Hausfreundes", einer Sammlung kürzester Geschichten:

In Falun in Schweden küsste vor guten fünfzig Jahren und mehr ein junger Bergmann seine junge hübsche Braut und sagte zu ihr: „Auf Sankt Luciä wird unsere Liebe von des Priesters Hand gesegnet. Dann sind wir Mann und Weib und bauen uns ein eigenes Nestlein." – „Und Friede und Liebe soll darin wohnen", sagte die schöne Braut mit holdem Lächeln, „denn du bist mein Einziges und Alles, und ohne dich möchte ich lieber im Grab sein als an einem anderen Ort." Als sie aber vor St. Luciä der Pfarrer zum zweiten Male in der Kirche ausgerufen hatte: „So nun jemand Hindernis wüsste anzuzeigen, warum diese Personen nicht möchten ehelich zusammenkommen", da meldete sich der Tod. Denn als der Jüngling den anderen Morgen in seiner schwarzen Bergmannskleidung an ihrem Haus vorbeiging, der Bergmann hat sein Totenkleid immer an, da klopfte er zwar noch einmal an ihrem Fenster und sagte ihr guten Morgen, aber keinen guten Abend mehr. Er kam nimmer aus dem Bergwerk zurück, und sie saumte vergeblich selbigen Morgen ein schwarzes Halstuch mit rotem Rand für ihn zum Hochzeittag, sondern als er nimmer kam, legte sie es weg und weinte um ihn und vergaß ihn nie.

Unterdessen wurde die Stadt Lissabon in Portugal durch ein Erdbeben zerstört, und der siebenjährige Krieg ging vorüber, und Kaiser Franz der Erste starb, und der Jesuitenorden wurde aufgehoben und Polen geteilt, und die Kaiserin Maria Theresia starb, und der Struensee wurde hingerichtet, Amerika wurde frei, und die vereinigte französische und spanische Macht konnte Gibraltar nicht erobern. Die Türken schlossen den General Stein in der Veteraner Höhle in Ungarn ein, und der Kaiser Joseph starb auch. Der König Gustav von Schweden eroberte russisch Finnland, und die französische Revolution und der lange Krieg fing an, und der Kaiser Leopold der Zweite ging auch ins Grab. Napoleon eroberte Preußen, und die Engländer bombardierten Kopenhagen, und die Ackerleute säeten und schnitten. Der Müller mahlte, und die Schmiede hämmerten, und die Bergleute gruben nach den Metalladern in ihrer unterirdischen Werkstatt.

In wenigen Sätzen überspringt der Autor fünfzig Jahre Zeitgeschichte und damit praktisch das ganze Leben seiner Hauptfigur, ohne sich mit einem einfachen „fünfzig Jahre später“ zu begnügen. So tritt dem Leser der Verlauf der Zeit ins Bewusstsein, die gnadenlos über das Schicksal des Einzelnen hinweg fährt und doch so eng mit ihm verbunden ist.

Die Zeit im Roman vergeht also schneller als die Zeit in der Realität, sie wird gerafft. Sicher kennen Sie aus dem Fernsehen die Methode des Zeitraffers: Ein vergehender Tag wird zum Beispiel überbrückt, indem eine Uhr eingeblendet wird, auf der die Zeit nur so rast, so dass auf ihr ein Tag vergangen ist, während für den Zuschauer nur wenige Sekunden verstrichen sind. Die zeitraffende Erzählform kennen wir in ihrer extremen Ausprägung, wenn zum Beispiel in wenigen Sätzen die ersten Lebensjahre einer Hauptfigur beschrieben werden.

Das gegenteilige Verfahren, also den Zeitablauf langsamer zu erzählen, als er sich ereignet, nennt man das „zeitdehnende Verfahren“. Unser Beispiel hierfür stammt aus dem Roman „Die Entdeckung der Langsamkeit“ von Sten Nadolny.

John hatte jetzt drei Gewehre. Er wusste, dass er nicht schießen konnte, solange er vor Angst und Wut zitterte. Er durfte nicht zwiespältig sein, musste den Zorn wegdenken, die Angst verstreichen lassen, den Ekel verschieben, und er durfte damit nicht zu früh aufhören. Was nützte es, wenn er alle Schuld auf sich lud und das Ziel verfehlte! Er hob das erste Gewehr über die Deckung hinaus, hoch über seinen Kopf, und versuchte es auf den Kreuzmars des französischen Schiffes zu richten, ohne dass mehr als seine Hände sichtbar wurden. Alle Winkel und Entfernungen musste er aus dem Gedächtnis schätzen. Hinter seiner rechten Hand erschien im Holz des Niedergangs plötzlich eine helle Mulde. Auch den Schuss und das Singen des Querschlägers hatte er gehört. Danach konnte er den Winkel noch genauer bestimmen. Er korrigierte die Richtung. „Schieß doch endlich!" rief einer hinter ihm. Aber John Franklin, der stundenlang eine Schnur in die Luft halten konnte, hatte auch Zeit zum Zielen. Er wollte erst schießen, wenn er schon so gut wie getroffen hatte. Er wartete. Noch einmal vereinte er alles zu einem zusammenhängenden, einleuchtenden Bild: die Winkel, die geschätzte Höhe, die besiegten Bedenken, die bessere Zukunft. Dann schoss er. Er warf das Gewehr weg, packte das zweite, richtete es ein und schoss wieder, nahm das dritte und tappte die Treppe hinauf. War der Schütze noch da? Das Takelgewirr war jetzt noch dichter, das zerfetzte französische Bramsegel hüllte den genauen Standort ein. Ungedeckt schoss John noch einmal auf den Kreuzmars. Nichts rührte sich dort.

Auf dem Achterdeck stand nur Leutnant Rotherham. Walford war mit einem Enterkommando auf dem feindlichen Deck.

Da sah John, wie der Wind unter den Fetzen des Bramsegels drüben einen Dreispitz aufs Meer hinaustrieb. Unter dem Kreuzmars hing plötzlich ein Fuß. Es war nur eine winzige Bewegung, ein Fuß, der wenige Zoll tiefer sackte, weil er keinen Halt mehr suchte. „Da, seht!" schrie einer von den irischen Bootsleuten.

Der feindliche Schütze fiel herab, Kopf voraus. Es war, als wolle nur der Kopf hinunter und der Körper folge widerstrebend, immer wieder Halt suchend an Spieren und Stengen, bis er doch hinunter musste in die See.

„Den hat es erwischt!" schrie der Bootsmann.

Die Handlung selbst, das Zielen, Schießen und das Resultat, dauert sicherlich nur wenige Sekunden. Um sie dem Leser mitzuteilen und die Gedanken Franklins mit einfließen zu lassen, benötigt der Autor etwas mehr.

Natürlich gibt es Beispiele, bei denen die Differenz zwischen Erzählzeit (das ist die Zeit, die der Autor benötigt, um ein Geschehen zu erzählen) und erzählter Zeit (die Zeit, welche die Handlung beansprucht) wesentlich größer ist. Ich habe bewusst diese Beispiele ausgewählt, um Ihnen zu zeigen, dass innerhalb eines Romans Zeitraffung und Zeitdehnung beliebig häufig wechselnd gebraucht werden können und oft auch verwendet werden. Zeitraffung wird gern eingesetzt, wenn zwischen zwei Handlungen eine größere Zeitspanne liegt, in der nichts vorfällt, was erzählt werden müsste: Wenn die Akteure schlafen zum Beispiel. Zeitdehnung dient häufig entweder der Reflexion, Erinnerung, Betrachtung oder wird dazu verwendet, hektische Situationen, in denen sich eine ganze Reihe verschiedener Ereignisse nahezu zeitgleich abspielen, für den Leser verständlich zu machen. Eine klassische Situation wäre die Person, die aus einem Fenster stürzt und deren „ganzes Leben an ihr vorüberzieht", bevor ihr Fall beendet ist. Im Idealfall könnte ein Roman mit einem solchen Sturz beginnen, die Überlegungen der stürzenden Person könnten den Romaninhalt bestimmen und der Aufprall der Figur und ihr Tod wäre das Ende des Romans. Der sehr umfangreiche Roman „Ulysses" von James Joyce, um ein weiteres literarisches Beispiel zu nennen, umfasst gerade einmal vierundzwanzig Stunden aus dem Leben der Hauptfigur.

Das zeitdeckende Erzählen braucht wohl nun nicht mehr näher bestimmt zu werden: Es erschließt sich aus dem Wort, dass hier Erzählzeit und erzählte Zeit identisch sind. Viele Dialoge werden zeitdeckend wiedergegeben, ansonsten finden wir diese Erzählweise eher selten und dann nur in kurzen Passagen. Für Sie als Autor ist es interessanter, mit den Möglichkeiten der raffenden und dehnenden Erzählweise zu spielen und auszuprobieren, welche Ergebnisse Sie damit erzielen können.

Eine der interessantesten und spannendsten Fragen beim Schreiben eines Romans ist die Frage, welche Erzählperspektive gewählt wird. Mit der Antwort darauf legen Sie bereits zu einem großen Teil fest, welchen „Tonfall" Sie Ihrem Roman geben wollen, denn die Erzählperspektive gibt vor, welche Stellung der Erzähler in Ihrem Roman einnehmen soll. Damit werden weitgehend die Weichen dafür gestellt, ob es sich mehr um eine Handlung mit starker Betonung der psychologischen Aspekte handeln soll, um einen sehr subjektiven Roman, oder um die eher nüchterne Erzählung eines Hergangs, ob diese Erzählung ironisch gebrochen werden soll und dergleichen mehr.

Wichtig ist zuerst einmal, dass Sie sich des grundsätzlichen Unterschiedes zwischen Erzähler und Autor bewusst werden. Dieser Unterschied besteht immer, wenn er auch dem Leser nicht immer deutlich wird. Gerade ungeübte Leser halten nur allzu schnell die Meinungen und Ansichten, die der Autor seinem Erzähler unterschiebt, für die des Autors.

Wir werden auf diese Unterscheidung gleich noch einmal zurückkommen, zuerst jedoch möchte ich Ihnen die verschiedenen Erzählperspektiven kurz erläutern. Anschließend betrachten wir dann noch einmal die Frage von Autor und Erzähler, um schließlich Beispiele für die Erzählperspektiven genauer zu untersuchen, vor allem hinsichtlich der Wirkung, die sie auf den Leser ausüben und somit der Möglichkeiten, die sie dem Autor zur Verfügung stellen.

Es hat sich in der Literaturwissenschaft eingebürgert, zwischen drei Erzählperspektiven zu unterscheiden, die teilweise mit komplizierten Fachausdrücken bezeichnet werden. Ich muss Ihnen diese Fachausdrücke leider zumuten, weil wir keine andere Möglichkeit haben, exakt zu bezeichnen, was wir meinen.

Die einfachste und am deutlichsten abzugrenzende ist die sogenannte Ich-Erzählung. Diese herrscht immer dann vor, wenn die Hauptfigur eines Romans oder einer Erzählung von „ich" oder „wir" spricht.

Die Alternative ist die Er-Erzählung. Diese teilt sich in zwei Unterkategorien. Der personale Erzähler verschwindet aus dem Geschehen und berichtet davon wie ein Geist, der über dem Geschehen schwebt. Er bleibt für den Leser unsichtbar, der dessen Anwesenheit vergisst. Der auktoriale Erzähler dagegen mengt sich durch Kommentare und Bewertungen in die Handlung ein.

Es fällt nun leicht sich vorzustellen, dass ein Ich-Erzähler nicht mit dem Autor identisch ist. Stellen Sie sich vor, Sie erzählen Ihre Geschichte aus der Perspektive eines Heiratsschwindlers oder eines Bauingenieurs, einer Hausfrau oder eines Kindes. Deshalb müssen Sie selbst noch lange nicht Heiratsschwindler, Bauingenieur, Hausfrau oder Kind sein, nicht deren Meinungen und Ansichten vertreten. Sie könnten eine durch und durch unsympathische Figur in den Mittelpunkt Ihrer Geschichte stellen, eine Figur, die Sie gerne kritisieren möchten – Sie würden sich sicherlich streng dagegen verwahren, mit dieser Figur verglichen zu werden.

Einsichtig ist dies auch noch beim auktorialen Erzähler. Wenn er sich aus stilistischen Gründen mit Kommentaren in die Handlung einmischt, um sich zum Beispiel ironisch von der Hauptfigur oder dem Geschehen zu distanzieren, heißt das noch lange nicht, dass alle diese Kommentare auch tatsächlich Ansichten des Autors wiedergeben. So lässt sich ein Roman zum Beispiel doppelt ironisch brechen, wenn Sie auf der einen Seite einen Protagonisten haben, dessen Handlungsweise durch den Kommentar des Erzählers in Frage gestellt wird, andererseits aber der Verlauf der Geschichte selbst den Kommentaren des Erzählers widerspricht. Ein Beispiel: Der Protagonist Ihres Romans verliebt sich in eine Person, die nicht zu ihm zu passen scheint. Der Erzähler könnte dies kommentieren und darauf hinweisen, dass die angestrebte Verbindung unmöglich funktionieren könne. Wenn diese nun im Verlauf der Handlung doch eingegangen wird und sich wider Erwarten in kritischen Situationen bewährt, so wäre der Erzähler mit seiner Ansicht ins Unrecht gesetzt. Eine solche Konstruktion hätte ihren Sinn, wenn Sie dem Leser zum Beispiel Vorurteile vor Augen führen, indem Sie ihm diese durch den Erzähler nahe legen. Leser identifizieren sich sehr stark mit dem jeweiligen Erzähler und sind geneigt, seine Ansichten ungeprüft zu übernehmen. Um so überraschender ist es, wenn sie eines besseren belehrt werden.

Am wenigsten einleuchtend scheint die Trennung zwischen Autor und Erzähler bei der personalen Erzählweise. Schließlich scheint der personale Erzähler nichts anderes zu tun, als das Geschehen objektiv wiederzugeben. Wieder kann uns ein Vergleich mit der Filmwelt weiterhelfen: Stellen Sie sich den personalen Erzähler als Kamera vor. Eine Kamera nimmt Bilder auf und gibt sie weiter, und wenn sie nicht technisch verändert werden, dann geben diese Bilder die Wirklichkeit objektiv wieder. Aber hinter jeder Kamera steht ein Kameramann, der auswählt, welche Bilder die Kamera aufnehmen soll und welche nicht. Damit entscheidet er, welche Aspekte der Wirklichkeit wir zu sehen bekommen und welche nicht. Die Kamera kann uns zum Beispiel ein Auto zeigen, das auf der Autobahn plötzlich und unerwartet bremst. Ein zweites Auto fährt auf, der Unfall zieht weitere nach sich, es gibt Verletzte und vielleicht sogar Tote. Schrecklich, sagen wir, Schuld ist der erste Fahrer, der völlig ohne Grund gebremst hat.

Dann zeigt uns eine zweite Kamera aus einer anderen Perspektive, dass der Fahrer keineswegs grundlos gebremst hat: Ein verirrtes Kind stand auf der Fahrbahn. Eine dritte Kamera zeigt uns, was vorher geschah: Wie der Fahrer des zweiten Autos nach einer Party in sein Auto stieg, sturzbetrunken und offensichtlich nicht in der Lage zu fahren. Nun erkennen wir, dass die Zusammenhänge doch andere sind, als wir zuerst vermuteten. Was uns die erste Kamera gezeigt hat, war nicht falsch, unbestreitbar hat sie die objektive Realität wiedergegeben. Aber es war nur ein Ausschnitt aus dieser Realität, und auch die anderen Kameras zeigen uns wieder nur Segmente aus der Realität. Die ganze Wahrheit können wir nie erfahren, weil sie so unübersichtlich und vielschichtig ist, dass wir nicht alle Faktoren aufnehmen können. Es muss also ausgewählt werden.

Die Person hinter der Kamera, die entscheidet, was wir zu sehen bekommen, ist der Autor. Er kann uns alles mitteilen, was er für relevant hält, dann ist er mit dem Erzähler weitgehend identisch. Er kann uns aber auch die Wahrheit häppchenweise präsentieren und Wichtiges auslassen, vielleicht, damit wir es selbst entdecken, damit wir lernen, damit wir unsere eigenen Schlüsse ziehen. Ein Erzähler kann bewusst alle Meinungen über das Geschehen von uns fernhalten, damit wir in unserer eigenen Ansicht unbeeinflusst bleiben. Das heißt aber nicht, dass der Autor keine Meinung zu dem Thema hat.

Für Sie als Autor bedeutet das, dass auch Sie sich in scheinbar „objektiven" Erzählsituationen bewusst sein sollten, dass immer, in jeder Romanform, ein Erzähler zwischen Sie und den Leser geschaltet ist. Wenn Sie diesen Erzähler als Instrument Ihres Schreibens aufspüren, können Sie Ihre Romane und Erzählungen wesentlich kunst- und anspruchsvoller gestalten. Jene Person, die mit dem Leser redet und die sich an den Leser wendet, sind nicht Sie – es ist eine von Ihnen erfundene und gestaltete Kunstfigur, so gut wie jede in Ihrer Geschichte auftretende Figur.

Beginnen wir bei der Betrachtung verschiedener Erzählperspektiven mit einem Roman, der seinem Autor einen enormen Erfolg beschert hat und über Generationen hinweg zum Identifikationsbuch Jugendlicher gegen eine schwierige Erwachsenenwelt geworden ist. Dieser Erfolg liegt gerade in seiner Perspektive begründet und wäre in einer anderen Erzählweise sicherlich nicht annähernd so groß ausgefallen. Die Rede ist von J.D. Salingers „Der Fänger im Roggen“:

Falls Sie wirklich meine Geschichte hören wollen, so möchten Sie wahrscheinlich vor allem wissen, wo ich geboren wurde und wie ich meine verflixte Kindheit verbrachte und was meine Eltern taten, bevor sie mit mir beschäftigt waren, und was es sonst noch an David-Copperfield-Zeug zu erzählen gäbe, aber ich habe keine Lust, das alles zu erzählen. Erstens langweilt mich das alles, und zweitens bekämen meine Eltern pro Nase je zwei Schlaganfälle, wenn ich so persönliche Auskünfte über sie geben würde. Sie sind in der Hinsicht sehr empfindlich, besonders mein Vater. Sie sind sehr nette Leute und so – ich sagte nichts gegen sie –, aber höllisch empfindlich. Außerdem will ich nicht meine ganze verfluchte Autobiographie oder etwas Ähnliches schreiben. Ich will nur die verrückten Sachen erzählen, die sich letzte Weihnachten abspielten, bevor ich vollkommen zusammenklappte und hierher gebracht wurde, um mich zu erholen. Das alles habe ich schon D. B. erzählt, der mein Bruder ist und so. Er ist in Hollywood. Das ist nicht weit von diesem elenden Nest hier, und er besucht mich fast an jedem Wochenende. Er wird mich auch nach Hause bringen, falls ich nächsten Monat heimfahre. Er hat sich gerade einen Jaguar gekauft, so einen kleinen englischen Wagen, der ungefähr dreihundert Stundenkilometer machen kann. Dafür hat er an die viertausend Dollar bezahlt. Er ist jetzt gut bei Kasse, besser als früher. Solange er noch bei uns zu Hause lebte, war er ein gewöhnlicher Schriftsteller. Er schrieb den fabelhaften Kurzgeschichtenband: Der geheime

Goldfisch, falls Sie je davon gehört haben. Die beste Erzählung darin hieß Der geheime Goldfisch. Sie handelt von diesem kleinen Kerl, der niemandem seinen Goldfisch zeigen wollte, weil er ihn von seinem eigenen Taschengeld gekauft hatte. Das hat mich umgeschmissen. Jetzt ist D. B. in Hollywood und prostituiert sich. Wenn mir wirklich etwas verhasst ist, dann sind es Filme. Ich will überhaupt nichts damit zu tun haben.

Schon aus diesen ersten Zeilen des Romans wird deutlich, dass es sich bei dem Erzähler um einen jungen Menschen handelt, der sich wenig um Konventionen schert („… aber ich habe keine Lust, das alles zu erzählen"), aber eine sehr scharfe und kritische Beobachtungsgabe sein eigen nennt. Es handelt sich um eine Figur, mit der sich andere junge Menschen, die sich von der Welt der Älteren distanzieren, vergleichen können, die sie bewundern und als Orientierung verwenden. Dazu trägt auch die Sprache bei, die nicht dem klassischen Erzählstil entspricht, sondern in ihrer lockeren Ausdrucksweise den Jugendjargon nachahmt.

Insbesondere dieser Sprachstil wäre in einer Er-Perspektive kaum glaubhaft durchzuführen. Ein solcher Identifikationsgrad wird vor allem in der Ich-Perspektive erreicht.

Es lässt sich an dem Ausschnitt gut nachvollziehen, was oben schon angesprochen worden ist: Dass der Ich-Erzähler dem Leser Wertungen aufdrängt. Vieles von dem, was er kritisiert, mag richtig sein. Anderes würden wir aus unserer Perspektive so nicht nachvollziehen können. Das liegt daran, dass die Sicht der Hauptperson streng auf bestimmte Ansichten und Meinungen eingeschränkt ist. Differenzierungen sind seine Sache nicht. Weder weiß der Ich-Erzähler, was andere Personen fühlen oder denken, noch weiß er, was an anderer Stelle zur selben Zeit aus welchen Gründen passiert. Selbst das Urteil über seinen Bruder ist außerordentlich streng, es heißt, er prostituiere sich in Hollywood. Wie der Bruder diesen Sachverhalt sieht, warum er nach Hollywood gegangen ist, ob er das Gefühl hat, sich zu prostituieren oder ob er seine Arbeit dort liebt und sich verwirklichen kann, erfahren wir ebenso wenig wie wir klären können, ob die Eltern des Erzählers wirklich so spießig sind, wie er es uns glauben machen möchte. Auch über ihn selbst würden wir vielleicht eine andere Meinung entwickeln, wenn wir wüssten, was die anderen Personen über ihn denken.

Die Verwendung eines Ich-Erzählers für einen Roman entscheidet also über die Bevorzugung der eingeschränkten Sicht einer Person, die am Geschehen teilnimmt, zum Nachteil eines Erzählers, der alles weiß und uns so umfassend wie möglich informiert. Es ist eine Entscheidung zugunsten der Subjektivität, gegen die Objektivität. Die Konzentration der Erzählung liegt auf Gefühlen und Wertungen, nicht auf sachlichen Beobachtungen und umfassender Schilderung eines Geschehens. Die Hauptperson der Ich-Erzählung lädt stärker zur Identifikation ein, kann die Identifikation aber deshalb auch stärker enttäuschen. Die Illusion wird gestärkt, die Distanz verringert.

Wie man mit dieser Perspektive auch spannend spielen kann, zeigt uns das nächste Beispiel, der Anfang aus Max Frischs „Stiller“:

Ich bin nicht Stiller! – Tag für Tag, seit meiner Einlieferung in dieses Gefängnis, das noch zu beschreiben sein wird, sage ich es, schwöre ich es und fordere Whisky, ansonst ich jede weitere Aussage verweigere. Denn ohne Whisky, ich hab's ja erfahren, bin ich nicht ich selbst, sondern neige dazu, allen möglichen guten Einflüssen zu erliegen und eine Rolle zu spielen, die ihnen so passen möchte, aber nichts mit mir zu tun hat, und da es jetzt in meiner unsinnigen Lage (sie halten mich für einen verschollenen Bürger ihres Städtchens!) einzig und allein darum geht, mich nicht beschwatzen zu lassen und auf der Hut zu sein gegenüber allen ihren freundlichen Versuchen, mich in eine fremde Haut zu stecken, unbestechlich zu sein bis zur Grobheit, ich sage: da es jetzt einzig und allein darum geht, niemand anders zu sein als der Mensch, der ich in Wahrheit leider bin, so werde ich nicht aufhören, nach Whisky zu schreien, sooft sich jemand meiner Zelle nähert. Übrigens habe ich bereits vor Tagen melden lassen, es brauche nicht die allererste Marke zu sein, immerhin eine trinkbare, ansonst ich eben nüchtern bleibe, und dann können sie mich verhören, wie sie wollen, es wird nichts dabei herauskommen, zumindest nichts Wahres. Vergeblich! Heute bringen sie mir dieses Heft voll leerer Blätter: Ich soll mein Leben niederschreiben! wohl um zu beweisen, dass ich eines habe, ein anderes als das Leben ihres verschollenen Herrn Stiller.

„Sie schreiben einfach die Wahrheit", sagt mein amtlicher Verteidiger, „nichts als die schlichte und pure Wahrheit. Tinte können Sie jederzeit nachfüllen lassen!"

Der erste Satz nimmt den Leser sofort in das Geschehen hinein: „Ich bin nicht Stiller!" Der Leser weiß überhaupt nicht, wer dieser Herr Stiller sein soll, noch wer denn nun der Erzähler ist, der sich so dagegen wehrt, Stiller zu sein. Und wer behauptet denn, dass dieser Mann Stiller sei? Das Ausrufungszeichen lässt seine Behauptung zu einem Aufschrei werden, da wehrt sich ein Mensch verzweifelt dagegen, verwechselt zu werden, kämpft um seine Existenz. Die Bemerkung seines Verteidigers, „Sie schreiben einfach die Wahrheit", deutet schon an, dass es damit sicher nicht so einfach sein wird, wie dieser es sich vorstellt. Im Verlauf des Romans wird dann deutlich, dass Frisch zwischen zwei Formen der Identität unterscheidet: Der subjektiven, das heißt der Frage, ob ein Mensch noch der zu sein glaubt, der er früher einmal war oder ob er ein anderer ist, einer, der sich ge- und verwandelt hat und mit seiner vergangenen Persönlichkeit nichts mehr zu tun haben will; und der objektiven, die sich in Dokumenten und in der Erinnerung jener niederschlägt, welche die vergangene Persönlichkeit noch in Erinnerung haben und dem Menschen nicht den Freiraum geben, ein anderer zu werden. Wahr ist das eine wie das andere. Und jene subjektive, persönliche Sicht davon, was einen ausmacht, ist vielleicht wahrer als das, was Zeugenaussagen und Dokumente an den Tag bringen können.

„Ich bin nicht Stiller!" Für die Auseinandersetzung mit der Frage, was einer ist oder nicht ist, was den Menschen ausmacht, was in einem Menschen vor sich geht, der seine Vergangenheit verloren hat, sich damit nicht mehr identifizieren kann oder will, kurz, für alle Fragen, die sich um die Persönlichkeit, die Individualität des Menschen bewegen, ist die Ich-Erzählung die geeignetste Form. Den Kern menschlicher Gedanken, Gefühle und Hoffnungen können wir am besten darstellen, wenn wir uns in die Gedanken der Figur einschalten und diese unvermittelt weitergeben.

Die extreme Form der unvermittelten Weitergabe von Gedanken und zugleich eine spezielle Variante der Ich-Erzählung ist der innere Monolog. Diese Technik entwickelte sich um die Jahrhundertwende, ungefähr zur gleichen Zeit wie die Psychoanalyse. Der erste Roman, der über eine lange Passage hinweg den inneren Monolog verwendete, stammt von James Joyce: „Ulysses“:

Ja weil er so was doch noch nie gemacht hat bis jetzt dass er sein Frühstück ans Bett haben will mit zwei Eiern seit dem City Arms Hotel wo er immer so tat wie wenn er wegen seiner kranken Stimme das Bett hüten müsste und den feinen Lackaffen spielte alles bloß um sich bei der alten Ziege interessant zu machen Mrs Riordan von der er dachte er hätte einen dicken Stein im Brett bei ihr und dabei hat sie uns keinen roten Heller hinterlassen alles für Messen weg für sie selber und ihre blöde Seele also sowas von Geizkragen das gibts nicht nochmal wieder wie die sich gesträubt hat die lumpigen 4d für ihren Brennspiritus rauszurücken und dann all ihre Wehwehchen die sie hatte und das ganze Gequatsche über Politik und Erdbeben und das Ende der Welt also erstmal wolln wir uns doch noch ein bisschen amüsieren guter Gott wenn alle Frauen derart rot sähen bei Badeanzügen und ausgeschnittenen Kleidern von ihr hat ja schließlich keiner verlangt dass sie so was trägt ich nehme an sie war fromm weil die garantiert kein Mann ein zweites Mal anguckt hoffentlich werde ich nie so wie die glatt ein wunder dass sie von uns nicht auch noch verlangt hat dass wir uns die Gesichter bedecken aber dafür war sie ja bestimmt gebildet und ihr ewiger Schnickschnack mit Mr Riordan hier und Mr Riordan da also ich weiß nicht wenn der nicht heilfroh war wie er abhauen konnte von ihr und ihr Hund der andauernd an meinem Pelz am schnüffeln war und mir ewig unter die Röcke wollte besonders wenn ich keine naja aber trotzdem irgendwie mag ich das an ihm wie er so höflich ist zu alten Frauen und zu Kellnern und Bettlern auch stolz ist er eigentlich gar nicht so einfach aus nichts aber auch nicht immer also wenn er ja mal was richtig ernstes kriegte das ist der Haken bei ihm dabei ist es viel besser wenn sie sich ins Krankenhaus legen wo alles sauber ist aber um ihn so weit zu kriegen müsst ich ihm das wahrscheinlich einen geschlagenen Monat lang einhämmern ja und dann käme als nächstes die Bescherung mit der Krankenschwester und er wäre nicht wieder wegzukriegen da bis sie ihn rausschmeißen täten oder vielleicht auch eine Nonne wie auf der dreckigen Photographie die er hat also wenn die eine Nonne ist dann bin ich keine ja wo sie sich doch derart anstellen wenn sie mal krank sind immer wollen sie eine Frau sonst werden sie einfach nicht wieder gesund zum Beispiel wenn er mal Nasenbluten hat könnte man glatt denken die Welt geht unter und die Jammermiene an der South Circular wie er sich den Fuß verstaucht hatte auf dem Chorausflug zum Sugarloaf Mountain an dem Tag wo ich das Kleid anhatte Miss Stack brachte ihm Blumen die schlechtesten und ältesten die sie bloß auftreiben konnte die würde wer weiß was anstellen um bei einem Mann ins Schlafzimmer zu kommen die mit ihrer Altjungfernstimme und dann auch noch die Einbildung er stirbt wegen ihr soll ich denn nimmer dein Gesicht erblicken obwohl er ja eigentlich mehr aussah wie ein Mann der sich den Bart ein bisschen wachsen lässt im Bett das war bei Vater ganz genauso und außerdem find ich das bandagieren und Medizin geben einfach zum davonlaufen wie er sich damals die Zehe geschnitten hatte mit dem Rasiermesser beim Hühneraugenschälen eine Heidenangst dass er Blutvergiftung kriegt aber wenn mal was wäre dass ich selber krank bin da könnte man sehn was seine ganze Aufmerksamkeit bloß dass die Frau sich ja immer zusammenreißt und kein derartiges Gedöns macht wie die immer ja irgendwo ist er natürlich gewesen klarer Fall bei dem Appetit aber jedenfalls Liebe ists nicht sonst hätt er nichts anderes im Kopf als an sie denken also wars entweder eine von diesen Nachtweibern wenn es wirklich da unten war wo er war und die Hotelgeschichte die er da erzählt hat war ein dicker Packen Lügen bloß um das zu vertuschen warte mal Hynes hat mich aufgehalten und wer ist mir denn sonst noch über den Weg gelaufen ah ja ich traf noch entsinnst du dich Menton und dann warte mal dieses dicke Babygesicht hab ich gesehen und er obwohl er noch gar nicht lange verheiratet war mit einem jungen Mädchen am flirten …

Ich unterbreche hier die Gedankenwelt der Molly Bloom, die im Roman noch lange so fortfährt. „Stream of consciousness“ nennt man das im Englischen, den „Strom des Bewusstseins“, und in der Tat stromt die Sprache hier so, wie sie sich durch unsere Gedanken bewegt, scheinbar regellos, keinem Gesetz der Logik oder der Abfolge verpflichtet, ohne Zusammenhang und regelnde Einschränkung. Es ist kein Fehler des Setzers, sondern vom Autor gefordert, dass in diesem Text kein Komma und kein Punkt gesetzt sind, denn unsere Gedanken kennen kein Einhalten und Aufhören. Erinnerungen, Ansichten, Urteile kommen und gehen, lösen sich ab, kehren wieder zum Ausgangspunkt zurück, um wieder von anderen Gedanken verdrängt zu werden. Einflüsse von außen, Redefetzen, Geräusche, Beobachtungen schleichen sich ein und unterbrechen den gerade vorgestellten Gedanken, um einen völlig anderen an diese Stelle zu setzen.

Das Denken wird im inneren Monolog völlig ungefiltert dargestellt. Auch der Erzähler im „Fänger im Roggen" zensiert seine Gedanken, lässt uns nur wissen, was er für richtig hält und färbt seine Erzählung so, dass er Herr über die Informationen bleibt, was er uns sagen will. Auch „Stiller" (oder wer immer er ist) teilt uns mit, was er sagen will und verschweigt, was er nicht sagen will: Bei ihm wird es sogar ganz besonders deutlich, dass er uns nichts mitteilen wird, was uns auf den Gedanken bringen könnte, er sei vielleicht doch Stiller.

Anders Molly Bloom. Sie erzählt nicht, sondern ihr Inneres liegt wie aufgeklappt vor unseren Augen, wir können sozusagen ihre Gedanken lesen und sie hat keine Macht mehr, uns etwas zu verheimlichen.

Der innere Monolog ist dort besonders gut geeignet, wo Sie als Autor jeden Zweifel darüber verhindern wollen, dass der Erzähler den Leser eventuell täuschen könnte, dass er es nicht ganz ehrlich meint oder sich über sich selbst im Unklaren ist. Näher als im inneren Monolog können Sie einer Figur nicht kommen. Natürlich ist diese Erzählweise besonders zweckmäßig, um dem Leser falsche Verhaltensweisen oder Ansichten in ihrer ganzen zweifelhaften Motivation darzustellen.

Jeder Ich-Erzähler könnte noch versuchen, seine Fehler zu beschönigen oder zu erklären. Im inneren Monolog erfahren wir unmittelbar, warum die Figur falsch gehandelt hat, und wenn sie kleinliche Motive hatte, wird uns das nicht verborgen bleiben.

Selbst wenn der Figur vielleicht die sprachlichen Möglichkeiten fehlen, ihren Schmerz, ihre Verwirrung, ihre Trauer mitzuteilen, ist der innere Monolog eine geeignete Methode, den Leser dennoch daran teilhaben zu lassen.

Eine kleine Warnung sei hier angebracht: Zum einen ist es schwierig, einen inneren Monolog in eine Handlung einzugliedern, die aus einer anderen Erzählperspektive geschildert wird. Sie müssen schon eine längere, in sich abgeschlossene Textpassage wählen oder sich damit abfinden, dass Ihr Roman als sehr experimentell empfunden wird (was nicht schlecht ist, aber auch von der Sache her begründet sein sollte).

Zum anderen gehört es zu den schwierigsten Aufgaben eines Schriftstellers, einen glaubwürdigen inneren Monolog zu verfassen, weil auch unser Denken gewissen Gesetzmäßigkeiten unterliegt, die wir aber erst zu einem kleinen Teil in der Psychologie erforscht haben. Es muss genau das richtige Maß gefunden werden, damit die einzelnen Bruchstücke der Gedanken so verknüpft bleiben, dass der Leser ihnen noch folgen kann, damit sie nicht zu zusammenhängend wirken und doch wieder gefiltert und es glaubhaft und nachvollziehbar bleibt, warum ein Gedanke nun den anderen abgelöst hat.

Im Gegensatz zum Ich-Erzähler ist der Er-Erzähler selbst nicht Teil der Handlung, sondern er betrachtet diese von außen. Beide Formen des Er-Erzählers können allwissende Erzähler sein, das heißt, ihnen steht grundsätzlich jede Information zur Verfügung, die für das Verständnis des Fortgangs der Handlung notwendig ist. Manchmal ziehen es Autoren allerdings vor, das Wissen des Erzählers einzuschränken.

In der Ich-Erzählung kann es häufig vorkommen, dass der Erzähler weniger weiß als der Leser, also ein Informationsdefizit hat. In der Er-Erzählung ist das selten der Fall, häufiger verfügt der Erzähler über die gleichen Kenntnisse wie der Leser, oder eben, wenn es sich um einen allwissenden Erzähler handelt, über mehr, er hat also einen Informationsvorsprung.

Der auktoriale Erzähler unterscheidet sich vom personalen dadurch, dass er sich in die Handlung mit Kommentaren und Wertungen einbringt; manchmal sehr deutlich und direkt, manchmal versteckt und kaum spürbar. Folgendes Beispiel soll das verdeutlichen:

Was denn, hätten wir dem Elias raten können? Wenn einem Menschen von Anbeginn bedeutet wird, dass er zwar ein geniales Talent besitzt, es aber niemals wird vollenden dürfen, weil es die Gesetzmäßigkeiten eines verschwenderi-

schen Planes will, so hätte sich an diesem Leben selbst in der Fremde, in der günstigen Umgebung einer musikliebenden Welt nichts geändert.

Gott ist stärker, denn er liebt alles Unrecht unter der Sonne.

In den Jahren nach der Katastrophe wandelte sich das Bild seiner Berufung zum Musiker. Seit der Nacht, in welcher er das Mädchen aus den Flammen gerettet, liebte er Elsbeth mit einer Kraft und Leidenschaft, die ans Unmenschliche grenzt. Er befand, dass es gut sei, sich für die Liebe zu entscheiden, Geist und Kraft eines ganzen Menschenlebens daran zu geben. Mit dem letzten Quäntchen seines begrenzten Willens entschied er sich für Elsbeth und somit gegen sein musikalisches Genie. Weil ihm aber das Genie von Gott gegeben, entschied er sich gegen Gott.

Unser Leser, mit dem uns zwischenzeitlich ein Gefühl fremder Vertrautheit verbindet, will nun nicht denken, Elias habe aufgehört zu musizieren. Das Gegenteil ist der Fall. Er fing an, sein Talent auf das äußerste zu fordern, denn er spielte für Elsbeth. Er ließ sich zweimal die Woche im Kirchlein einsperren und erlernte aus eigenem die Kunst des Orgelspiels.

Zweimal in diesem kurzen Abschnitt aus Robert Schneiders Erfolgsroman „Schlafes Bruder“ wendet sich der Erzähler an den Leser. Einmal am Anfang der Passage, als er mit seiner rhetorischen Frage, was man dem Elias Alder denn hätte raten können, auf die Aussichtslosigkeit der Bemühungen und Hoffnungen der Hauptfigur vorausgreift und mit dem Satz „Gott liebt alles Unrecht unter der Sonne“ stark wertend in die Geschichte eingreift. Zum zweiten zu Beginn des letzten Absatzes, als er mit der direkten Ansprache an den Leser und der Verwendung der Formulierungen „unser Leser“ und „fremde Vertrautheit“ eine Gemeinsamkeit zwischen sich und dem Leser schafft, die es diesem schwerer macht, sich der Manipulation durch den Erzähler zu entziehen. Der Erzähler scheint zwar nicht in der Geschichte anwesend zu sein, dafür sitzt er gleichsam dem Leser auf dem Schoß, oder besser: Mit diesem am „erzählerischen Kaminfeuer“. Permanent schafft er so Distanz zum Mitgeteilten, spielt mit den Erwartungen des Lesers, indem er immer wieder kommentiert, wie diese nun erfüllt würden oder eben nicht („Unser Leser … will nun nicht denken …“).

Der personale Erzähler nimmt demgegenüber viel weniger Einfluss auf den Leser, er bleibt völlig im Hintergrund. Die Erzählung gestaltet er zwar durch die Auswahl des Berichteten genauso wie der auktoriale Erzähler, aber der Leser vergisst seine Anwesenheit schon nach sehr kurzer Zeit, die Identifikation des Lesers mit dem Geschehen ist größer. Die Wahl der Erzählperspektive hängt also sehr stark davon ab, ob Sie wollen, dass sich der Leser mit der Geschichte und ihren Protagonisten identifiziert oder ob er sich distanzieren soll. Als Beispiel dient uns diesmal ein amerikanischer Autor, John Updike. Wir betrachten den Anfang seines Romans „Hasenherz":

Jungen, die Basketball spielen um einen Telegrafenmast herum, an den sie ein Brett genagelt haben. Beine, Schreie. Das Schurren und Rutschen der Turnschuhe auf den losen Kieseln katapultiert die Stimmen hoch in die feuchte Märzluft hinauf, die sich blau über den Drähten wölbt. Rabbit Angstrom, der gerade die kleine Straße heraufkommt, in strengem Anzug, bleibt stehen und sieht zu, obwohl er sechsundzwanzig ist und eins siebenundachtzig groß. Bei einer solchen Größe scheint der Spitzname „Kaninchen" nicht eben gerechtfertigt zu sein, aber das breite, hellhäutige Gesicht, die blassen blauen Augen und das nervöse Zucken unter der kurzen Nase, wenn er sich eine Zigarette in den Mund steckt: dies alles ist dann doch eine hinlängliche Erklärung für den Namen, den er bekommen hat, als er selber ein Junge war. Er steht da und denkt: die Bengel kommen immer näher, sie umzingeln dich noch.

Und dass er so dasteht, bringt die Jungen in Verlegenheit. Sie schielen aus den Augenwinkeln zu ihm hin. Sie spielen hier zu ihrem eigenen Vergnügen und nicht als Schauspiel für so einen Erwachsenen, der in kakaobraunem Doppelreiher in der Gegend rumlungert. Es kommt ihnen überhaupt komisch vor, ein Erwachsener, der zu Fuß die Straße raufkommt. Wo ist sein Auto? Die Zigarette macht das Ganze noch mulmiger. Ist er einer von denen, die ihnen Zigaretten anbieten wollen oder Geld, damit sie mit ihm hinter die Eisfabrik gehen? Sie haben gehört, dass es so was gibt, aber sie haben keine große Angst davor. Sie sind zu sechst, und er ist allein.

Der Ball prallt vom Korbrand ab, senkrecht in die Höhe, schießt im Bogen über die Köpfe der sechs hinweg und landet zu Füßen des einen einzelnen. Der fängt ihn knapp nach dem Aufsprung ab, mit einer Schnelligkeit, die die Jungen beunruhigt. Sie werden stumm und starren, und er zielt mit zusammengekniffenen Augen durch blauen Tabakrauch, eine jählings dunkle Silhouette, wie ein Schornstein im nachmittägigen Frühlingshimmel, setzt seine Füße mit Bedacht zurecht, wiegt den Ball gespannt vor seiner Brust hin und her, mit der einen weitgespreizten Hand ihn von oben haltend, mit der andern von unten ihn stützend, und lässt ihn sich gleichsam mit den Luftströmungen vertraut machen. Die Monde seiner Fingernägel sind groß. Dann sieht es plötzlich so aus, als gleite der Ball am rechten Jackettaufschlag des Mannes hinauf und stiebe von dessen Schulter auf, indes der Mann in die Knie geht, und man denkt, der Ball geht fehl, denn obwohl der Mann ihn im richtigen Winkel wirft, fliegt der Ball nicht in Richtung aufs Brett. Er war nicht dorthin gezielt. Er fällt mitten in den Korb, streift das Netz mit damenhaftem Flüsterton. „He!" ruft der Mann stolz.

„Glück!" sagte einer von den Jungen.

„Gewusst, wie!" gibt er zurück, und er fragt: „He, einverstanden, dass ich mitspiele?"

Keine Antwort kommt, nur verdutzte, blöde Blicke gehen hin und her. Rabbit zieht sein Jackett aus, faltet es akkurat zusammen und legt es auf einen sauberen Mülleimerdeckel. Die Trainingsanzüge hinter ihm rühren sich schon wieder. Er geht mitten hinein ins Getümmel, erjagt sich den Ball aus zwei schwächlichen weißen Händen und hält ihn wieder in den seinen. Das vertraute Gefühl von gespanntem Leder strafft seinen ganzen Körper, gibt seinen Armen Flügel. Es ist viele Jahre her, dass er diese Gestrafftheit gespürt hat. Seine Arme heben sich von allein, und der Ball fliegt von seinem Kopf auf, direkt auf den Korb zu. Er hat ein so sicheres Gefühl, dass er mit den Wimpern zuckt, als der Ball ein wenig zu früh niedergeht, und eine Sekunde lang denkt er, dass er vielleicht durch den Reifen gefallen ist, ohne das Netz zu berühren. „He, bei welcher Partei bin ich?" fragt er.

Ganz deutlich wird der personale Erzähler besonders im ersten Abschnitt des Romananfangs. Seine Haltung ist die des Kamerablicks, der die Situation beschreibt, nicht kommentiert. Schon mit der Beschreibung des „Rabbit" Angstrom ändert sich dies unmerklich: Weder der Spitzname „Kaninchen" ist mit bloßem Auge zu erkennen, noch, dass er diesen als Junge erhalten hat. Überlegen Sie einmal, welche Informationen, die im Folgenden gegeben werden, dem Leser eigentlich zur Verfügung stünden, wenn er die Szene tatsächlich nur von außen beobachten würde, und welche der Informationen den jeweils an der Situation Beteiligten zur Verfügung stehen können.

Sie werden sicher feststellen, dass der Erzähler zwischen den Gedanken der Jungen und denen Angstroms hin- und herwechselt. Die Unsicherheit der Jungen angesichts des Beobachters und ihre Überlegungen, was dieser Mann von ihnen will, kann genau wie die unbewusste Abneigung gegen den Erwachsenen, der sich in ihre Welt einschleicht, nur diesen bekannt sein. Die Gefühle der Leichtigkeit und der Vertrautheit mit dem Ball beim Spiel sind genau wie die Erinnerungen an seine Vergangenheit wiederum nur Angstrom zugänglich. Dazu kommen Beobachtungen, die in dieser Deutlichkeit wohl weder von den Jungen noch von Angstrom gemacht werden, sondern nur dem genauen „Kamerablick" zugänglich sind. Nur dieser Blick entspricht dem personalen Erzähler im engeren Sinn, schon eine Bemerkung wie: „Keine Antwort kommt, nur verdutzte, blöde Blicke gehen hin und her" enthält durch die Auswahl der Worte in gewisser Weise eine Wertung, einen Kommentar. Dieser Kommentar wird als solcher dem Leser aber so wenig bewusst, dass er die Identifikation nicht behindert. Dem steht das massive Eingreifen gegenüber, das wir in dem Beispiel von Schneider entdeckt haben, zumal stellenweise nicht genau zuzuordnen ist, ob wir im Moment gerade die Gedanken einer der Figuren „belauschen" oder es um eine Beschreibung von außen, von der Kamera, geht.

Den Streit um die Feinheiten, ob wir es hier mit einem personalen Erzähler zu tun haben oder sich bereits in diesem Stück personaler und auktorialer Erzähler mischen, weil die verwendeten Verben teilweise werten, überlassen wir getrost und gerne den Literaturwissenschaftlern. Für unsere Zwecke als Autoren spielt nicht die Bezeichnung eine Rolle, sondern die Wirkung. Dass es kaum einen Roman geben kann, der ausschließlich aus der Perspektive eines personalen Erzählers geschrieben ist, ist wohl deutlich geworden. Wo es einen solchen Roman gibt – und Versuche in diese Richtung existieren – wirkt er eigentümlich steril und teilnahmslos, so als würde aus einer Welt erzählt, die nicht unsere ist und uns auch nicht so recht interessieren muss.

In der Regel sind die meisten Romane in einem personalen Erzählstil gehalten, bei der ein auktorialer Erzähler nur sehr diskret über die Wortwahl eingreift wie in unserem Beispiel von Updike. Gerade in Romanen mit hohem literarischen Anspruch wird dagegen ein auktorialer Erzähler bevorzugt, der aber wiederum auch nicht permanent kommentieren kann, sondern sich in weiten Teilen hinter die Erzählung „zurückzieht". Für uns ist die Erkenntnis wichtig, dass es sinnvoll ist, personal zu erzählen, wo man eine hohe Identifikation erreichen will – nicht unbedingt in dem Sinn, dass sich der Leser mit dem Protagonisten identifiziert, sondern mit dem Geschehen (also vergisst, einen Roman zu lesen), und dass die auktoriale Erzählweise günstiger ist, wenn man erreichen möchte, dass der Leser eine kritische Distanz zum Erzählten gewinnt, Motive und Handlungen der Hauptfiguren hinterfragt und nicht einfach anerkennt.

Zum Abschluss dieser Gedanken möchte ich gerne die Glocken läuten lassen, wie ich es schon am Anfang dieses Kapitels angekündigt habe. Beim „Läuten der Glocken" handelt es sich um eine literarische Auseinandersetzung mit unserer Thematik aus dem Anfang des Romans „Der Erwählte" von Thomas Mann:

Wer läutet?

Glockenschall, Glockenschwall supra urbem, über der ganzen Stadt, in ihren von Klang überfüllten Lüften! Glocken, Glocken, sie schwingen und schaukeln, wogen und wiegen ausholend an ihren Balken, in ihren Stühlen, hundertstimmig; in babylonischem Durcheinander. Schwer und geschwind, brummend und bimmelnd, – da ist nicht Zeitmaß noch Einklang, sie reden auf einmal und alle einander ins Wort, ins Wort auch sich selber: andröhnen die Klöppel und lassen nicht Zeit dem erregten Metall, dass es ausdröhne, da dröhnen sie pendelnd an am anderen Rande, ins eigene Gedröhne, also dass, wenn's noch hallt „In te Domine speravi", so hallt es auch schon „Beati, quorum tecta sunt peccata", hinein aber klingelt es hell von kleineren Stätten, als rühre der Messbub das Wandlungsglöcklein.

Von den Höhen läutet es und aus der Tiefe, von den sieben erzheiligen Orten der Wallfahrt und allen Pfarrkirchen der sieben Sprengel zu Seiten des zweimal gebogenen Tibers. Vom Aventin läutet's, von den Heiligtümern des Palatin und von Sankt Johannes im Lateran, es läutet über dem Grabe dessen, der die Schlüssel führt, im Vatikanischen Hügel, von Santa Maria Maggiore, in Foro, in Domnica, in Cosmedin und in Trastevere, von Ara Celi, Sankt Paulus außer der Mauer, Sankt Peter in Banden und vom Haus zum Hochheiligen Kreuz in Jerusalem. Aber von den Kapellen der Friedhöfe, den Dächern der Saalkirchen und Oratorien in den Gassen läutet es auch. Wer nennt die Namen und weiß die Titel? Wie es tönt, wenn der Wind, wenn der Sturm gar wühlt in den Saiten der Äolsharfe und gänzlich die Klangwelt aufgeweckt ist, was weit voneinander und nahe beisammen, in schwirrender Allharmonie: so, doch ins Erzene übersetzt, geht es zu in den berstenden Lüften, da alles läutet zu großem Fest und erhabenem Einzug.

Wer läutet die Glocken? Die Glöckner nicht. Die sind auf die Straße gelaufen wie alles Volk, da es so ungeheuerlich läutet. Überzeugt euch: die Glockenstuben sind leer. Schlaff hängen die Seile, und dennoch wogen die Glocken, dröhnen die Klöppel. Wird man sagen, dass niemand sie läutet? Nein, nur ein ungrammatischer Kopf ohne Logik wäre der Aussage fähig. „Es läuten die Glocken", das meint: sie werden geläutet, und seien die Stuben auch noch so leer. – Wer also läutet die Glocken Roms? – Der Geist der Erzählung. – Kann denn der überall sein, hic et ubique, zum Beispiel zugleich auf dem Turme von Sankt Georg in Velabro und droben in Santa Sabina, die Säulen hütet vom gräulichen Tempel der Diana? An hundert weihlichen Orten auf einmal? – Allerdings, das vermag er. Er ist luftig, körperlos, allgegenwärtig, nicht unterworfen dem Unterschiede von Hier und Dort. Er ist es, der spricht: „Alle Glocken läuteten", und folglich ist er's, der sie läutet. So geistig ist dieser Geist und so abstrakt, dass grammatisch nur in der dritten Person von ihm die Rede sein und es lediglich heißen kann: „Er ist's." Und doch kann er sich auch zusammenziehen zur Person, nämlich zur ersten, und sich verkörpern in jemandem, der in dieser spricht und spricht: „Ich bin es. Ich bin der Geist der Erzählung, der, sitzend an seinem derzeitigen Ort, nämlich in der Bibliothek des Klosters Sankt Gallen im Alamannenlande, wo einst Notker der Stammler saß, zur Unterhaltung und außerordentlichen Erbauung diese Geschichte erzählt, indem ich mit ihrem gnadenvollen Ende beginne und die Glocken Roms läute, id est: berichte, dass sie an jenem Tage des Einzugs sämtlich von selber zu läuten begannen.“

Damit aber auch die zweite grammatische Person zu ihrem Rechte komme, so lautet die Frage: Wer bist du denn, der Ich sagend an Notkers Pulte sitzt und den Geist der Erzählung verkörpert? – Ich bin Clemens der Ire, ordinis divi Benedicti, zu Besuch hier als brüderlich aufgenommener Gast und Sendbote meines Abtes Kilian vom Kloster Clonmacnois, meinem Hause in Irland, damit ich die alten Beziehungen pflege, welche seit Columbanus' und Gallus' Tagen fortwalten zwischen meiner Heimat und dieser festen Burg Christi. Ich habe auf meiner Reise eine große Anzahl von Stätten frommer Gelehrsamkeit und Musensitzen besucht, wie Fulda, Reichenau und Gandersheim, Sankt Emmeram zu Regensburg, Lorsch, Echternach und Corvey. Hier aber, wo das Auge sich in Evangeliaren und Psalterien an so köstlicher Buchmalerei in Gold und Silber auf Purpur mit Zutaten von Zinnober, Grün und Blau erlabt, die Brüder unter ihrem Sangesmeister so lieblich im Chor litaneien, wie ich es nirgends vernommen, die Refektur des Leibes vorzüglich ist, des herzigen Weinchens nicht zu vergessen, das dazu geschenkt wird, und man sich im Klosterhofe nach Tische so zuträglich um den Sprudelbrunnen ergeht: hier habe ich für etwas geraumere Zeit Station gemacht, von den immer bereiten Gastzellen eine bewohnend, in welche der hochehrwürdige Abt, Gozbert seines Namens, mir ein irisches Kreuz zu stellen die Aufmerksamkeit hatte, worauf man ein Lamm, von Schlangen umwunden, den Arbor vitae', einen Drachenkopf mit dem Kreuz im Rachen und die Ecclesia abgebildet sieht, wie sie Christi Blut in einem Kelche auffängt, während der Teufel einen Schluck und Bissen davon zu erschnappen sucht. Das Stück zeugt vom frühen Hochstande unseres irischen Kunstgewerbes.

Mann macht in diesem Romananfang die Erzählperspektive selbst zum Thema, die bei ihm unter dem Namen „Geist der Erzählung“ erscheint. Er beginnt mit der personal gehaltenen Beschreibung des Glockenklangs, der die Luft über der Stadt Rom erfüllt, wechselt dann in die auktoriale Perspektive, zuerst unmerklich mit der Frage „Wer läutet die Glocken“, dann massiver in der Aussage: „Nein, nur ein ungrammatischer Kopf ...“. Der passive Satz „Die Glocken werden geläutet“ wird plötzlich in seiner Tücke deutlich: Wir sind im Roman gewohnt, alles als gegeben hinzunehmen, der „Geist der

Erzählung" darf seine Welt konstruieren, wie immer ihm das gefällt, und wir, die Leser, haben ihm darin zu folgen. Wenn in unserer realen Welt die Glocken einer Kirche läuten, ohne dass sich ein Glöckner im Glockenturm oder an der elektrischen Schaltung, die das Glockenläuten auslöst, befindet, würden wir uns zumindest sehr wundern und nach dem Trick suchen, der dahinter steckt. In der Romanwelt nehmen wir das gelassener hin, warten vielleicht auf eine Erklärung, akzeptieren aber auch, wenn diese ausbleibt.

Es handelt sich um ein Wunder; so mysteriös wie alles an der Geschichte, die Thomas Mann erzählt: Von einem Mann, der in eine tiefe Sünde fällt, sich daraus löst, sein Leben in Buße verbringt und durch einen göttlichen Fingerzeig – zu dem auch das Glockenläuten gehört, das, wie wir später erfahren, genau zum Zeitpunkt seiner Ankunft in der Stadt Rom beginnt – am Ende seines Lebens zum Papst gemacht wird. Auch hier distanziert uns Mann von dem, was er erzählt: Wo wir unkritisch hinnehmen, dass die Glocken der Stadt Rom eben läuten, weil sich ein Wunder ereignet, stößt er uns mit der Nase darauf, dass wir in den Händen des „Geistes der Erzählung" sind, der uns Gutgläubige manipuliert, wie es ihm eben gefällt.

Abgeschlossen wird die Passage durch den Wechsel in die Ich-Perspektive, in der sich jener Erzähler vorstellt, der eben noch anonym das Läuten der Glocken beschrieb, und er entpuppt sich als mittelalterlicher Mönch namens Clemens der Ire. Aber war es wirklich Clemens, der so über die Grammatik der Erzählung und seine Rolle darin reflektiert? Oder nicht vielleicht doch Thomas Mann, der sich nun, nachdem er kurz als auktorialer Erzähler seine „Maske" lüftete, wieder hinter der Gestalt jenes Clemens verbirgt?

Auch Clemens, der sich als „Geist der Erzählung" vorstellt, ist es nicht, wie wir wissen – auch er ist eine Kunstfigur, erfunden und gestaltet von Thomas Mann. Wer dieses „Spiel" mit den Erzählperspektiven verfolgt und nicht einfach nur darüber hinweg liest, der merkt, dass ein Roman eben nicht nur Wiedergabe der Realität ist, so sehr sich der Autor auch darum bemüht, sondern immer ein äußerst kompliziertes Geflecht von Ausschnitten, Spiegelungen, Bearbeitungen und Interpretationen der Wirklichkeit. Als Autor muss man sich intensiv mit der Frage beschäftigen, welche Perspektive dem Zweck angemessen ist. Wer darüber hinaus nicht nur einfach eine geradlinige Geschichte erzählen will, sondern auch den Reichtum unserer komplizierten modernen Welt darin einfangen möchte, dem steht mit der Perspektive ein mächtiges Werkzeug zur Verfügung.

Wir haben ihn (oder sie? – es wird jetzt einmal allerhöchste Zeit, dass wir die rein männliche Form in Frage stellen, die unsere Sprache vorgibt, denn wir tun damit einem großen Teil literarischer Gestalten – den weiblichen – bitter Unrecht. Es sei also noch einmal ausdrücklich gesagt, dass unser „er" auch eine „sie" sein kann) die ganze Zeit vorausgesetzt, in sein Inneres und seine geheimsten Gedanken geblickt, ihn von außen bewertet, uns über ihn lustig gemacht oder seine Vorurteile verworfen. Es wird Zeit, dass wir uns mit ihm und seiner Persönlichkeit beschäftigen: Die Rede ist von dem Helden, ohne den kaum ein Roman, kaum eine Geschichte auskommt.

Der Held eines Romans bildet eines der zentralen Elemente, mit denen sich Autoren und Literaturwissenschaftler über die Jahrhunderte hinweg beschäftigt haben und man war der Ansicht, dass alles denkbar sei, nicht aber ein Roman ohne einen Helden.

Auch in diesem Punkt hat sich die Literatur weiter entwickelt. Wir kennen heute sehr wohl Romane, die ganz ohne Helden auskommen, aber sie sind immer noch in der Minderheit.

Das Konzept einer Hauptfigur, um die als Mittelpunkt sich das übrige Geschehen anordnet, findet sich in nahezu allen literarischen Frühformen, die uns überliefert sind. Meistens handelt es sich dabei um eine Persönlichkeit, die über das übliche menschliche Maß hinauswächst und dadurch Vorbild und Identifikationsfigur für den Leser oder Zuschauer werden soll. Für unsere Kultur war der Typus des tragischen Helden besonders einflussreich, wie er sich in der griechischen Tragödie herausbildete. Die Tragödie zeigt ursprünglich den Helden nicht als strahlenden Triumphator über das Schicksal. Die Würde des tragischen Helden liegt darin, dieses unausweichliche Schicksal, das über ihn verhängt wurde, anzunehmen und zu bestehen. Darin liegt seine Größe, selbst wenn er letztlich untergeht. Der Zuschauer sollte an diesem Geschehen Anteil nehmen und sich vor Augen führen, dass auch sein Leben nicht in seiner Hand liegt, sich das Schicksal nicht bezwingen lässt, man ihm aber würdig begegnen kann.

Die Vorstellung des Helden, der alle Gefahren unbeschadet übersteht und übermenschliche Fähigkeiten entwickelt, um letztlich siegreich zu bleiben, stammt nicht aus der griechischen Tragödie, sondern aus dem Heldenepos: Sie alle kennen wahrscheinlich in irgendeiner Form die Sage vom Helden Odysseus, der nach dem Krieg um Troja vom Meeresgott Poseidon zehn Jahre lang daran gehindert wird, in seine Heimat Ithaka zurückzukehren. Mehrfach erleidet er Schiffbruch oder wird an unbekannte Küsten getrieben, immer wieder begegnen ihm zahllose Gefahren wie etwa der einäugige Riese Polyphem, der Odysseus' Gefährten verspeist oder die Zauberin Circe, die diese in Schweine verwandelt.

Er aber, ausgestattet mit List und Verstand, überwindet sie alle und befreit am Ende seine Heimat von der Schar wüster Freier, die seine Frau bedrängen, Odysseus als tot anzuerkennen und einen der ihren als neuen Ehemann zu nehmen, derweil sie dort schon wie die Herren hausen und den Reichtum des Landes verschwenden.

Abbilder dieses gewaltigen Helden sind seine kleineren Brüder in den Anfängen der deutschen Literatur, den Schelmenromanen, die zwar nicht die Größe und Kraft eines Odysseus besitzen, wohl aber seine List und Schlauheit, die ihnen hilft, in den größten Widrigkeiten ihrer Existenz wenn nicht siegreich zu bleiben, so doch mit einem blauen Auge daraus hervor zu gehen.

Bis in unsere Zeit hat sich diese Vorstellung vom Helden in den verschiedensten Formen erhalten. Die Schelme, die ihre Probleme mit List lösen, erkennen wir zum Beispiel in solchen Figuren wie dem Soldaten Schweijk oder auch in Thomas Manns „Felix Krull" wieder. Der übermenschliche Held, dessen eiserner Wille und Mut ihn durch alle Gefahren lotsen, erlebt seine Wiederkehr nahezu täglich auf dem Bildschirm – von James Bond bis zu den Figuren, die wir mit Schauspielern wie Arnold Schwarzenegger oder Sylvester Stallone verbinden.

Literarische Helden haben sich jedoch weiterentwickelt, und sie zeigen ganz andere Eigenschaften als ihre Verwandten aus dem Filmgeschäft. Wenn wir im Weiteren also von literarischen Helden sprechen, dann sollten Sie die Vorstellung vom strahlenden Sieger erst einmal beiseite legen. Was den Helden im Roman ausmacht, müssen wir erst neu definieren. Sie werden sehen, dass er sich weniger durch das auszeichnet, was er tut, sondern mehr durch das, was ihm widerfährt. Dies aber nicht im Sinne der antiken Tragödie, indem ihm ein Schicksal zustößt, dem er sich nur stellen kann, sondern in einem psychologischen Sinn, der den Helden in immer neue Situationen stellt und erprobt, wie er sich als Stellvertreter eines jeden Menschen in dieser Lage verhält, ob er an ihr scheitert oder daran wächst.

Das bekannteste Beispiel in der deutschen Literatur dafür ist wahrscheinlich Goethes „Wilhelm Meister“, nicht das erste, aber das einflussreichste.

Der Wilhelm Meister prägte die Vorstellung vom „Bildungsroman“. Sie erinnern sich, dass das Urbild des Romanhelden dem Leser von der Geburt bis zum Tod vorgestellt wird, beziehungsweise sein Leben in jener Spanne beobachtet, in der sich prägende Ereignisse abspielen. Wo Geburt und Tod nicht weiter erwähnt werden, handelt es sich in der Regel doch zumindest um die Zeit zwischen Jugend und Alter.

So verhält es sich auch im „Wilhelm Meister“. Der Held begegnet uns als junger Mann, der kurze Zeit später sein Elternhaus verlässt. Wir begleiten ihn eine lange Zeit, in der er eine Menge unterschiedlicher Menschen in den verschiedensten Situationen trifft. Aus allem, was ihm begegnet, lernt er – er macht viele Fehler und erwirbt sich dadurch neue Erkenntnisse, so dass er uns am Ende als anderer Mensch gegenüber tritt. Es sind keine großen, aufsehenerregenden Ereignisse, und es werden keine Heldentaten von ihm erwartet. Wilhelm Meister ist kein Übermensch, sondern ein ganz normaler Bürger, dessen „Herzensbildung“ der Leser miterlebt. Nicht Schulbildung ist das Thema, sondern die Reifung des Menschen an der Welt – daher die Bezeichnung „Bildungsroman“.

Finden wir im achtzehnten und neunzehnten Jahrhundert den Romanhelden in aller Regel als eine Gestalt, deren Lern- und Reifungsprozess eine positive Leitlinie für den Leser abgeben soll, tritt mit dem zwanzigsten Jahrhundert immer stärker ins Bewusstsein, dass ein Held an seinen Aufgaben scheitern kann. Die negative Heldenfigur betritt die Bühne der Literatur, der sogenannte Antiheld, der in verschiedenen Ausformungen gestaltet wird. Es gibt den Antihelden, der mit der richtigen Gesinnung antritt, aber an der Gewalt einer übermächtigen Gesellschaft zerbricht, wie Franz Biberkopf aus Alfred Döblins „Berlin Alexanderplatz“, ebenso wie den „bösen“ Helden, dessen Absichten und Weltanschauung der gängigen Moral von Anfang an widersprechen, wie Grenouille aus Süßkinds „Parfüm“.

Auch die Figuren Kafkas gehören zu den Antihelden, Figuren, deren Welt so unüberschaubar geworden ist, dass sich die Richtigkeit oder Verwerflichkeit ihres Handelns vom Leser nicht mehr beurteilen lässt.

Schon auf der ersten Seite von „Berlin Alexanderplatz“ wird uns ein solcher Antiheld exemplarisch vorgestellt:

Dies Buch berichtet von einem ehemaligen Zement- und Transportarbeiter Franz Biberkopf in Berlin. Er ist aus dem Gefängnis, wo er wegen älterer Vorfälle saß, entlassen und steht nun wieder in Berlin und will anständig sein.

Das gelingt ihm auch anfangs. Dann aber wird er, obwohl es ihm wirtschaftlich leidlich geht, in einen regelrechten Kampf verwickelt mit etwas, das von außen kommt, das unberechenbar ist und wie ein Schicksal aussieht.

Dreimal fährt dies gegen den Mann und stört ihn in seinem Lebensplan. Es rennt gegen ihn mit einem Schwindel und Betrug. Der Mann kann sich wieder aufrappeln, er steht noch fest.

Es stößt und schlägt ihn mit einer Gemeinheit. Er kann sich schon schwer erheben, er wird schon fast ausgezählt.

Zuletzt torpediert es ihn mit einer ungeheuerlichen äußersten Rohheit.

Damit ist unser guter Mann, der sich bis zuletzt stramm gehalten hat, zur Strecke gebracht. Er gibt die Partie verloren, er weiß nicht weiter und scheint erledigt.

Bevor er aber ein radikales Ende mit sich macht, wird ihm auf eine Weise, die ich hier nicht bezeichne, der Star gestochen. Es wird ihm aufs deutlichste klargemacht, woran alles lag. Und zwar an ihm selbst, man sieht es schon, an seinem Lebensplan, der wie nichts aussah, aber jetzt plötzlich ganz anders aussieht, nicht einfach und fast selbstverständlich, sondern hochmütig und ahnungslos, frech, dabei feige und voller Schwäche.

Das furchtbare Ding, das sein Leben war, bekommt einen Sinn. Es ist eine Gewaltkur mit Franz Biberkopf vollzogen. Wir sehen am Schluss den Mann wieder am Alexanderplatz stehen, sehr verändert, ramponiert, aber doch zurechtgebogen.

Dies zu betrachten und zu hören wird sich für viele lohnen, die wie Franz Biberkopf in einer Menschenhaut wohnen und denen es passiert wie diesem Franz Biberkopf, nämlich vom Leben mehr zu verlangen als das Butterbrot.

Die Herkunft Franz Biberkopfs entspricht nicht dem Urbild des Helden: Ein kleiner Arbeiter, ein Krimineller, gerade aus dem Gefängnis entlassen. Seine Einstellung ist jedoch untadelig, er ist mit dem festen Willen ausgestattet, sein Leben in den Griff zu bekommen, nicht wieder straffällig zu werden. Insofern wäre die Voraussetzung für einen typischen Helden durchaus gegeben. Aber so sehr er sich auch bemüht: Er macht Fehler, er trifft nicht die richtigen Entscheidungen und das vor allem deshalb, weil eine Gesellschaft über ihn hinweggeht, in der das Streben des Einzelnen keine Rolle spielt und die auch längst viel zu groß geworden ist, als dass der Einzelne sie noch wesentlich beeinflussen könnte. Biberkopf kommt unter die Räder, und das nicht nur im Wortsinn, sondern auch im übertragenen.

Wie im Bildungsroman erleben wir auch hier einen erheblichen Teil des Lebens des Protagonisten mit und wir sehen, wie sich diese Figur an ihren Erlebnissen ausbildet, nur ist dies im eigentlichen Sinn des Wortes keine Weiterentwicklung. Am Ende des Romans hat Biberkopf gelernt, mit seinen bescheidenen Möglichkeiten auszukommen und seinen Platz in der Gesellschaft einzunehmen. Das ist natürlich auch eine Entwicklung, vielleicht sogar eine positive. Aber mehr noch ist es eine Niederlage, weil er auf dem Weg dorthin alles verloren hat, was ihm etwas bedeutete und er es mit dem Leben nicht aufnehmen konnte. Auch wird sich kein Leser mit dem Weg identifizieren wollen, den Biberkopf bis dahin gegangen ist: Zu offensichtlich sind seine Fehler, zu beschränkt seine Fähigkeit, seine Umwelt und sich selbst einzuschätzen.

In der Regel sind schon die ersten Entwürfe einer Handlung eng mit einer bestimmten Gestalt verbunden, die zu deren Träger gemacht wird. Tatsächlich fällt es uns schwer, eine Handlung ohne Bezug auf den Handelnden zu entwerfen, weil wir der Welt im Schreiben einen Sinn abzugewinnen versuchen, sie gestalten. Die Beschreibung eines gewöhnlichen Dorfes mit durchschnittlichen Bewohnern erhält erst ihren Sinn, wenn wir einen aus dieser Masse herausheben, ihn vielleicht zu einem Sonderling, einem außergewöhnlichen Menschen machen und dann schauen, wie die Gesellschaft auf ihn reagiert.

Bezeichnen wir den Romanhelden als das Konstruktionsprinzip, den geheimen Angelpunkt, um den sich die Geschichte bewegt, haben wir eine Formulierung gefunden, die uns auch später verstehen lässt, was an die Stelle des Helden im modernen Roman tritt. Die Existenz eines zentralen Prinzips reicht jedoch nicht aus, es gibt auch Funktionen des Helden, Aufgaben, die er für den Autor übernimmt.

Die erste Aufgabe, Auge des Autoren zu sein, ist uns schon in den Betrachtungen zur Erzählperspektive begegnet. Die Wahl des Helden und der Perspektive gibt vor – ungeachtet aller Möglichkeiten der ironischen Distanzierung – wie der Leser die Welt des Romans erfährt, wie er sie versteht und bewertet. Wer einen Franz Biberkopf in Berlin zum Helden seines Romans wählt, wird die Welt auf andere Weise „zu spüren" bekommen, als wenn er dafür einen Johannes Elias Alder in einem kleinen Bergdorf aussucht oder einen Jean-Baptiste Grenouille, dem, zumindest gegen Ende des Romans, ganz Paris willig zu Füßen liegt.

Vor einem starken Helden wie Grenouille verblassen die anderen Personen, auch wenn er keine Identifikationsfigur ist. Wenn Sie „Das Parfüm" gelesen und dann weggelegt haben, werden Sie nach einer Weile feststellen, dass Ihnen kaum eine der anderen Figuren im Gedächtnis geblieben ist. Grenouille hat keinen echten Gegenspieler, daher liegt es auch in der Logik der Geschichte, dass er am Ende nur an sich selbst scheitern kann. Wäre er nicht seines Lebens müde, könnte er noch lange so weitermachen, wie er begonnen hatte. Häufiger bilden zwei oder mehrere andere Personen den Gegenpart – oft nicht im wörtlichen Sinne, als echte Gegenspieler, sondern als neutrale „Gewichte" – damit die Handlung nicht zu einseitig auf den Protagonisten hinausläuft. Eine schwache, unschlüssige Person wie Thomas Manns Hans Castorp im „Zauberberg" fordert dagegen eher starke Mit- und Gegenspieler, so dass er in Auseinandersetzung mit diesen wachsen kann. Oft erweist sich am Charakter auch schwacher Helden der moralische Mangel der anderen Figuren, die auf den ersten Blick stärker erscheinen, wie in Musils „Verwirrungen des Zöglings Törless". Ein wunderbares Beispiel für ein solches Zusammenwirken von Hauptfigur und Nebenfiguren finden wir in Hermann Hesses „Narziß und Goldmund". Goldmund, ohne Frage der eigentliche Protagonist schon deshalb, weil die Handlung seinen Erlebnissen folgt und Narziß lange aus den Augen verliert, erhält seine eigentliche Bedeutung erst im Bezug auf Narziß. Goldmund ist der Archetypus des weltzugewandten Sinnesmenschen, aber ganz deutlich wird dies erst an seinem Widerpart Narziß, der das strenge Leben eines weltabgewandten Klosterbruders führt. In der Freundschaft dieser beiden werden zwei unterschiedliche Lebensprinzipien einander gegenüber gestellt und werfen jedes ein Licht auf das andere.

Die wichtigste Aufgabe des Helden ist es aber zweifellos, in gewisser Weise Repräsentant der ganzen Menschheit zu sein. Um ihn zentriert sich nicht nur die Handlung, in ihm spiegelt sich auch die Gesellschaft, gleichgültig, ob er dieser Gesellschaft kritisch gegenübersteht wie Döblins Biberkopf, ob er ein verbrecherischer Außenseiter ist wie Grenouille oder ein unterwürfiger Untertan wie Diederich Heßling aus dem „Untertan" Heinrich Manns. Immer ist er es, an dem sich die Widersprüche und Ungereimtheiten der Gesellschaft zeigen.

Erinnern Sie sich noch an unsere anfänglichen Überlegungen zur Frage nach dem Grund dafür, dass Menschen schreiben? Auseinandersetzung mit der Gesellschaft haben wir als Grund angegeben, den Traum von einer besseren oder einfach die Kritik an der bestehenden Welt, und sei es nur als Klage des Liebenden, dass sich seine Liebe nicht erfüllt. Der Held ist die Figur, an der der Grund dieser Klage oder der Weg, der zu einer besseren Welt führen soll, sichtbar wird. Insofern ist er der Repräsentant der Menschheit, als seine Wege, seine Hoffnungen und Leiden von den Menschen als die ihren wiedererkannt werden müssen. Er kann noch so sehr scheitern oder den falschen Fährten folgen und damit zum Antihelden werden, solange wir uns in seinen Sehnsüchten und Träumen wiederfinden können, solange er Seiten zeigt, die wir von uns kennen, ist er für unseren Roman der Held. Wenn er das nicht kann, wenn wir nichts in ihm wiederentdecken, was uns beschäftigt, dann ist er blass und leblos – eine Totgeburt.

Eine Schlussfolgerung lässt sich aus dem, was wir zum Helden gesagt haben, ohne weiteres ziehen: Wenn ich Ihnen ein Patentrezept zur Erschaffung des Helden an die Hand geben könnte, dann könnte ich wahrscheinlich den perfekten Roman „aus der Retorte" schreiben. Ich kann Ihnen nur einige Hinweise mitgeben, die Sie beachten sollten – es sei denn, Sie wollen den modernen „Roman ohne Helden" schreiben, den wir Ihnen gleich vorstellen.

Denken Sie daran, dass sich der Held mit der Geschichte entwickelt. Sie sollten ihn nicht gesondert vorher entfalten, sondern abwarten, welche Figuren sich aus der Geschichte anbieten, über die Sie erzählen wollen. Haben Sie einen Fundus von Personen, aus denen sich eine oder zwei als geeignete Träger der Handlung erweisen, konstruieren Sie die anderen Figuren und die Handlung darauf hin. Fragen Sie nicht, was in der Geschichte als nächstes passieren könnte, sondern danach, welches Ereignis Ihrem Helden aus der Logik des Charakters heraus zustoßen könnte oder welche Erfahrungen er benötigt, um seine Entwicklung – zum Guten wie zum Schlechten – weiter zu verfolgen. Ebenso überlegen Sie nicht angestrengt, welche Personen auf Gottes weiter Erde noch herum wandeln und von Ihnen verwendet werden könnten; es ist nicht notwendig, dass Sie ein Panoptikum skurriler Gestalten entwerfen. Denken Sie auch hier streng von Ihrem Helden aus und überlegen Sie, welche Gegenspieler er benötigt und welche Haltungen und

Einstellungen diese haben müssen, um dem Helden als Stütze oder Widerpart zu dienen. Aus unserer Skizze zum Roman erinnern Sie sich sicherlich noch daran, dass wir mehrere scheinbar unabhängige Handlungen miteinander verknüpften, als wir das Geschehen um die Fabel herum angeordnet haben. Natürlich dürfen diese Geschehnisse nicht völlig unverbunden nebeneinander stehen. Auch hier gilt: Das Prinzip der Verbindung ist der Held, er ist das geheime Zentrum. Das könnte zum Beispiel so aussehen, dass Ereignisse und Erfahrungen, die dem Helden zustoßen, durch Erkenntnisse und Erlebnisse anderer Figuren ergänzt oder in Frage gestellt werden. So kann einer Liebesgeschichte, die aufgrund unterschiedlicher sozialer Herkunft scheitert, eine Freundschaft an die Seite gestellt werden, möglicherweise eine Beziehung zwischen zwei ganz anderen Personen, in der die unterschiedliche Herkunft keine oder andere Probleme aufwirft. Es liegt in der ungeheuren Macht des Romans, Probleme von ganz unterschiedlichen Blickwinkeln aus durchzuspielen. Wenn Sie einen glaubwürdigen Helden konstruiert haben, brauchen Sie keine weitere Verbindung zwischen den einzelnen Ereignissen.

Zum glaubwürdigen Helden gehört die eigene Geschichte. Wenn sich der Held erst einmal daraus gelöst hat und erkennbar geworden ist, ist der Zeitpunkt für Sie gekommen, sich mit ihm getrennt von der Geschichte zu beschäftigen. Statten Sie ihn mit einer Biographie aus, auch wenn diese im Roman selbst nicht mehr auftaucht. Wie ist seine Kindheit verlaufen? Welche Schulen hat er besucht und welche prägenden Erfahrungen hat er dort gemacht? Wie war sein Verhältnis zu Vater und Mutter, wer war seine (oder ihre) erste Liebe und was ist aus dieser später geworden? Wie denkt der Protagonist über Politik, welches Verhältnis hat er zum Geld, ist er ein Stadt- oder ein Landmensch, mag er Tiere und kleine Kinder? Keine Frage ist zu banal, keine zu nebensächlich. Sie werden feststellen, dass sich viele Fragen von selbst beantworten, wenn Sie erst einmal begonnen haben, weil sich immer mehr aus der Logik der Figur ergibt. Geben Sie Ihrem Helden kleine Eigenheiten mit, die ihn unverwechselbar machen, ohne ihn dadurch zu sehr zum Sonderling zu stempeln. Vergessen Sie nicht, dass er ein Repräsentant der

Menschen sein soll, mit kleinen Macken, wie sie alle Menschen haben, aber keine Witzfigur oder Karikatur. Selbst ein so unsympathischer Held wie Manns Untertan bleibt doch in vielen seiner Lebensäußerungen verständlich, so dass man sich in ihm wiederentdecken kann; gerade deshalb wirkt sein Charakter an den zentralen Stellen um so abstoßender.

Häufig werden Sie feststellen, dass Sie mit der Entwicklung Ihres Helden ursprüngliche Romanideen überarbeiten oder komplett umschreiben müssen. Wenn sich der Protagonist soweit entwickelt hat, dass er von einer Papiergestalt zu einer literarischen Figur wird, hat das wesentlichen Einfluss auf den Text. Sie können einen Anzug von der Stange kaufen, aber wenn sich der Protagonist wirklich entwickelt, kann es geschehen, dass ihm der Anzug nicht mehr passt. Bleiben Sie feinfühlig und setzen Sie mit Ihren Überlegungen immer neu an, um den Helden nicht in ein unpassendes Gewand zu zwängen. Schreiben heißt auch viel wegzuwerfen.

VII. Kapitel
in welchem wir uns von oben auf den Kopf schauen und vor heimtückischen Schildern in Acht nehmen müssen, und in welchem es nicht zuletzt ums Abschied nehmen geht

Ein junger Mann vom Lande, der sein heimatliches Dorf noch nie verlassen hatte, macht sich auf eine Reise in die Stadt. Seine Mutter warnt ihn ernstlich, sich vor den Gefahren der großen Stadt in Acht zu nehmen. Glücklich erreicht der junge Mann das Ziel seiner Reise. Gerade spaziert er über eine der Hauptstraßen jener Stadt, als sein Blick auf ein Schild fällt, das auf dem Gehweg steht und warnt: „Vorsicht, Bauarbeiten!" Erschrocken blickt der Mann nach oben und springt gleichzeitig zur Seite, gerät dabei auf die Fahrbahn und wird von einem vorbeifahrenden Auto erfasst.

Leider kann ich Ihnen nicht mehr sagen, wo ich diese kleine makabre Geschichte gelesen habe, von mir ist sie nicht. Aber sie bezeichnet auf wundersame Weise einen der Schwerpunkte, um die es jetzt geht. Als kleine Standortbestimmung: Wir befinden uns nach wie vor in dem Zusammenhang, der sich mit den Gesetzen des Romans beschäftigt.

Für den modernen Roman haben wir uns aber an ganz andere Gesetze zu gewöhnen, die Ihnen teilweise schon zumindest angedeutet wurden. Dieser ist nämlich nicht nur eine gerade beliebte Variante des Romans, den es schon immer gab, sondern es ist der Roman einer neuen Welt, einer neuen Epoche. Eine Geschichte aus dieser neuen Welt ist die des jungen Mannes, die ich Ihnen oben erzählte. Im Übergang zwischen dem neunzehnten und dem zwanzigsten Jahrhundert haben sich unsere Lebensweise und unsere Wahrnehmung so radikal geändert wie allenfalls noch im Übergang zwischen Mittelalter und Neuzeit. Und so wie in diesem ersten Übergang der Roman erst entstand, so hat er sich nun gewandelt. Nicht, dass der klassische Roman nicht mehr existierte – es findet sich ja auch Lyrik, wie es sie im Mittelalter gab. Aber es ist eben noch ein Neues hinzugekommen. Dieses Neue werden wir untersuchen, und dann, glaube ich, haben wir Ihnen alle Werkzeuge an die

Hand gegeben, die Sie benötigen, um das auszuwählen, was Ihren eigenen Schreibwünschen entspricht.
Damit heißt es dann auch Abschied nehmen, unser Buch hat sich unversehens seinem Ende genähert. Ich hoffe, Sie hatten Spaß am Lesen, Spaß am Schreiben und das Gefühl, gewonnen zu haben, was Sie suchten – vielleicht sogar den Weg nach Eldorado?

Schon mehrfach wiesen wir in den vergangenen Kapiteln auf den Unterschied zwischen moderner und klassischer Schreibweise hin, haben auch andeutungsweise erläutert, worin die Unterschiede bestehen und Sie immer wieder auf später vertröstet. Nun wollen wir uns mit dem modernen Roman intensiver beschäftigen.

Eine wichtige Voraussetzung, die Sie momentan bitte einfach als eine Setzung von mir betrachten (und die Sie gerne überprüfen können, wenn Sie dieses Kapitel gelesen haben) besteht in der Annahme, dass „die Moderne", wie wir sie jetzt verkürzend nennen wollen, keine Modeerscheinung unter anderen ist. Der Unterschied zwischen klassischem und modernen Stil ist größer als der – beispielsweise – zwischen Klassik und Romantik, und die Moderne unterteilt sich wiederum in etliche Unterkategorien, die aber alle durch eine bestimmte Vorstellung miteinander verbunden sind und sich dadurch von der Tradition abgrenzen.

Bevor wir dies näher betrachten, möchte ich Sie aber noch einmal an etwas erinnern, was bereits an früher Stelle gesagt worden war, aber so eminent wichtig ist, dass es auf keinen Fall vergessen werden darf: „Moderne" und „Tradition" sind keine Zeitangaben, sondern Stilrichtungen. Sie erinnern sich an Süßkinds „Parfüm"? Ein Roman, der erst vor wenigen Jahren erschien, aber ganz traditionell geschrieben ist; Döblins „Berlin Alexanderplatz" ist wesentlich älter, aber stilistisch gehört er zur Moderne. Wir wollen „Moderne" und „Tradition" auch nicht als Werturteile verwenden, etwa nach dem Motto, dass nur das Moderne gut sei. In beiden Stilrichtungen gibt es gute wie schlechte Romane.

Worin besteht aber nun die Vorstellung, durch die die verschiedenen Stilrichtungen der Moderne miteinander verbunden sind?

Ein wenig weiterhelfen kann uns vielleicht schon die Beobachtung, dass die ersten modernen Romane nahezu mit dem identisch sind, was man als Kategorie auch „Großstadtromane“ nennt. In der Tat hat die Moderne auch etwas mit der Großstadt zu tun. Entstanden ist die literarische Moderne um das Jahr 1900, der Zeit, in der auch die Großstadt als neue Herausforderung in das Bewusstsein der Menschen getreten ist. Natürlich gab es auch vorher schon Großstädte, London und Paris waren die bedeutendsten in Europa, aber die meisten Menschen hatten doch in ihrem Leben nie Berührung mit einer Großstadt. Jetzt aber explodierten die Bevölkerungszahlen, die industrielle Revolution führte zur Massenabwanderung vom Land in die Städte und die Stadt wurde ein allgemein wahrgenommenes Phänomen.

Aber das waren nicht die einzigen Veränderungen dieser Zeit. In der Physik wurde ein völlig neues Weltbild entworfen; Albert Einstein ist nur ein Name in diesem Zusammenhang. Sigmund Freud entwickelte die Psychoanalyse und korrigierte damit das Bild vom Menschen, wie es bis dahin gegolten hatte. Der Marxismus veränderte die politische Landschaft vollständig. Die herkömmliche Religion, die Kirchen, verloren an Einfluss und moralische Werte, die bis dahin selbstverständlich waren, wurden nun zunehmend in Frage gestellt. So führte zum Beispiel die Industriearbeit zur Veränderung in den Familienverhältnissen: Die Zahl „wilder Ehen“ und unehelich geborener Kinder stieg sprunghaft an. Wussten Sie, dass viele Fabriken um die Jahrhundertwende den Arbeitern verboten zu heiraten, weil sie dann höhere Löhne hätten zahlen müssen?

Der Erste Weltkrieg war für die Menschen eine durchdringende Erfahrung, weil sich zum ersten Mal das klassische Bild des Krieges, in dem Mann gegen Mann steht, zur anonymen Massenschlacht und zermürbenden Grabenkriegen wandelte. Es war ebenfalls der Krieg, der der Frauenbewegung enormen Auftrieb verschaffte, weil die Frauen, deren Männer im Feld waren, zunehmend auch im Berufsleben wichtige Aufgaben übernehmen mussten. Der Alltag wurde von den neuen Erfindungen des Radios und besonders des Films bestimmt – die ersten Kinos entstanden in dieser Zeit ebenso wie die ersten Warenhäuser. Genau genommen erhalten wir einen nur sehr entfernten Eindruck von den gigantischen Umwälzungen, die ein Menschenleben damals erfuhr.

Alle Künste reagierten darauf. In der Malerei begann die Entwicklung zur abstrakten Kunst, in der Musik entstand die Zwölfton-Musik. Natürlich blieb auch die Literatur nicht stehen. Wie die Musik, die bildende Kunst und die Malerei sah sie sich vor allem vor ein Darstellungsproblem gestellt. Um Ihnen dieses Problem näher zu bringen, muss ich Sie leider mit einem sehr schwierigen Text konfrontieren. So prägnant werden wir das Problem nirgendwo mehr benannt finden. Aber keine Sorge: Zusammen werden wir das schon klären:

Das Erleben der Großstadt

Diese Bezeichnung, der Systemanalyse entnommen, bezieht sich auf die Unfähigkeit eines Systems, Inputs aus der Umgebung zu verarbeiten, weil die Zahl der Inputs zu groß ist, als dass das System damit fertig werden könnte, oder weil die aufeinanderfolgenden Inputs so schnell kommen, dass Input A nicht verarbeitet werden kann, wenn Input B dargeboten wird. Bei Überbelastung kommt es zu Adaptationen.(...) Eine adaptive Reaktion auf Überbelastung ist (...), dass jeder Input weniger Zeit erhält. Ein zweiter adaptiver Mechanismus ist der, dass Inputs von geringerer Priorität nicht beachtet werden. (...) Drittens werden bei bestimmten sozialen Transaktionen die Grenzen neu gezogen, so dass das überbelastete System die Last auf den anderen an dem Vorgang Beteiligten übertragen kann. (...) Viertens wird die Aufnahme vor dem Eintritt in ein System blockiert. (...) Zusätzlich sind soziale Abschirmvorrichtungen zwischen das Individuum und die Inputs der Umgebung aufgerichtet. (...) Fünftens wird die Intensität der Inputs durch Filtervorrichtungen herabgesetzt, so dass nur schwache und verhältnismäßig oberflächliche Formen des Engagements für andere zugelassen werden. (...) Sechstens werden besondere Einrichtungen geschaffen, die die Inputs aufnehmen, die im anderen Falle den einzelnen erdrücken würden. (...) Der wesentlichste Punkt für eine Sozialpsychologie der Stadt ist der, dass das moralische und soziale Engagement für den Einzelmenschen notwendigerweise eingeschränkt ist.

Sind Sie noch da? Ich gebe zu, so unvorbereitet ist das eine ziemliche Zumutung; aber Sie werden gleich erkennen, wie erhellend dieser kurze Auszug für unser Thema ist.

Stanley Milgram, von dem dieser Text stammt, ist ein bekannter Soziologe und Psychologe, der sich vor allem durch aufsehenerregende psychologische Experimente einen Namen gemacht hat. Hier spricht er über die Psychologie des Menschen, auch wenn das auf den ersten Blick nicht erkennbar wird. Es bleibt deshalb verborgen, weil er sich der Begriffe der Systemtheorie bedient. Ich versuche einmal, Ihnen von Laie zu Laie den Grundgedanken dieser Systemtheorie zu erläutern.

Unter einem System versteht man ein komplexes Gebilde aus Einzeleinheiten, die geordnet zusammenarbeiten müssen, um funktionieren zu können. Ursprünglich stammt dieser Begriff aus der Welt der Computer, doch lässt sich die Definition auf viele andere Bereiche übertragen, z.B. den Straßenverkehr, eine Arbeitsstelle oder auch die menschliche Gesellschaft.

Die Systemtheorie versucht nun genau das zu tun: Gesetze zu finden, die sich von einem System auf ein anderes übertragen lassen, um so das Funktionieren unübersichtlicher Strukturen zu gewährleisten. Ein Beispiel: Man hat herausgefunden, dass solche Gebilde besser funktionieren, wenn die Einzelgruppen ein hohes Maß an Flexibilität aufweisen und nicht zu sehr durch starre Regeln gefesselt werden. Das lässt sich am Straßenverkehr gut nachweisen. Wenn auf einer gleichberechtigten Kreuzung von allen vier Seiten Autos anfahren, hat jeder rechts einen „Kontrahenten", der vorfahrtsberechtigt ist. Nach der Straßenverkehrsordnung ließe sich das Problem nicht auflösen, die vier Autofahrer würden endlos lange stehen bleiben. Entwirrt werden kann diese Situation nur, wenn einer der Autofahrer bereit ist, auf sein Recht zu verzichten und den linken Fahrer vorbeiwinkt. Umgekehrt ist der Ärger in Deutschland über Behörden häufig deshalb so groß, weil viele Ämter ihren Beamten genau diese Freiheit nicht geben: Entscheidungen werden lange aufgeschoben, weil der zuständige Sachbearbeiter gerade nicht da ist und sich niemand traut, für ihn die Verantwortung zu übernehmen. Das Gesetz der möglichst flexiblen Regelhandhabung trifft also auf das System Straßenverkehr und das System Behörde gleichermaßen zu.

Milgram redet in seinem Text nun über das System Mensch und menschliches Verhalten, genauer: menschliches Sozialverhalten. Einen Begriff müssen wir noch klären, um den Text zu verstehen, das ist der Begriff „Input“. Übersetzt heißt das soviel wie „etwas hineingeben“. Wenn ich in meinen Taschenrechner die Aufgabe 1+1 eingebe, so ist das der Input. Das Ergebnis 2, das dann – hoffentlich – erscheint, ist der „Output“. Bezogen auf den Menschen ist der Input das, was von außen unsere Sinne erfasst, also alles, was wir sehen, hören, riechen, schmecken oder fühlen. Der „Output“ wäre unsere Reaktion darauf, z.B. als Input etwa die Frage: „Wie spät ist es?“ und als Output der Blick auf die Uhr und die Antwort.

Milgram beschäftigt die Frage, was geschieht, wenn ein System durch zu viele oder zu schnelle Inputs überlastet wird, was also passiert, wenn Ihr Computer auf Eingaben nicht mehr reagiert oder was in einer Behörde vor sich geht, wenn die Aktenberge zu hoch werden und nicht mehr alle bearbeitet werden können. Er sieht eine Reihe verschiedener Möglichkeiten der Adaptation, das heißt der Anpassung des Systems an die neue Lage. Eine Anpassungsmöglichkeit ist die Verteilung der Zeit auf jeden einzelnen Input. Die Programme auf dem Computer laufen langsamer, in den Behörden werden die Akten weniger sorgfältig bearbeitet, weil weniger Zeit zur Verfügung steht. Eine zweite Möglichkeit besteht in der Setzung verschiedener Wichtigkeitsstufen, das heißt, das System teilt in wesentliche und belanglosere Vorgänge. Der Computer arbeitet nur noch in wenigen Programmen, die anderen stehen ganz still, in der Behörde bleiben weniger wichtige Vorgänge komplett liegen.

Eine dritte Möglichkeit ist die neue Verteilung der Arbeit. In der Behörde könnten zum Beispiel neue Mitarbeiter eingestellt werden oder weniger geforderte Mitarbeiter übernehmen Teile der Arbeit der überlasteten Kollegen. Viertens kann es einen Aufnahmestopp geben, der Computer nimmt keine Eingaben mehr an. Die Punkte fünf und sechs sind auf unsere Beispiele aus der Computer- und der Behördenwelt nicht so einfach übertragbar, aber wir werden gleich noch einmal darauf zurückkommen. Ich denke, die Grundgedanken des Textes sind Ihnen inzwischen deutlicher geworden. Wenn man die schwierigen Formulierungen in den Alltag überträgt, ist der Sachverhalt selbst eigentlich nicht so kompliziert.

Aber was hat das alles nun eigentlich mit unserem Thema zu tun? Aus der Überschrift des Textes können Sie erkennen, dass es hier in irgendeiner Weise um das „Erleben der Großstadt" geht. Wenn Sie den letzten Satz dazu nehmen, in dem es heißt: „Der wesentlichste Punkt für eine Sozialpsychologie der Stadt ist der, dass das moralische und soziale Engagement für den Einzelmenschen notwendigerweise eingeschränkt ist.", wird deutlich, dass es bei all dem darum geht, wie der Mensch in einer Großstadt sein soziales Verhalten, also sein Verhalten anderen gegenüber, im Vergleich zum „Landmenschen" verändert – mehr noch: verändern muss, weil er vor andere Herausforderungen gestellt ist.

Übertragen wir also noch einmal die Analyse Milgrams, diesmal auf das soziale Verhalten des Menschen in einer Großstadt.

Die Ausgangssituation dabei scheint klar: Die Inputs in einer Stadt sind wesentlich mehr und umfangreicher als auf dem Land. Denken Sie an unsere kleine Beispielgeschichte vom Anfang, die Erzählung von dem jungen Mann, der in die Großstadt kommt. Er erhält einen „Input" – das Warnschild – und reagiert auf einen zweiten „Input" – die vielbefahrene Straße – nicht. Die Folge ist ein falscher „Output", der ihn das Leben kostet; er reagiert falsch.

Dass eine Stadt uns eine Unmenge von Inputs liefert, bedarf wohl keiner Erklärung: unzählige Leuchtreklamen, Straßenschilder, die Menschenmenge, die pausenlos an uns vorbeiläuft, Sirenen, Radiolärm, Geschäfte – die Liste der Eindrücke, die auf uns einstürmen, ließe sich endlos fortsetzen.

Selbst die Menschen, die uns umgeben, auch jene, die leiden, die auf unsere Hilfe angewiesen sind, sind in diesem Sinne nur „Inputs". Indem Milgram nach dem sozialen Engagement für den Einzelnen forscht, fragt er danach, wie wir mit diesen Inputs des Leidens und der Hilflosigkeit umgehen. Die verschiedenen Anpassungsformen lesen sich jetzt so:

1) Wir nehmen uns weniger Zeit für den Mitmenschen.

2) Wir setzen die Priorität des Leidens herab, das heißt, wir nehmen das Leiden des Mitmenschen nicht mehr so wichtig wie früher.
3) Wir sagen uns, dass die anderen doch auch helfen können und wir nicht zuständig sind.
4) Wir bemühen uns, das Leiden nicht mehr wahrzunehmen.
5) Wenn wir uns engagieren, tun wir das nicht mehr mit voller Kraft, sondern nur relativ oberflächlich.
6) Wir errichten Institutionen, die für das Leiden zuständig sein sollen, etwa karitative Einrichtungen, „Essen auf Rädern" oder Sozialarbeiter.

Ich glaube, wir haben jetzt verstanden, was Milgram in diesem kurzen Ausschnitt sagen will. Wir können seine Aussagen auch an unserem Alltag überprüfen und werden sie bestätigt finden. Durch den Zusammenhang mit der Systemtheorie erkennen wir nun, dass unser verändertes Verhalten unter den Bedingungen unserer Gesellschaft kaum zu vermeiden ist, weil das Individuum durch die Reizüberflutung schlichtweg überfordert ist.

Genau diese Reizüberflutung und die damit verbundene Überforderung ist es, die die Schriftsteller der Moderne bewegt. Die Frage ist in der Literatur immer, wie eine Wirklichkeit in der Sprache abgebildet werden kann. Wenn sich die Realität jetzt so ändert, dass die bisherige Sprache ihr nicht mehr angemessen ist, dann muss ein Schriftsteller eine neue Sprache entwickeln.

Das ist das Projekt der modernen Literatur. Einige „Ergebnisse" dieses Projektes haben Sie bereits kennen gelernt, z.B. bei James Joyce. Wir wollen nun noch weitere Beispiele betrachten, vorzugsweise aus dem Bereich der „Großstadtliteratur", um die verschiedenen Wege modernen Erzählens näher kennen zu lernen. Lassen Sie uns mit dem Roman „Manhattan Transfer" von John Dos Passos beginnen. Ein Ausschnitt daraus:

Eingeschläfert durch den Geruch nach Seifenschaum und Bayrum und versengtem Haar, der auf der stickigen Luft des Friseurladens lastete, saß Bud Korpenning mit nickendem Kopf da, seine Hände baumelten groß und rot zwischen den Knien. An sein Trommelfell pochte noch immer durch das

Klickklack der schnatternden Scheren hindurch das dumpfe Stapfen seiner Füße auf der Hungerstraße von Neyack zur großen Stadt.

„Der nächste bitte."

„Wa? … Ach so, ja – rasieren, Haare schneiden."

Die knubbligen Hände des Friseurs scharrten ihm durchs Haar, wie eine Hornisse summte die Schere hinter den Ohren. Immer wieder fielen ihm die Augen zu, er riss sie krampfhaft auf und kämpfte gegen den Schlaf an. Neben dem gestreiften, mit hellblonden Haaren bestreuten Tuch sah er den auf und ab hüpfenden Hammerschädel des Negerjungen, der ihm die Schuhe putzte.

„Jawohl, mein Herr", brummte eine Bassstimme aus dem benachbarten Stuhl. „Jawohl, es ist höchste Zeit, die Demokratische Partei nominiert endlich einmal einen starken …" „Nacken ausrasieren?" Das fettige Mondgesicht des Friseurs schob sich ihm unter die Nase.

Bud nickte. „Shampoo ?" „Nein."

Als der Friseur den Stuhl zurückschraubte, um ans Rasieren zu gehen, verspürte Bud den heißen Wunsch, den Kopf einzuziehen wie eine Schildkröte, die man auf den Rücken gewälzt hat. Der Seifenschaum floss ihm träge übers Gesicht, kitzelte ihn in der Nase, quoll ihm in die Ohren. Ertrinken in Federbetten von Seifenschaum, blauer Schaum, schwarzer Schaum, durchschlitzt von dem fernen Glitzern des Rasiermessers, Glitzern der Unkrautharke zwischen blauschwarzen Schaumwolken. Der alte Mann auf dem Rücken im Kartoffelfeld, sein Bart ragt in die Höhe, schaumigweiß, voller Blut. Voller Blut die Socken, von den Blasen an den wundgelaufenen Fersen. Seine Hände unter dem Tuch krampfen sich ineinander, kalt und schwielenhart wie die Hände eines Toten. Lasst mich doch aufstehen … Er öffnete die Augen. Weiche Fingerspitzen strichen über sein Kinn. Er starrte zur Decke hinauf, wo vier Fliegen um eine rote Glocke aus Krepppapier große Achter zogen. Seine Zunge war dürres Leder im Mund. Der Friseur schob den Stuhl wieder in die richtige Lage. Blinzelnd sah Bud sich um. „Vier Zwanziger und einen Nickel fürs Schuhputzen."

GESTEHT MORD AN VERKRÜPPELTER MUTTER

„Darf ich mich eine Weile hinsetzen und Zeitung lesen?" Seine eigene Stimme dröhnte ihm in den Ohren.

„Aber gern."

PARKERS FREUNDE PROTEGIEREN

Der schwarze Druck ringelt sich vor seinen Augen …

RUSSEN

MOB STEINIGT

(Sonderdepesche an den Herald) Trenton, N. Y.

Nathan Sibbetts, vierzehn Jahre alt, brach heute nach zweiwöchigem hartnäckigem Leugnen endgültig zusammen und gestand der Polizei, dass er seine betagte und gelähmte Mutter, Hannah Sibbetts, nach einem Streit in ihrem Haus in Jakobs Creek, zehn Kilometer außerhalb der Stadt, ums Leben gebracht habe. Er wurde heute Abend in Haft genommen, um die Entscheidung der Anklagebehörde abzuwarten …

PORT ARTHUR

IN FEINDLICHEM FEUER ENTSETZT

… Mrs. Rix verliert die Asche ihres Gatten …

… Am Dienstag, dem 24. Mai, etwa um halb neun, kam ich nach Hause, erzählte er, nachdem ich die ganze Nacht auf der Dampfwalze geschlafen hatte, und ging hinauf, um noch ein bisschen zu schlafen. Ich war gerade erst eingeschlafen, als meine Mutter heraufkam und zu mir sagte, ich soll aufstehen, und wenn ich nicht aufstehe, so wirft sie mich die Treppe hinunter. Meine Mutter packte mich, um mich die Treppe hinunterzuwerfen. Ich kam ihr zuvor, und sie stürzte auf den Flur hinunter. Ich ging hinterdrein und sah, dass ihr Kopf verrenkt war. Dann sah ich, dass sie tot war, und dann bog ich ihren Hals gerade und deckte sie mit einer Bettdecke zu …

Bud faltet die Zeitung sorgfältig zusammen, legt sie auf den Stuhl und verlässt den Friseurladen. Draußen riecht die Luft nach Menschengedränge, ist voller Lärm und Sonnenschein. Wie eine Nadel in einem Heuschober … „Ich bin fünfundzwanzig“, murmelt er vor sich hin. „Wenn man bedenkt, ein Vierzehnjähriger … “ Schneller schreitet er lärmende Trottoirs entlang, wo die Sonne durch das Gerüst der Hochbahn scheint und die blaue Straße mit warmen, wallenden gelben Streifen überzieht. Wie eine Nadel in einem Heuschober …

Ed Thatcher kauerte über den Klaviertasten und suchte sich Ton für Ton die Mokito-Polka zusammen. Sonntagnachmittäglicher Sonnenschein strömte staubbeladen durch die schweren Spitzengardinen am Fenster, krümmte sich auf den roten Rosen des Teppichs, füllte das schlampige, vollgepfropfte Wohnzimmer mit Tupfen und Splittern gelben Lichts. Susi Thatcher saß schlapp und matt am Fenster, sah ihn mit Augen an, allzu blau für das blasse Gesicht. Zwischen ihnen, mit behutsamen Schritten unter den Rosen auf dem sonnigen Teppichfeld, tanzte die kleine Ellen. Zwei schmale Händchen hoben das rosa Faltenkleid in die Höhe, ab und zu sagte ein emphatisches Stimmchen: „Mammi, pass auf meinen Ausdruck auf."

„Schau dir bloß die Kleine an!" sagte Thatcher weiterklimpernd. „Eine richtige kleine Balletteuse."

Blätter der Sonntagszeitung lagen am Boden, wie sie vom Tisch gefallen waren. Ellen tanzte über sie weg, zerriss das Papier mit ihren flinken Füßchen.

„Das sollst du nicht tun, Ellen, Liebling", sagte Susi weinerlich aus den Tiefen des rosa Plüschsessels.

„Aber Mammi, beim Tanzen darf ich es tun."

„Mammi sagt, du sollst es nicht tun." Ed Thatcher war in die Barkarole hinübergerutscht. Ellen tanzte im Takt der Barkarole. Ihre Arme flatterten im Takt der Barkarole, emsig zerrissen ihre Füßchen die Zeitung.

„Ed, ich bitte dich, hol das Kind weg, sie zerreißt dir die Zeitung."

Er senkte seine Finger mit einem langgezogenen Akkord auf die Tasten. „Schätzchen, das darfst du nicht tun, Papa hat die Zeitung noch nicht ausgelesen."

Unbekümmert tanzte Ellen weiter. Thatcher stand auf, lief zu ihr hin und nahm das strampelnde, lachende Kind auf die Knie. „Ellen, du musst immer hören, wenn Mammi zu dir spricht, und du darfst nichts ruinieren, mein Schatz. Es kostet viel Geld, so eine Zeitung zu drucken, und viele Leute haben daran gearbeitet, und Papa ist ausgegangen, um sie zu kaufen, und er hat sie noch nicht ausgelesen. Elle versteht mich jetzt, nicht wahr? Immer schön aufbauen, nicht einreißen …"

Dann spielte er weiter die Barkarole und Ellen tanzte weiter, mit behutsamen Schritten unter den Rosen auf dem sonnigen Teppichfeld.

Sechs Männer saßen am Tisch der Frühstücksstube, aßen hastig, die Hüte im Nacken.

„Donnerwetter! „ rief am Ende des Tisches der junge Mann, der in der einen Hand eine Zeitung hielt und in der anderen eine Kaffeetasse. „Hat man so was schon gehört?"

„Was denn, was denn?" brummte ein Mann mit langem Kinn, einen Zahnstocher im Mundwinkel.

... Riesenschlange in der V. Avenue ... Kreischend liefen die Damen nach allen Richtungen auseinander, als heute morgen um 11 Uhr 30 aus einem Spalt im Mauerwerk der Stützmauer am Reservoir Ecke V. Avenue und 42. Straße eine große Schlange hervorkroch und den Bürgersteig zu überqueren begann ..."

„Ach, eine Ente."

„Das ist ja gar nischt", sagte ein alter Mann. „Als ich noch'n kleiner Junge war, gingen wir Schnepfen schießen auf die Felder von Brooklyn ..."

„Heiliger Bimbam! Ein Viertel vor neun", murmelte der junge Mann, legte die Zeitung zusammen und eilte auf die Hudson Street hinaus, Hudson Street, wimmelnd von Männern und Frauen, die munter durch den rötlichen Morgen gehen. Die klappernden Hufeisen zottiger Karrengäule und die knirschenden Räder der Marktwagen machten einen ohrenbetäubenden Lärm, füllten die Luft mit scharfem Staub, und ein junges Mädchen in geblümtem Barett mit einem breiten lila Halstuch unter dem schnippisch aufgestülpten Kinn erwartete ihn in der Tür von M. Sullivan & Co., Magazin und Lagerhaus. Dem jungen Mann war innerlich recht sprudlig und spritzig zumute, frisch entkorkte Flasche Brauselimonade.

„Hallo, Emily! ... Hör zu, Emily, ich habe eine Aufbesserung bekommen."

„Du wirst zu spät kommen, ist dir das klar?"

„Aber Ehrenwort – ich habe eine Aufbesserung von zwei Dollar bekommen."

Sie schob das Kinn erst ein wenig nach links und dann ein wenig nach rechts.

„Das entlockt mir keine Töne."

„Du weißt, was du gesagt hast – wenn ich eine Aufbesserung bekomme ..."

Kichernd sah sie ihm in die Augen. „Und das ist erst der Anfang ..."

„Aber was sind denn schon fünfzig Dollar die Woche?"

„Ja, sechzig Dollar im Monat, und ich lerne das Importgeschäft."

„Dummer Junge, du wirst zu spät kommen." Unvermittelt machte sie kehrt und lief die schmutzige Treppe hinauf, raschelnd flatterte ihr plissierter Glockenrock.

„Mein Gott! Ich hasse sie!" Die Tränen aufschnupfend, die ihm heiß in den Augen brannten, ging er raschen Schrittes die Hudson Street entlang zu dem Büro der Firma Winkle & Culick, Westindischer Import.

Das Deck neben der Backwinde war warm und salzig feucht. Seite an Seite rekelten sie sich in schmierigen Baumwollhosen, flüsterten schläfrig miteinander, in den Ohren das Gegurgel des zerteilten Wassers, wie der Bug schwerfällig die gras-grauen Wogen des Golfstroms durchpflügte.

„J'te dis, mon vieux, moi j'fous l'camp a' New York ... In derselben Sekunde, wo wir Anker werfen, geh ich an Land und bleib an Land. Ich habe das Hundeleben satt."

Der Schiffsjunge hatte blonde Haare und ein ovales Rosenmilchgesicht. Von seinen Lippen fiel ein erloschener Zigarettenstummel. „Merde!" Er langte nach dem Stummel, der über das Deck rollte, seinen Fingern entwischte und in die Speigatts kollerte.

Ich habe hier einen längeren Ausschnitt zitiert, damit Sie einen Eindruck davon erhalten, was an diesem Roman ungewöhnlich ist.

„Manhattan Transfer" ist einer der ersten Romane, die ohne einen Helden im traditionellen Sinne auskommen. In dem Ausschnitt, den ich Ihnen präsentiert habe, stehen drei verschiedene Personen im Mittelpunkt der einzelnen Szenen. Das Personal des Romans ist noch größer. Manche Menschen begegnen uns mehr als einmal, einige sogar sehr häufig, aber keine dieser Personen erscheint oft und vor allem prägnant genug, um als Held des Romans geeignet zu sein. Von einigen erfahren wir nicht, wie ihr Schicksal endet, andere verfolgen wir zumindest bis zu einem gewissen Abschluss, aber keine dieser Figuren hebt sich deutlich über die anderen hinaus.

Aber hieß es nicht vorher, ein Held sei als Ordnungsprinzip notwendig, als geheime Mitte des Erzählens? Was, wenn nicht der Held, bildet das Zentrum dieses Romans?

Es ist, wie der Titel schon andeutet, die Stadt New York. „Manhattan Transfer" steht für den Punkt, an dem die Einwanderer aus der ganzen Welt vom Schiff aus die Stadt New York erreichen. Nicht um einen einzelnen Menschen geht es, sondern um die Frage, was die Großstadt mit vielen Menschen macht, darum, wie diese kleinen Menschen mit ihren Hoffnungen, Sehnsüchten, Erwartungen und Träumen an dieser Stadt scheitern oder nicht, kämpfen, um ihren Platz zu finden, um zu überleben. Die Technik des Romans hat Inge Hillmann treffend analysiert:

Er registriert und notiert wechselnde Eindrücke, Sinneseindrücke zunächst. Die Art der Aufzeichnung entspricht einer Wahrnehmungsweise, bei der sowohl die wahrgenommenen Objekte als auch das wahrnehmende „Kamera-Auge" vorzugsweise nicht statisch verharren, sondern in Bewegung sind. In der Flut der Bilder geraten immer wieder auch einzelne Menschen ins Blickfeld, einige nur im Vorübergehen, während der Blick auf anderen verweilt. Das ist das Auswahlprinzip der beschreibenden wie der erzählenden Textpassagen.

Ob einer der Menschen, von denen etwas erzählt wird, noch einmal oder sogar öfter wieder begegnen wird, lässt sich nicht voraussehen. Tendenziell sind fast alle Erzähleinheiten, ob kurze Skizze von nur wenigen Zeilen oder ausführlich gestaltete Szene, selbstgenügsam. Wie jene, die einem jüdischen Familienvater über die Schulter blickt, als er der Suggestion eines Reklameplakats folgt, die angepriesenen Rasierklingen kauft, dann zu Hause seinen langen Bart rasiert und dabei hofft, nun im Spiegel dem Erfolgsmenschen auf dem Plakat zu gleichen.

Zufallseinblicke in fremde Leben; Ausschnitte statt sorgfältig rekonstruierter Lebensläufe: das ermöglicht auch die Verwendung ganz unterschiedlicher Erzählweisen im gleichen Werk. So könnte die Erzählung vom Sterben eines reichen Mannes, dem sein bisher so unterwürfiger Diener ins Gesicht spuckt, als er den Tod feststellt, das Schlusskapitel in einem eher konventionell erzählten Roman sein. Aber wie sie nun, losgelöst von ihrer Vorgeschichte, dasteht, fügt sie sich ganz andersartigen Verknüpfungsmustern des neuen Romans ein, tritt nun in eine Reihe mit anderen Bildern des Sterbens in der Stadt, einem Sprung von der Brücke, einem Tod in den Flammen, dem Tod von fremder Hand.

„Scheinbare" Zufallseinblicke in einzelne Schicksale, die nicht für sich erzählt werden, sondern um das Lebensgefühl und den Rhythmus der Stadt wiederzugeben machen den Roman aus. Diese Absicht, diese Schreibweise ist eine Folge aus der oben gewonnenen Erkenntnis, dass die veränderte Wirklichkeit eine neue Methode benötigt, um diese zu gestalten. Stellen Sie sich einen Roman über einen Neuankömmling in einem Dorf vor. Alle Dorfbewohner wären neugierig, würden sich mit ihm beschäftigen, sein Schicksal stünde im Mittelpunkt. In die Stadt kommen jeden Tag neue Menschen, unbeachtet, verloren, unbemerkt von den anderen Stadtbewohnern.

Wenn wir das, was hier vorgeht, mit einem exakten Begriff bezeichnen wollen, dann können wir es als „Verlust des Individuums" oder der „Individualität" bezeichnen. Der Einzelne zählt in der unübersichtlichen modernen Gesellschaft nicht mehr; das System produziert eine Reizüberflutung (Milgram!), die Menschen schalten ab, das Individuum findet keine Beachtung mehr und geht letztlich in der Masse unter – und mit ihm verschwindet schließlich auch der Held aus dem Roman, verflüchtigt sich in der Menge wie der Einzelne.

Ein wichtiges Verfahren, um diesen Effekt zu erreichen, ist die sogenannte „Montagetechnik", die wir auch bei Dos Passos beobachten können. Bei dieser Technik werden verschiedene disparate Elemente zusammengeschnitten, um den Eindruck von Gleichzeitigkeit zu vermitteln. In diesem Fall gehören die Zeitungsausschnitte dazu, die den laufenden Text immer wieder unterbrechen. Sie transportieren „objektive" Eindrücke in die von den Figuren subjektiv erlebten Situationen und geben einige der Reize wieder, denen die Figuren ausgesetzt sind und von denen sie beeinflusst werden.

Mit einem weiteren Ausschnitt, an dem Sie diese Technik studieren können, wollen wir dieses Buch beschließen. Er stammt aus einem Roman, mit dem wir uns schon einmal kurz beschäftigten, „Berlin Alexanderplatz" von Alfred Döblin:

Am Alexanderplatz reißen sie den Damm auf für die Untergrundbahn. Man geht auf Brettern. Die Elektrischen fahren über den Platz die Alexanderstraße herauf durch die Münzstraße zum Rosenthaler Tor. Rechts und links sind Straßen. In den Straßen steht Haus bei Haus. Die sind vom Keller bis zum Boden mit Menschen voll. Unten sind die Läden.

Destillen, Restaurationen, Obst- und Gemüsehandel, Kolonialwaren und Feinkost, Fuhrgeschäft, Dekorationsmalerei, Anfertigung von Damenkonfektion, Mehl und Mühlenfabrikate, Autogarage, Feuersozietät: Vorzug der Kleinmotorspritze ist einfache Konstruktion, leichte Bedienung, geringes Gewicht, geringer Umfang. – Deutsche Volksgenossen, nie ist ein Volk schmählicher getäuscht worden, nie wurde eine Nation schmählicher, ungerechter betrogen als das deutsche Volk. Wisst ihr noch, wie Scheidemann am 9. November 1918 von der Fensterbrüstung des Reichstags uns Frieden, Freiheit und Brot versprach? Und wie hat man das Versprechen gehalten! – Kanalisationsartikel, Fensterreinigungsgesellschaft, Schlaf ist Medizin, Steiners Paradiesbett. – Buchhandlung, die Bibliothek des modernen Menschen, unsere Gesamtausgaben führender Dichter und Denker setzen sich zusammen zur Bibliothek des modernen Menschen.

Es sind die großen Repräsentanten des europäischen Geisteslebens. – Das Mieterschutzgesetz ist ein Fetzen Papier. Die Mieten steigen ständig. Der gewerbliche Mittelstand wird auf das Pflaster gesetzt und auf diese Weise erdrosselt, der Gerichtsvollzieher hält reiche Ernte. Wir verlangen öffentliche Kredite bis zu 15000 Mark an das Kleingewerbe, sofortiges Verbot aller Pfändungen bei Kleingewerbetreibenden. – Der schweren Stunde wohlvorbereitet entgegenzugehen ist Wunsch und Pflicht jeder Frau. Alles Denken und Fühlen der werdenden Mutter kreist um das Ungeborene. Da ist die Auswahl des richtigen Getränks für die werdende Mutter von besonderer Wichtigkeit. Das echte Engelhardt-Karamelmalzbier besitzt wie kaum ein anderes Getränk die Eigenschaften des Wohlgeschmacks, der Nährkraft, Bekömmlichkeit, erfrischenden Wirkung. – Versorge dein Kind und deine Familie durch Abschluss einer Lebensversicherung einer schweizerischen Lebensversicherung, Rentenanstalt Zürich. – Ihr Herz lacht! Ihr Herz lacht vor Freude, wenn Sie ein mit den berühmten Höffner-Möbeln ausgestattetes Heim besitzen. Alles, was Sie sich an angenehmer Wohnlichkeit erträumten, wird von einer ungeahnten Wirklichkeit übertroffen. Wie auch die Jahre entschwinden, wohlgefällig bleibt dieser Anblick, und ihre Haltbarkeit und praktische Verwendbarkeit erfreuen immer von neuem. – Die Schließgesellschaften beschützen alles, sie gehen herum, gehen durch, sehen hinein, stechen Uhren, Wachalarm, Wach- und Schutzdienst für Groß – Berlin und außerhalb, Wachbereitschaft Deutschland, Wachbereitschaft Groß – Berlin und ehemalige Wachabteilung der Wirtsgemeinschaft Berliner Grundbesitzer, vereinigter Betrieb, Wachzentrale des Westens, Wachgesell-

schaft, Sherlock-Gesellschaft, Sherlock Holmes gesammelte Werke von Conan Doyle, Wachgesellschaft für Berlin und Nachbarorte, Wachsmann als Erzieher, Flachsmann als Erzieher, Waschanstalt, Wäscheverleih Apoll, Wäscherei Adler übernimmt sämtliche Hand- und Leibwäsche, Spezialität feine Herren- und Damenwäsche.

Über den Läden und hinter den Läden aber sind Wohnungen, hinten kommen noch Höfe, Seitengebäude, Quergebäude, Hinterhäuser, Gartenhäuser. Linienstraße, da ist das Haus, wo sich Franz Biberkopf verkrochen hat nach dem Schlamassel mit Lüders.

Politische Parolen, Werbesprüche, Anpreisungen der verschiedensten Art gehen in diesem Text durcheinander, der Aufreihung von Geschäften und Straßenhändlern folgend, wie ein Fußgänger sie wahrnehmen würde, der nicht beobachtend stehen bleibt, sondern seinen Weg fortsetzt und dabei den unterschiedlichsten Eindrücken ausgeliefert ist. In anderen Passagen werden in gleicher Weise Gerüche, Bilder, Straßengeräusche, Texte von Werbeplakaten wiedergegeben, aber auch Kinderlieder und -reime, Schlagertexte, Sprichwörter und Assoziationen dazu. Prinzipiell gibt es keine Genregrenze, jede Textsorte kann montiert werden. Wichtig ist dabei weniger eine gezielte Informationswiedergabe als ein Eindruck, der vermittelt werden soll, eine Impression. Wenn Sie impressionistische Bilder betrachten, stellen Sie fest, dass auch dort die klaren Abgrenzungen zugunsten von Eindrücken aufgegeben werden.

Hier endet nun unsere gemeinsame Reise! Ich habe Ihnen eine Menge bestmögliches Rüstzeug mitgegeben – jetzt können Sie getrost den Weg zu Ihrem persönlichen Eldorado mit frischen Kräften, bester Ausrüstung und Selbstvertrauen antreten. Für diesen Marsch wünsche ich Ihnen von Herzen Glück, Mut und Freude!

VIII. Textnachweise

12: Nadolny, Das Erzählen und die guten Absichten, München 1990
13: King, Nachtschicht, Bergisch Gladbach 1999
15: Nadolny, Netzkarte, München 1988
18: Sophokles, Antigone, Stuttgart 1977
19: ebd.
20: ebd.
23: Morus, Utopia, Basel 1981
24: ebd.
27: Lessing, Werke II, München 1971
31: Novalis, Dichtungen, Hamburg 1963
34: Kafka, Sämtliche Erzählungen, Frankfurt am Main 1980
45: Nadolny, Das Erzählen ..., a.a.O.
53: Kafka, a.a.O.
55: Eichendorff, Das Marmorbild, Stuttgart 1967
57: Broch, Der Tod des Vergil, Frankfurt am Main 1976
59: ebd.
60: Walser, Ein fliehendes Pferd, Frankfurt am Main 1978
65: Andresen, von Johnson, Kindergarten, Kindergarten, Aarau 1980
66: Quinn, Ismael, München 1992
69: Böll, Ansichten eines Clowns, München 1977
72: Schnitzler, Sterben, in: Erzählungen, Frankfurt am Main 1950
75: Doyle, Das gefleckte Band, Gütersloh o.J.
77: H. Mann, Der Untertan, München 1981
82: Dostojewskij, Die Brüder Karamasoff, Klagenfurt 1978
85: Kafka, Der Prozess, Frankfurt am Main 1992
94: Borchert, Hamburg, in: Das Gesamtwerk, Hamburg 1981
98: Berg, Ein paar Leute suchen das Glück und lachen sich tot, Leipzig 1997
99: Goethe, Die Wahlverwandtschaften, Werke Bd. 6, München 1996
102: ebd.

106: Hofmannsthal, Soldatengeschichte, in: Die Wiener Moderne (Hrsg. Gotthart Wunberg), Stuttgart 1981
114: Nadolny, Das Erzählen ..., a.a.O.
118: Rosendorfer, Das Anti-Newton-Institut, in: Die junge Maria Stuart, Stuttgart 1998
120: Mann, Der Untertan, a.a.O.
124: Kayser, Kleine deutsche Versschule, Bern 1982
126: Süßkind, Das Parfüm, Zürich 1985
128: Leben und Wandel Lazaril von Tormes, Stuttgart 1979
129: Süßkind, a.a.O.
130: Fontane, Der Stechlin, in: Werke, Dreieich o.J.
133: Süßkind, a.a.O.
135: Tormes, a.a.O.
141: Nadolny, Das Erzählen ..., a.a.O.
142: Lenz, Die Flut ist pünktlich, in. Die Erzählungen 49–58, München 1968
152: Benjamin, Berliner Kindheit, in: Gesammelte Schriften, Bd. IV. 1, Frankfurt am Main 1980
154: Mechtel, Katrin, in: Die Träume der Füchsin, Stuttgart 1976
181: Hebel, Unverhofftes Wiedersehen, in: Poetische Werke, Wiesbaden o.J.
183: Nadolny, Die Entdeckung der Langsamkeit, München 1983
188: Salinger, Der Fänger im Roggen, Köln 1965
190: Frisch, Stiller, Frankfurt am Main 1980
192: Joyce, Ulysses, Frankfurt am Main 1981
195: Schneider, Schlafes Bruder, Leipzig 1998
197: Updike, Hasenherz, Bertelsmann o.J.
200: T. Mann, Der Erwählte, Frankfurt am Main 1983
207: Döblin, Berlin Alexanderplatz, München 1980
217: Milgram, Das Erleben der Großstadt, hier zit. nach: RAAbits Deutsch-Literatur, November 1992
221: Dos Passos, Manhattan Transfer, Hamburg 1959
227: Hillmann, Begleitheft zur Lizenzausgabe, ebd.
228: Döblin, a.a.O.